时习文库

尚书

黄怀信 译注

齊鲁書社
·济南·

图书在版编目（CIP）数据

尚书 / 黄怀信译注. -- 济南 : 齐鲁书社, 2025.
5. -- ISBN 978-7-5333-5101-4

Ⅰ. K221.04

中国国家版本馆CIP数据核字第2025SS0117号

出 品 人：王　路
项目统筹：张　丽
责任编辑：李军宏
装帧设计：亓旭欣

尚书
SHANGSHU
黄怀信　译注

主管单位	山东出版传媒股份有限公司
出版发行	齊魯書社
社　　址	济南市市中区舜耕路517号
邮　　编	250003
网　　址	www.qlss.cn
电子邮箱	qilupress@126.com
营销中心	（0531）82098521　82098519　82098517
印　　刷	山东临沂新华印刷物流集团有限责任公司
开　　本	710mm × 1000mm　1/16
印　　张	23.75
插　　页	2
字　　数	223千
版　　次	2025年5月第1版
印　　次	2025年5月第1次印刷
标准书号	ISBN 978-7-5333-5101-4
定　　价	89.00元

《时习文库》
出版委员会

出版说明

文化乃国本所系，国运所依；文化兴盛则国家昌盛，民族强大。在源远流长的中华文化长河中，经典古籍宛如熠熠星辰，承载着先辈们的智慧、思想与情感，是中华民族精神内核的深厚积淀。

2017 年以来，中共中央办公厅、国务院办公厅相继出台《关于实施中华优秀传统文化传承发展工程的意见》及《关于推进新时代古籍工作的意见》等重要文件，有力推动了大众对中华优秀传统文化的关注与重视，古籍事业亦借此良好契机，迎来了前所未有的跨越发展，步入了一个崭新的黄金时代。齐鲁书社作为文化传承的重要阵地，始终秉持对中华优秀传统文化的敬畏之心，肩负守正创新之使命，积建社四十余年之精华，汇国内学界群贤之伟力，隆重推出中华经典名著普及丛书——《时习文库》。

“学而时习之，不亦说乎？”文库之名，正是源自《论语》的这句经典语录。“时习”不仅是对知识的反复学习与实践，更是一种对中华优秀传统文化持续探索、深入理解的态度。文库共分为文化类和文学类两大辑，囊括了经史子集、诗词歌赋、戏曲小说等诸多经典，旨在为读者搭建一座通往中国古代文化瑰宝的坚实桥梁。文库的编纂宗旨在于，引导读者在阅读经典著作的过程中，将学习与思考深度融合，不断从古人的智慧海洋中汲取营养，从而得到心灵的润泽与智慧的启迪。通过对经史子集、诗词歌赋、戏曲小说等多元内容的系统整理与精良审校，让中华古籍真正成为可亲、可读、可传的“活的文化”。

为了确保文库的品质，我们除升级广受好评的原有经典版本作为开发基础外，亦精选其他优质底本，以确保版本选择的卓越性；文库会聚文史学界权威，如高亨、陆侃如、王仲荦、来新夏等学界大家，群贤毕至，各方咸集；文库延聘名家成立专家委员会，严格把控丛书质量，确保学术水准；文库针对不同层次读者，精心设计文化类与文学类品种：前者左原文右译文下注释，后者文中加简注评析，实用性强；文库采用纸面布脊精装，正文小四号字，双色印刷，装帧精美，版面舒朗，典雅大方，方便易读。

在习近平文化思想指导下，《时习文库》的出版是对中华优秀传统文化“两创”“两个结合”的一次重要尝试。我们希望通过这套文库，让更多的人了解和喜爱中国古代典籍，让中华优秀传统文化在新时代焕发出新的生机与活力。同时，我们也期待广大读者在阅读文库的过程中，能够与古圣先贤进行跨越时空的对话，汲取智慧，启迪心灵，不断提升自我的文化素养和精神境界。让我们一起在经典的海洋中遨游，感受中华文化的博大精深，共同书写中华优秀传统文化传承与发展的新篇章。

齐鲁书社

2025 年 3 月

前　言

《尚书》本单名《书》，是我国第一部较为可靠的史料汇编，由《虞书》《夏书》《商书》《周书》四部分组成。春秋以来的传本，据《书序》知为100篇。今传本58篇，其中有25篇被视为“伪古文”。

“书”字在古文字中，是一手持聿（笔）书写的象形，本义为书写。书写的动作叫“书”，书写下来的文字自然也就可以叫《书》（如书信称“书”）。而西周以上，具有书写职能的，只有朝廷史官。所以，当时所谓《书》，就是史官所书，即史官对朝廷大事及君主言行的记录，相当于国家档案。可见，《书》原本就具有较高的史料价值。当然，今《书》中的部分篇章，尤其是《虞书》《夏书》中，有不少是后人追记或经过后人改写的。儒家尊《书》为经，主要是因为《书》中蕴含着“先王之道”。所以，《尚书》又有特殊的文化价值。

《书》既然是史官所录，按道理其篇目一定很多，因为史官的记录是不间断的。而事实上，古时候的《书》也确实如此。《墨子·贵义》篇里面说：“昔者周公旦朝读《书》百篇。”这是说周代以前的《书》，可见篇数已经不少。《尚书璇玑钤》也载：“孔子求得黄帝玄孙帝魁之《书》，迄秦穆公，凡三千三百三十篇。”（《史记·伯夷列传》“索隐”引）当然，这个数字并不一定真实，但也说明古人承认《书》篇本来很多。另外，《左传》等先秦古书引"《书》曰"之语，往往有出百篇之外者，亦有在今《逸周书》者，说明百篇之《书》，确是经人删定之本。

删《书》之人，实系孔子。《史记·孔子世家》载："孔子之时，周室微而礼、乐废，《诗》《书》缺。（孔子）追迹三代之礼，序《书》传，上纪唐、虞之际，下至秦穆，编次其事。"正指编辑《尚书》。《汉书·艺文志》引刘歆《七略》也说："《书》之所起远矣，至孔子纂焉。上断自尧，下讫于秦，凡百篇，而为之序。"无异辞。《书》传至孔子之时已有残缺，是情理中事，但不可能仅存或恰存100篇。加之《逸周书》有明证，所以百篇之《书》在编定时必有删削，也是可以肯定的。世无第二人删《书》编《书》之说，所以我们没有理由不相信孔子删《书》之说。

另外，据上所引二证，孔子当年还为百篇作有"序"。现在保存在《尚书》各篇前面的"序"，即所谓《书序》，应该就是孔子当年所作（不必字字皆真）。因为我们无法证明它不是孔子所作，或系他人所作。

关于《尚书》"今古文"的问题，似乎已经是老生常谈。凡今读《尚书》者，几乎无人不知25篇"古文"系伪书、晚书。这一观点，今天当然需要重新审视，因为前人提出的不少证据，今天看来并不能成立。但也不能否认，其中确有晚作。一个明显的证据，就是部分"古文"篇之内容，往往与"序"不能相符。尽管如此，我们还是应当清楚：即使是真正的"伪古文"，也并非完全凭空杜撰，而是有一定的根据；而且各篇"伪"的程度也不一样。所以，关于"伪古文"的问题，还需要作进一步的研究。

孔安国《传》，过去一般也总要冠上一个"伪"字，我个人认为没有必要。因为所谓"传（zhuàn）"，本义就是传（chuán）。

那么就是说，由某人所传下来的本子，就可以叫作“某氏传”。而事实上如众所知，古书如《公羊传》《穀梁传》等，也正是这样命名的。所以，所谓“孔安国《传》”，不必要字字为孔安国亲书。另外，过去还有人提出，伪古文本身也是“孔安国”所作，我个人认为这也是不可能的。因为其《传》文往往有将原文释错或句子断错的地方，如果原文为其本人所作，必定不会出现此类情况。

总而言之，《尚书》源流方面还有许多问题没有解决，还需要作进一步的探讨。但不管怎样，《尚书》的史料及文化价值是客观存在的。所以我们认为，对《尚书》的研究，重点还是应该放在其文字的解读方面。就是说，得先真正读懂它。而只有真正读懂它，其源流方面的问题也才会最终考辨清楚。如果不能从文字上真正读懂它，而想确知其（指“古文”篇）编写年代，恐怕是不可能的。

对于《尚书》的文字训解，自汉代以来的学者们做了大量的工作，实实在在地是名家辈出，著作如林。迄至目前，将其原文译成现代汉语的，就已有好多家。应该说，成绩是巨大的。但是，还远不能说已经达到尽善。因为诸如文字校勘、标点断句、文字训诂等方面，都还存在不少问题。比如关于《尚书》文字的校勘，可以说从唐代以来，人们并没有太重视。这或许是因为有了石经定本，或许是觉得作为经书代有人治，文字不会有大的错误。而正是由于此，才使得一些误字以讹传讹地承传保留了下来。断句方面，《尚书》不少地方自汉代以来就有不同的读法，或者自汉代以来就一直没有断对。应该说，任何文献，正确的断句只能有一种。存在异断，就存在错误。究竟哪一种断法正确，只能结合上下文以至全书乃至他书文例分析判定。而现在的情况，有的本子承用了前人错误的断法，或者说对以前的错误没有进行纠正。甚至还有前人本来断对的地方，现在又断错了。文字训诂方面，问题更多。其中有属于自古以来就一直未能讲对的，也有属于古人本已讲对而现在又讲错了的。尤其是一些句子，虽然从单字训诂上来看是讲对了，但贯穿起来则不能通。还有一些，是对上下句的关系理解不当，甚至将关系弄颠倒了。当然，我们这里并不是指某一家，而是说目前整个《尚书》学研究领域所存在的问题。

毋庸置言，作为史料，只有解释对了，才能发挥其应有的价值，据之所作研究的结论，才会科学。可以预见，对中国古代历史的研究，将是本世纪中国社会科学研究的一个热点。而《尚书》，又是研究中国古代最基本的材料之一。所以，对《尚书》文字作出正确合理的解释，当是我们这一代学人义不容辞的责任。

鉴于以上的实际与想法，我们这次研究采用了“注训”的方式。“注”，就是对原文词句进行注解。而注解主要采用传统训诂方式，明义为至，不作过多的考据与附会。另外，“注”中还包括校勘方面的内容。“训”，取“顺”的意思。《说文解字》云：“训，说教也。”段玉裁曰：“说教者，说释而教之，必顺其理。引伸之，凡顺皆曰训。”世言“训诂”（顺释古代书面语言），实际上也是“顺”的意思。所以，所谓“训”，就是将文本原来所含有的意思用今语全部顺译出来。这种“顺译”可分为两种形式：对于大部分意蕴简单的句子，可采取直译（即“字对字”）的形式；而意蕴复杂的句子，则采取意译（即不拘泥于字词，而是将句义精准表达出来）的形式。因为这类句子尽管在全书所占比重不是特别大，但往往比较关键，如果顺译不当，往往会影响到对全篇的理解。加之《尚书》本身文字凝炼，很多句子直译很难准确表达其真正意蕴以及上下句之间的关系，所以这种情况下就要用“意译”。

这次“注训”，除参考利用了孔安国《尚书传》、陆德明《尚书音义》、孔颖达《尚书正义》、蔡沈《书集传》、段玉裁《古文尚书撰异》、阮元《尚书校勘记》、孙星衍《尚书今古文注疏》、曾运乾《尚书正读》等前人著作以外，还参考并吸收了今人于省吾（《双剑誃尚书新证》），周秉钧（《尚书易解》），江灏、钱宗武（《今古文尚书全译》），张道勤（《书经直解》），金景芳、吕绍纲（《〈尚书·虞夏书〉新解》），刘起釪（《尚书学史》）等各家的成果，谨在此一并表示感谢！

由于个人水平所限，加之“注训”本身是一种尝试，编中错谬一定还有不少，希望读者诸君不吝指正。

让我们大家一起共同努力，使《尚书》文本之校注、训解日趋合理完善！

目录

CONTENTS

尚书序

题解

序，即序文，置于书前，是介绍或评述全书的文字。此序相传为孔安国为《尚书》作传时所写，介绍《尚书》源流、内容、要义、分篇，以及为之作传的缘起、过程与方法。

【原文】

古者伏牺氏之王天下也①，始画八卦②，造书契③，以代结绳之政④。由是，文籍生焉⑤。

【译文】

古代伏牺氏统治天下的时候，开始画八卦的图形，造书写刻画的符号，用来代替结绳记事的方法，从此文字和典籍就从中诞生了。

注释

❶伏牺氏：传说中中国最早的君主、三皇之首，实指农业未发明以前的原始时代。古书中亦作“宓牺”“伏戏”，或“包牺”“庖牺”，又称太昊。王（wàng）：为王，统治。天下：泛指中原大地，古人心目中的天下。❷八卦：代表天、地、雷、泽、水、火、风、山的八种符号。❸书契：书写和刻画的符号。❹结绳之政：结绳记事的方法。❺文籍：文字典籍。

【原文】

伏牺、神农、黄帝之书，谓之《三坟》，言大道也①。少昊、颛顼、高辛、唐、虞之书，谓之《五典》，言常道也②。至于夏、商、周之书，虽设教不伦，雅诰奥义，其归一揆③。是故历代宝之，以为大训④。八卦之说，谓之《八索》，求其义也⑤。九州之志，谓之《九丘》⑥。丘，聚也。言九州所有、土地所生、风气所宜，皆聚此书也。《春秋左氏传》曰："楚左史倚相能读《三坟》《五典》《八索》《九丘》⑦。"即谓上世帝王遗书也。

【译文】

伏牺、神农、黄帝时代的书，叫作《三坟》，是讲大道的。少昊、颛顼、帝喾、唐尧、虞舜时代的书，称为《五典》，是讲常理的。到了夏、商、周时代的书，虽然所陈说的教化与《三坟》《五典》不相类似，但它们典雅的诰辞、深奥的含义，其宗旨与《三坟》《五典》是相同的。因此，历代珍视它们，把它们作为最伟大的训诰。讲说八卦的书，叫作《八索》，是求索八卦大义的。记载九州的书，叫作《九丘》。丘，是聚的意思。记九州所有，包括土地所出产的、风土气候所适宜的，都聚集在这部书中。《春秋左氏传》中说："楚国的左史倚相，能读懂《三坟》《五典》《八索》《九丘》。"说的就是前代帝王们所遗留下来的书籍。

注释

❶神农：三皇之一，相传他尝百草，教民稼穑，实即中国农业和医药发明者；也指文字未正式发明以前的中国原始农业时代。黄帝：三皇之一，相传他的众大臣有诸多发明，尤其是仓颉造文字等，因而被称为人文始祖，实代表中国文明初创时代。坟：大。道：理。 ❷少昊、颛顼、高辛、唐、虞：传说中的五帝。少昊，又称金天氏，传说中黄帝的儿子。颛顼，又称高阳氏，传说中黄帝的孙子。高辛，即高辛氏，又称帝喾，传说中黄帝的曾孙、少昊的孙子。唐，

即唐尧，又称帝尧。虞，虞舜，即帝舜。典：常，一般。 ❸伦：类。诰：训诰。归：指归，宗旨。揆：度，此作名词，指法度、标准。 ❹宝：以为宝物，即珍爱之。 ❺索：求。 ❻志：记。 ❼此见《左传·昭公十二年》。

【原文】

先君孔子[1]，生于周末。睹史籍之繁文，惧览之者不一[2]，遂乃定《礼》《乐》[3]，明旧章；删《诗》为三百篇[4]，约史记而修《春秋》[5]；赞《易》道以黜《八索》[6]，述《职方》以除《九丘》[7]。讨论《坟》《典》[8]，断自唐、虞以下，讫于周。芟夷烦乱[9]，剪截浮辞[10]，举其宏纲[11]，撮其机要[12]，足以垂世立教，典、谟、训、诰、誓、命之文凡百篇[13]，所以恢弘至道[14]，示人主以轨范也[15]。帝王之制，坦然明白[16]，可举而行[17]。三千之徒，并受其义[18]。

【译文】

我家祖宗孔子，生在周朝末年。他目睹历史上流传下来的典籍的繁杂文字，担心阅览的人莫衷一是，于是就审定《礼》《乐》之书，指明其旧有篇章；删削《诗经》为三百零五篇；约简历史记载而撰为《春秋》；补充《易》理而贬退《八索》；撰述《职方》而废除《九丘》。又探讨研究《三坟》《五典》，以唐尧、虞舜以下为断，至于周朝，除去其中烦琐杂乱的部分，剪掉其中虚泛不实的言辞，举其大纲，摘其要点，选择保留了其中足以流传后世、树立教化的典、谟、训、诰、誓、命六类文章共一百篇，用来光大治国的方略，把轨迹与模式昭示给国君。书中记录帝王的规章制度十分明白，可以拿来实行。三千名弟子，都学到了书中的要义。

注释

❶先君：自家祖宗。据《史记·孔子世家》，孔安国为孔子十一代孙。

❷一：统一。 ❸定：审定。《论语·子罕》："子曰：'吾自卫反鲁，然后《乐》正，《雅》《颂》各得其所。'" ❹三百篇：三百零五篇的约数。按：从《论语》"《雅》《颂》各得其所"之言观，孔子对《诗》的加工，似乎只是重新对《风》《雅》《颂》的篇目进行了调整。 ❺约：简。修：撰。 ❻赞：佐助，补充。相传孔子为《易》作《十翼》，故曰赞《易》。黜：废除，贬退。 ❼《职方》：即今《逸周书》和《周礼》之《职方》篇，记述职方氏的职责及九州的土地、人民与物产。 ❽讨：探讨。论：研究。 ❾芟（shān）夷：除去。 ❿剪截：裁剪。 ⓫宏：大。 ⓬撮（cuō）：摘录，提取。机要：要点。 ⓭典、谟、训、诰、誓、命：《尚书》所含的六种性质不同的文体。各详正文。 ⓮恢弘：广大，光大。至道：最高之道，指治国的方略。 ⓯轨范：轨迹法范，模式。 ⓰坦然：明白的样子。 ⓱举：抬起，此指拿来。 ⓲三千之徒：孔子的弟子。《史记·孔子世家》："孔子以《诗》《书》《礼》《乐》教，弟子盖三千焉。"其：指百篇《尚书》。

【原文】

及秦始皇灭先代典籍，焚书坑儒，天下学士逃难解散，我先人用藏其家书于屋壁①。汉室龙兴②，开设学校，旁求儒雅③，以阐大猷④。济南伏生⑤，年过九十，失其本经，口以传授，裁二十余篇⑥。以其上古之书，谓之《尚书》。百篇之义，世莫得闻。至鲁共王，好治宫室⑦，坏孔子旧宅以

【译文】

到了秦始皇毁灭前代典籍，焚书坑儒，天下学士因逃难而离散，我曾祖父因此把他家传的书藏在了家里房子的墙壁之中。汉王朝建立，开设学校，广泛访求儒雅之士，以阐发典籍中蕴藏的高深道术。济南人伏生，当时年龄已过了九十岁，因失掉了他的经书原本，就用口来传授，而所传的只有二十多篇。因为是上古时代的书，所以就称之为《尚书》。孔子所编的一百篇全书的内容，当时社会上没有人能够知晓。到了鲁共王，因为他喜欢修建宫室，而拆毁孔子的旧宅来扩建自己的住

广其居，于壁中得先人所藏古文虞、夏、商、周之《书》及传，《论语》《孝经》，皆科斗文字[8]。王又升孔子堂[9]，闻金石丝竹之音[10]，乃不坏宅，悉以书还孔氏。科斗书废已久，时人无能知者[11]，以所闻伏生之书考论文义[12]，定其可知者为隶古定[13]，更以竹简写之，增多伏生二十五篇。伏生又以《舜典》合于《尧典》，《益稷》合于《皋陶谟》，《盘庚》三篇合为一，《康王之诰》合于《顾命》。复出此篇，并序，凡五十九篇，为四十六卷。其余错乱摩灭[14]，弗可复知，悉上送官，藏之书府[15]，以待能者。

所，在墙壁中得到了我曾祖父所藏的用古文书写的虞、夏、商、周之《书》及其传注，还有《论语》《孝经》等，都是蝌蚪形文字。鲁共王又来到孔子住过的正屋，听见有各种乐器的声音，才停止拆毁孔子旧宅，并把得到的书籍全部归还给了孔家。蝌蚪形文字久已废除不用，当时的人没有能认识的。于是便用所记录下来的伏生的《尚书》考察判断，把其中能够认识断定的篇章用隶书写定，并另用竹简照着抄写出来，结果比伏生所传的增加了二十五篇。而原来伏生的二十九篇，又是把《舜典》篇合在《尧典》篇，把《益稷》篇合在《皋陶谟》篇，把《盘庚》上、中、下三篇合为一篇，《康王之诰》篇合在《顾命》篇。重新恢复这些篇章，再加上《书序》，《古文尚书》一共是五十九篇，分为四十六卷。其余各篇，因简策错乱或文字磨灭，无法再辨识出来，便全部把它们上送官府，藏在朝廷的书库之中，以等待能够辨识的人再作辨识。

注释

❶我先人：指其曾祖子襄。《孔丛子》记载：子襄以秦法峻急，壁中藏其家书。 ❷龙兴：形容兴起得迅速强力，喻有帝王之气。 ❸旁：广。 ❹阐：阐发，阐明。猷：道术。 ❺伏生：名胜，字子贱，秦二世时博士，汉初传《尚书》。 ❻裁：同“才”。伏生口授《尚书》共二十八篇，即《今文尚书》，事

详见《史记》及《汉书》之《儒林传》。 ❼鲁共王：名馀，景帝子。《汉书》作“鲁恭王”。 ❽科斗文字：战国文字的一种，因笔画头大尾小形似蝌蚪，故名。科斗，同“蝌蚪”。 ❾升：登。 ❿金石丝竹：八音之四，泛指各类乐器声。 ⓫知：认识。 ⓬考：考察，考核。论：评论，判定。 ⓭隶古定：用隶书写定古文。 ⓮错乱：指简策错乱。摩灭：指简文因磨擦而消失。 ⓯官：官府。书府：指中央政府的藏书机构。

【原文】

承诏为五十九篇作传①，于是遂研精覃思②，博考经籍，采摭群言③，以立训传④。约文申义⑤，敷畅厥旨⑥，庶几有补于将来⑦。

【译文】

我奉诏给五十九篇作传，于是便精心研究，深思熟虑，广泛参考经籍文献，采拾各家之言，来作成传文。传文用简略的文字说明文义，铺陈疏通经文的旨义，也许对将来的学者会有所补益。

注释

❶诏：皇帝的命令。传：阐释经文的文字。 ❷研精：精心研究。覃（tán）思：深思。 ❸采摭（zhí）：采拾，采纳。 ❹训传：指传文。 ❺约：简约。申：说明。“申”字旧误“由”，从诸本改。 ❻敷畅：铺陈疏通。厥：同“其”。旨：旨义。 ❼庶几：近乎，也许。

【原文】

《书序》①，序所以为作者之意②。昭然义见③，宜相附近④，故引之各冠其

【译文】

《书序》，是按次序说明写作各篇的意图的，含义十分明显，应该把它与各篇相依附，相靠近，所以我把它们分引来冠在了各

篇首，定五十八篇。既毕，会国有巫蛊事[5]，经籍道息，用不复以闻。传之子孙，以贻后代[6]。若好古博雅君子与我同志，亦所不隐也。

篇的前面，而定全书为五十八篇。传文全部写完以后，碰上国家有巫蛊事件，皇上整理经籍的工作停息中止了，所以我也不再上奏，而把它传给子孙，以使遗留给后代。如果是好古博雅的君子并且与我志同道合，我也不隐瞒，同样传给他们。

注释

❶《书序》：相传为孔子定百篇时所作。❷意：意图，目的。❸昭然：明显的样子。❹附近：依附靠近。❺巫蛊事：指汉武帝因相信巫术，以为太子戾宫中有蛊气而派兵讨伐，太子兴兵抗拒之事。蛊（gǔ），害人的毒虫。❻贻：同“遗”。

虞书

尧典

题解

尧，五帝之一，属陶唐氏，所以也称帝尧、唐尧。“典”字，本作简册放置在几案之上或捧在手上的图形，以示该简册的贵重，所以其义为重要的简册、文书。“五帝之书谓之《五典》”就是这个原因。唐尧、虞舜属五帝，故而其书皆曰《典》，有尊崇之义。此篇介绍尧帝的姓名、道德风范、重大功劳，着重记载制定历法和选择接班人二事。今文、古文皆有。

【原 文】

昔在帝尧，聪明文思①，光宅天下②，将逊于位③，让于虞舜——作《尧典》④。

（此为序）

【译 文】

以前在尧帝时候，他远听细察，英明广见，言行文雅，谋事通敏，光辉遍布天下；后来行将退位而传给虞舜——记这些事，作了《尧典》。

注释

❶聪：指广听而能有所审察。《春秋繁露·五行五事》：“聪者，能闻事而审其意也。”明：英明。《淮南子·兵略训》：“见人所不见谓之明。”文：有文采、文雅、不俗。思：善于思虑。 ❷光：光辉。宅：居，在。 ❸逊：退。 ❹按：此序说是为了记述尧的这些事迹而作《尧典》，实际上是讲《尧典》篇的

内容。下各篇皆同。

【原 文】

曰若稽古[1]：

帝尧曰放勋[2]。钦明文思安安[3]，允恭克让[4]。光被四表[5]，格于上下[6]。克明俊德[7]，以亲九族[8]；九族既睦[9]，平章百姓[10]；百姓昭明，协和万邦[11]。黎民于变时雍[12]。

【译 文】

以下属于钩稽古代传说：

帝尧的名字叫放勋。他做事认真，英明细察，言行文雅，思虑敏捷，温和可亲，待人谦恭礼让。光辉照耀到荒远的地方，也传到了天地四方。他能够发挥自己杰出的才德，来亲睦自己所有的亲戚。亲戚和睦以后，又区分辨明所有的氏族姓氏；氏族姓氏明确以后，又去协和所有的城邑小国。老百姓因此变得善良而雍和了。

注 释

❶曰若稽古：是说本篇属于钩稽古说而作，并非实录。曰若，犹言叫作、属于。若，如、似。稽，钩稽。 ❷曰：谓其名。 ❸钦：敬，认真。明、文、思：均同上序。安安：读为“晏晏”，温和的样子。说见《尔雅·释训》。❹允：诚，确实。恭：谦敬。克：能。 ❺四表：指四方荒远之地。表，外。❻格：至，到。上下：指天地。 ❼克：能够。明：显明，彰明。俊：大，出众。 ❽九族：泛指父族、母族、妻族。《尚书正义》引《异义》谓夏侯、欧阳等以为九族者，父族四、母族三、妻族二。 ❾睦：亲睦，和睦。 ❿平：读为“辨”，分辨。章：明，注明。百姓：指所有的姓氏组织。姓，比氏族更大的组织。 ⓫万邦：指所有的城邑国家。邦，城邑国家。 ⓬黎民：老百姓。周代称老百姓为黎民。于：于是，因此。时：善。雍：和。

【原 文】

乃命羲、和，钦若昊天[1]，历象日月星辰[2]，敬授人时[3]。分命羲仲宅嵎夷[4]，曰旸谷[5]，寅宾出日[6]，平秩东作[7]。日中、星鸟[8]，以殷仲春[9]。厥民析[10]，鸟兽孳尾[11]。申命羲叔宅南交[12]，平秩南讹[13]，敬致[14]。日永、星火[15]，以正仲夏[16]。厥民因[17]，鸟兽希革[18]。分命和仲宅西[19]，曰昧谷[20]，寅饯纳日[21]，平秩西成[22]。宵中、星虚[23]，以殷仲秋[24]。厥民夷[25]，鸟兽毛毨[26]。申命和叔宅朔方[27]，曰幽都[28]，平在朔易[29]。日短、星昴[30]，以正仲冬。厥民隩[31]，鸟兽氄毛[32]。

帝曰："咨[33]！汝羲暨和[34]：期三百有六旬有六日[35]，以闰月定四时成岁[36]。允厘百工[37]，庶绩咸熙[38]。"

【译 文】

于是便命令羲氏与和氏认真地顺从自然，观察日月星辰的运行，以制定历法，并把它慎重地颁授给人民。分命羲仲居住在东海之滨叫旸谷的地方，恭敬地迎候日出，辨察太阳从正东方升起的日子，以确定春分日；并以白昼时间不长不短、傍晚鸟星中天为标志，来确定春季的第二个月。这个时节，人们都散在室外，鸟兽都生殖交配。又命令羲叔住在北方叫作幽都的地方，辨察太阳向南回转的日子，恭敬地送它南行，以确定夏至日；并以白昼时间长、傍晚大火心宿中天为标志，来确定夏季的第二个月。这个时节，人们可以席地而居，不必回到屋里，鸟兽处在脱毛阶段。分命和仲居住在西方叫作昧谷的地方，恭敬地给落日送行，辨察太阳完成西行到达最西点的日子，以确定秋分日；并以夜晚时间不长不短、傍晚虚宿中天为标志，来确定秋季的第二个月。这个时节，人们进行收割，鸟兽毛羽整齐。又命和叔居住在太阳与南方交会的地方，辨察太阳从南改变方向向北回转的时间，以确定冬至日；并以白天时间短、傍晚昴星中天为标志，来确定冬季的第二个月。这个时节，人们住在屋里，鸟兽生出绒毛。

帝尧说："喂！你们羲氏与和氏：一整年是三百又六十又六天，你们要用设置闰月的方法，来修正四季而成就一岁。用这样的历法处理各项事业，各项事业都会功绩兴盛。"

注释

❶羲（xī）：羲氏，相传为重（少昊后裔）之后。和：和氏，相传为黎（高阳后裔）之后。皆世掌天地四时之官，此各指其长兄。钦：敬。若：顺。昊（hào）天：指大自然。 ❷历：过。象：图像。此谓观察其历象。 ❸人：民，古本作“民”。时：时令，历法。 ❹分：分别。羲仲：羲氏之弟。宅：居。嵎（yú）夷：东海之滨。 ❺旸（yáng）谷：传说中的地名。古人谓日出旸谷而天下明。 ❻寅宾：谓认真地迎候。寅，敬。宾，同“傧”，导。 ❼平：读为“辨”。秩：察。东作：指太阳从正东方升起，即春分日之日出。东，正东方、最东方。作，起、出。 ❽日：白昼。中：长短居中。鸟：鸟星，即朱雀七宿。南方七宿似鸟雀，故名。 ❾殷：正，定。仲春：春天的第二个月。 ❿厥：同“其”。析：散，谓散于室外。 ⓫孳：生殖。尾：交尾，交配。 ⓬申：重。羲叔：羲氏（长兄）的小弟。南交：指太阳与南方相交会的地方，即假设中的南回归线处。交，交会。按：此“南交”当与下文“朔方，曰幽都”互误。 ⓭讹：“伪”字之误，同“为”，《经典释文》作“为”。“为”又借为“回”，回转。“南为（回）”，指太阳从南方回转，今所谓“南回归”。 ⓮致：送。 ⓯永：长。火：星名，即大火心宿。 ⓰仲夏：夏天的第二个月。 ⓱因：就，指席地而卧以纳凉，不必回屋。 ⓲希：同“稀”，稀疏，作动词。革：指毛。 ⓳和仲：和氏（长兄）的弟弟。 ⓴昧谷：传说中的地名，日落之谷。古人认为日入昧谷而天下冥，故称。昧，冥。 ㉑饯：送行。纳日：落日。 ㉒西成：完成西行，指太阳到达最西点的日子。成，完成。 ㉓宵：夜。虚：星名，二十八宿之一，属北方玄武。 ㉔仲秋：秋天的第二个月。 ㉕夷：同“䠷”，蹲。 ㉖毨（xiǎn）：毛羽整齐。 ㉗和叔：和氏小弟。朔：北。 ㉘幽都：传说中的北方地名，谓幽隐所聚之地，故名。都，聚。按：“朔方，曰幽都”，当作“南交”。 ㉙在：察。朔易：向北回返，指太阳开始向北回转。易，改变、回返。 ㉚昴：星宿名，二十八宿之一，属西方白虎。 ㉛隩（yù）：室，房子。 ㉜氄（róng）：绒毛。 ㉝咨：嗟叹声。 ㉞暨：及。 ㉟期（jī）：一周年。有：同“又”。 ㊱定：正。四时：四季。成：完成，成就。岁：天文年。 ㊲允：读为

“用”。厘：治理。百工：指各项事业。工，同“功”。《周礼·肆师》郑注：“古者‘工’与‘功’同字。”功，事。 ㊳庶：众。绩：功绩。咸：皆。熙：兴。

【原文】

帝曰：“畴咨[1]？若时登庸[2]。”

放齐曰[3]：“胤子朱启明[4]。”

帝曰：“吁[5]！嚚讼[6]，可乎？”

帝曰：“畴咨？若予采[7]”。

驩兜曰[8]：“都[9]！共工方鸠僝功[10]。”

帝曰：“吁！静言[11]，庸违[12]。象恭滔天[13]。”

帝曰：“咨！四岳[14]：汤汤洪水方割[15]，荡荡怀山襄陵[16]，浩浩滔天[17]。下民其咨[18]，有能俾乂[19]？”

佥曰[20]：“於[21]，鲧哉[22]！”

帝曰：“吁，咈哉[23]！方命圮族[24]。”

岳曰：“异哉[25]！试可

【译文】

帝尧问大臣们：“顺天应时，能够提升任用的人是谁呢？”

放齐答道：“您的儿子朱已经长大成人，思想开化，而且英明。”

帝尧说：“嘻！他不讲真话，喜欢与人争讼，怎么可以呢？”

尧帝又问：“能协助我处理事务的人是谁呢？”

驩兜答道：“共工广泛团结众人，具有功劳，很合适。”

帝尧说：“嘻！他虽讲话谦敬，但用他的时候违命不听。貌似恭敬，实则傲慢。”

帝尧问：“喂！四方诸侯的首长们：眼下洪水泛滥，为害天下。水势浩荡，包山上陵，弥漫天地，老百姓忧叹不已。有能使大水得到治理的人吗？”

四方诸侯的首长们异口同声地答道：“啊，是崇伯鲧呀！”

帝尧说：“嘻！不行吧。他不听命令，又脱离他的民众。”

四方诸侯的首长们说：“不是那样！要不然先试试看，行就定下，不行就把他免掉。”

乃已[26]。”

帝曰：“往，钦哉[27]！”九载，绩用弗成[28]。

帝尧给崇伯鲧说：“去吧！你要认真地治水！”结果，过了九年，治水还没有成绩。

注释

❶畴：谁。咨：语气词。 ❷若：顺。时：时令。登：升。庸：同“用”。按：此句倒装。 ❸放齐：臣名。 ❹胤：后代。朱：尧子名。启：开。 ❺吁：叹声，表示惊疑奇怪。 ❻嚚（yín）：言不忠信。讼：争讼。 ❼予：我。采：事。 ❽驩兜：臣名。 ❾都：表示赞美的叹词。 ❿共工：臣名。方：读为“旁”，《说文解字》引作“旁”。鸠：同“逑”，《说文解字》引作“逑”。逑，敛聚。僝（chán）：具。 ⓫静：同“靖”，恭敬。 ⓬庸：同“用”。违：违命。 ⓭象：似。滔：同“慆”，傲慢。 ⓮四岳：分管四方的诸侯。 ⓯汤汤：音“商商”，大水急流的样子。割：读为“害”。 ⓰荡荡：水流动的样子。怀：包。襄：上。 ⓱浩浩：水势广大的样子。滔：弥漫。 ⓲咨：忧叹。 ⓳俾：使。乂（yì）：治。 ⓴佥：皆。 ㉑於：读同“呜”。 ㉒鲧（gǔn）：诸侯崇伯名，相传为禹父。 ㉓咈（fú）：违戾。 ㉔方：同“放”。圮（pǐ）：绝。族：属众。 ㉕异：不同。 ㉖可：不可，语急而省“不”字。已：罢除。 ㉗钦：敬。 ㉘载：年。绩：功。

【原文】

帝曰：“咨！四岳：朕在位七十载，汝能庸命[1]，巽朕位[2]。”

岳曰：“否德[3]，忝帝位[4]。”

【译文】

帝尧说：“喂！四方诸侯的首长们：我已经在位七十年。你们能够竭尽全力地工作，我准备把帝位让给你们，你们哪一位愿意接受？”

四方诸侯的首长都说：“我们没有德行，有辱帝位，不敢接受。”

曰："明明扬侧陋[5]。"

师锡帝曰[6]："有鳏在下[7]，曰虞舜。"

帝曰："俞[8]！予闻。如何？"

岳曰："瞽子[9]。父顽、母嚚、象傲[10]，克谐以孝[11]，蒸蒸乂[12]，不格奸[13]。"

帝曰："我其试哉！女于时[14]，观厥刑于二女[15]。"厘降二女于妫汭[16]，嫔于虞[17]。

帝曰："钦哉！"

帝尧又说："那你们给我介绍我身边的人或者举荐僻远地方的人吧！"

于是众人给帝尧说："有一个单身汉在民间，名字叫作虞舜。"

帝尧说："是啊，我听说过。不过他到底怎么样？"

一个诸侯首长答道："他是盲人乐官的儿子。父亲愚顽，母亲经常用假话欺骗父亲陷害他，弟弟象又傲慢不敬，而他能以孝道谐和他们，使他们都积极地做事，不至于奸邪为恶。"

帝尧说："让我试验一下吧！我要把两个女儿嫁给他，看他如何给两个女儿做楷模。"于是便把两个女儿下嫁到虞舜所在的妫水北岸，给虞舜做了媳妇。

临行，帝尧嘱咐两个女儿："你们要认真遵守妇道。"

注释

❶庸命：同"用命"，谓竭尽全力。 ❷巽（xùn）：送。说见《小尔雅·广言》。 ❸否：不，无。 ❹忝：辱。 ❺明明：彰明者。与侧陋相对，指身边的人。扬：上举，举荐。侧陋：僻远地区的人。 ❻师：众人。锡：同"赐"，与，给。 ❼鳏（guān）：无妻之人。 ❽俞：赞许声，相当于"然"。 ❾瞽（gǔ）：盲人。古代恒以瞽者为乐官，故又为乐官代称。 ❿顽：愚顽。象：舜弟名。傲：傲慢不敬。 ⓫克：能够。谐：和谐，融洽。 ⓬蒸蒸：上进的样子。乂：治，指做事。 ⓭格：至。 ⓮女：谓以女嫁人。时：同"是"，指舜。 ⓯刑：同"型"，典型，法范。二女：分别名娥皇、女英。 ⓰厘：赐。降：下。妫（guī）：同"沩"，敦煌残卷作"沩"，河名。汭（ruì）：江河北边。 ⓱嫔：妇。

舜典

题解

舜，即虞舜，五帝之一。此篇介绍舜帝的名字、品德，尧帝对他的考验、受禅的过程及即位以后的种种建树，包括巡行四岳、设置十二州、制定刑法、惩处四凶、任用百官等。本篇是记舜帝的重要简册，故曰《舜典》。今文、古文皆有。今文合在《尧典》，无篇首二十八字。

【原 文】

虞舜侧微①，尧闻之聪明②，将使嗣位③，历试诸难④——作《舜典》。

（此为序）

【译 文】

虞舜本来不在朝廷，只是一个小民。尧帝听说他耳听能审、目察细微，准备让他继承帝位，便用难办的事一件一件考验他——记这些事情，作了《舜典》。

注释

❶侧：旁，指不在朝廷。微：指没有名位。 ❷聪：听而能审。明：能见细微。 ❸嗣：继。 ❹历：逐个。诸：“之于”合音。

【原文】

曰若稽古[1]：

帝舜曰重华，协于帝[2]。浚哲文明[3]，温恭允塞[4]。玄德升闻[5]，乃命以位[6]。

慎徽五典[7]，五典克从[8]；纳于百揆[9]，百揆时叙[10]；宾于四门[11]，四门穆穆[12]；纳于大麓[13]，烈风雷雨弗迷[14]。帝曰："格[15]，汝舜！询事考言[16]，乃言底可绩[17]。三载，汝陟帝位[18]！"舜让于德，弗嗣[19]。

【译文】

以下属于钩稽古代传说：

舜帝的名字叫作重华，德行符合于帝。他的智慧深邃，谈吐文雅，英明细察，待人和气，恭逊自谦，名声充溢乡里。深埋在乡里的美德被尧帝听到以后，便任命了他一定的官职。

先让他认真宣传五常之道，结果五常都能被接受实行；又让他处理众事，结果众事都很顺利；又让他在四面城门负责导迎宾客，结果四面城门充满祥和；又让他到大山里管理山林，结果暴风雷雨也不能使他迷失方向。于是尧帝说道："你来，虞舜！询问你的事情、考察你的言辞，你的话最能带来功绩。现在已经三年了，你登上帝位吧！"虞舜以德行不够而辞让，不继位。

注释

❶曰若稽古：注见《尧典》。 ❷协：合。 ❸浚（jùn）：深。哲：智。文：文雅。明：明察。 ❹温：温和。恭：谦逊有礼。允：信，诚。塞：满。 ❺玄：幽潜。 ❻位：官职。按：以上二十八字《今文尚书》无。 ❼徽：美，宣传。 ❽五典：五常之道，包括父义、母慈、兄友、弟恭、子孝。典，常。克：能。从：顺从，听从。 ❾纳：使之入。揆（kuí）：度，事。 ❿叙：顺。 ⓫宾：导迎宾客之人。 ⓬穆穆：和美的样子。 ⓭大麓（lù）：守山林之官。 ⓮烈风：暴风。迷：使之迷。 ⓯格：至，来。 ⓰询：问。考：察。 ⓱乃：汝。底：至。绩：成功。 ⓲陟（zhì）：升，登。 ⓳于：以。嗣：继承。

【原 文】

正月上日[1]，受终于文祖[2]。在璇玑玉衡[3]，以齐七政[4]。肆类于上帝[5]，禋于六宗[6]，望于山川[7]，遍于群神。辑五瑞[8]。既月乃日[9]，觐四岳群牧[10]，班瑞于群后[11]。

【译 文】

正月最吉善的一天，舜在尧帝的太庙里接受了尧帝禅位。受禅以后，首先观察用美玉珍珠装饰的观天仪器，以平齐正定日月及五星的位置。接着举行祭祀，把受禅即位之事报告了上天。又烧烟祭祀阴阳寒暑水旱之神，还望祭高山大河，遍及所有的神灵。祭祀完毕，开始辑聚五种瑞玉。选定了吉月吉日以后，便接受四方诸侯首长及诸侯们的朝见，并把瑞玉按其各自的等级颁发给了所有的诸侯。

注 释

❶上日：初吉，吉日。 ❷终：指尧帝终结帝位。文祖：指祖庙。 ❸在：察。璇玑玉衡：用美玉珠玑装饰的观测天文的仪器。璇（xuán），美玉。❹齐：平，正。七政：即“七正”，指日、月及金、木、水、火、土五星。政，同“正”。 ❺肆：遂。类：祭名。《说文解字》作“禷”，云：“以事类祭天神也。”上帝：天神。 ❻禋（yīn）：祭名，烧烟而祭。《周礼·大宗伯》：“以禋祀祀昊天上帝，以实柴祀日月星辰。”郑玄注：“禋之言烟。”六宗：指阴阳寒暑水旱之神。❼望：祭名，遥望而祭之，故名。 ❽辑：敛，聚。五瑞：五种瑞玉。《周礼·典瑞》：“公执桓圭，侯执信圭，伯执躬圭……子执穀璧，男执蒲璧。” ❾既：同“及”，至。月乃日：选定的吉月吉日。 ❿觐（jìn）：诸侯朝见天子之名。牧：牧民者，指诸侯。 ⓫班：同“颁”，颁发。瑞：五瑞。后：君。

【原 文】

岁二月[1]，东巡

【译 文】

当年二月，到东方巡察。到了泰山，烧柴

守[2]，至于岱宗[3]，柴[4]，望秩于山川[5]，肆觐东后[6]。协时月[7]，正日[8]，同律度量衡[9]。修五礼、五玉[10]。三帛、二生、一死贽[11]，如五器[12]。卒，乃复[13]。

五月，南巡守，至于南岳[14]，如岱礼。

八月，西巡守，至于西岳[15]，如初。

十有一月，朔巡守[16]，至于北岳[17]，如西礼。

归，格于艺祖[18]，用特[19]。

五载一巡守，群后四朝。敷奏以言[20]，明试以功[21]，车服以庸[22]。

祭天，并按大小次序望祭东方山川河流，然后接受东方诸侯朝见。又调整月份、修正日辰，以协合时令。又统一法律及度、量、衡。又制定吉、凶、宾、军、嘉五礼，规定公、侯、伯、子、男五等诸侯所执的五等瑞玉。诸侯的附庸、诸侯的世子、诸侯的卿分别执拿的黄、黑、淡红三种颜色的丝帛，天子的卿大夫所执的活羊羔、活大雁，还有士所执的死野鸡，也都像五等瑞玉一样作了规定。所有的事情结束以后，就返回了都城。

五月，到南方巡察。到了南岳衡山，也像在泰山的礼仪。

八月，到西方巡察。到了西岳华山，也像当初的礼仪。

十一月，到北方巡察。到了北岳恒山，也像在西岳的礼仪。

四方巡察结束，回归都城以后，进入太庙，举行祭祀，杀了一头公牛作为祭品。

从此天子每五年巡察四方一次，诸侯们进京朝见四次。相见的时候，诸侯全面报告他们的工作；巡察的时候，天子实际考察诸侯的成绩，并用车子、服饰奖赏他们。

注释

❶岁：当年。 ❷巡守：巡察诸侯所守之地。 ❸岱（dài）宗：泰山。“岱”同“泰”。泰山为五岳之宗，故称岱宗。 ❹柴：同“祡”，烧柴祭天。 ❺秩：次序。山川：指东方之山川。 ❻肆：犹“遂”。觐：怀着崇敬的心情朝见。

❼协：合。时：时令。 ❽正：修正。 ❾同：统一。律：法制。 ❿修：制定。五礼：吉、凶、宾、军、嘉诸礼。五玉：五等瑞玉。 ⓫三帛：纁（xūn）（淡红色）、玄（黑色）、黄三种颜色的丝帛，分别为孤（诸侯之卿）、诸侯之嫡子及诸侯之附庸见天子时所执之物。二生：活羊羔、活雁，卿大夫见天子所执。一死：死雉，士见天子时所执。贽（zhì）：所执之物。 ⓬五器：即五玉。 ⓭卒：终。复：返。 ⓮南岳：衡山。 ⓯西岳：华山。 ⓰朔：北。 ⓱北岳：恒山。 ⓲格：至，入。艺祖：即文祖，指太庙。艺，文。 ⓳特：公牛。 ⓴敷：同“普”，遍。奏：上报。 ㉑试：考试，考核。功：成绩。 ㉒庸：同“用”，谓用作赏赐。

【原 文】

肇十有二州[①]，封十有二山[②]，浚川[③]。

象以典刑[④]，流宥五刑[⑤]，鞭作官刑[⑥]，扑作教刑[⑦]，金作赎刑[⑧]。眚灾肆赦[⑨]，怙终贼刑[⑩]。

“钦哉，钦哉，惟刑之恤哉[⑪]！”

流共工于幽州[⑫]，放驩兜于崇山[⑬]，窜三苗于三危[⑭]，殛鲧于羽山[⑮]，四罪而天下咸服[⑯]。

【译 文】

开始设置十二州，确定各州的大名山作为各州山镇，并疏浚各州的江河。

制定刑法：用图像画各种常刑，以警戒人，而不实际施加于人；犯罪当受五刑的人，都宽大以流放代替；用皮鞭作为官员的刑罚；用木棒作为教训人的刑罚，用铜作为赎罪的刑罚；因过失造成伤害的，全部赦免；如果坚持过错死不悔改的，处以死刑。

舜告诫官员们：“谨慎啊谨慎，一定要小心地给人用刑！”

把共工流放到了北方一个孤岛上，把驩兜流放到了南方的崇山，把三苗国全部迁到了西方的三危山，把鲧责遣到了东方的羽山。四凶致罪以后，天下全部顺服。

注释

❶肇：始。十有二州：冀州、兖州、青州、徐州、荆州、扬州、豫州、梁州、雍州、并州、幽州、营州。从陆德明说。❷封：置坛。十有二山：十二州之大名山。《逸周书·职方解》《周礼·职方氏》有九州之山镇，此未详。❸浚（jùn）：疏通。❹象：图像。典：常。❺流：流放。宥（yòu）：宽。五刑：墨、劓、刖、宫、大辟。❻官刑：官员所受的刑。❼扑：同“朴”，未加工的木料。教刑：教训用的刑。❽金：铜。赎刑：赎罪的刑。❾眚（shěng）：过失。灾：害。肆：遂。❿怙（hù）：恃，坚持。贼：杀。⓫恤：忧。⓬共工：《左传·文公十八年》：“少皞氏有不才子，毁信废忠，崇饰恶言，靖谮庸回，服谗搜慝，以诬盛德，天下之民谓之‘穷奇’。”杜预注：“谓共工。”幽州：北方大水中的沙洲。⓭驩兜：尧臣，见《尧典》注。又《左传·文公十八年》：“昔帝鸿氏有不才子，掩义隐贼，好行凶德，丑类恶物，顽嚚不友，是与比周，天下之民谓之‘浑敦’。”杜预云：“谓驩兜也。”崇山：南方山名。《太平御览》卷四九引盛宏之《荆州记》云：“崇山在澧阳县南七十五里。”按澧阳县故治在今湖北武汉黄陂区南。从江灏说。⓮窜：迁。三苗：国名，君号饕餮。《左传·文公十八年》：“缙云氏有不才子，贪于饮食，冒于货贿，侵欲崇侈，不可盈厌，聚敛积实，不知纪极，不分孤寡，不恤穷匮，天下之民以比三凶，谓之‘饕餮’。”三危：西方地名，在今甘肃敦煌一带。⓯殛（jí）：责谴。鲧（gǔn）：《左传·文公十八年》：“颛顼氏有不才子，不可教训，不知话言，告之则顽，舍之则嚚，傲狠明德，以乱天常，天下之民谓之‘梼杌’。”杜预云：“谓鲧。”羽山：东方山名，在今山东郯城东北。⓰罪：致罪。

【原文】

二十有八载，帝乃殂落[1]，百姓如丧考妣[2]。三

【译文】

受禅二十八年，尧帝才去世，百姓们如同失去父母。三年之内，天下停止了所有的音乐，一片静谧。三年后的正月第一

载，四海遏密八音[3]。月正元日[4]，舜格于文祖，询于四岳[5]，辟四门、明四目[6]，达四聪[7]。

天，舜帝来到尧的祖庙，向四方诸侯的首长们进行咨询，以开辟通往四方的大门、擦亮观察四方的眼睛，直接听到四方的声音。

注释

❶帝：尧帝。殂（cú）落：崩，去世。　❷考妣：生曰父母，死曰考妣。❸遏：绝。密：同“谧”，静。八音：金（钟）、石（磬）、土（埙）、革（鼓）、丝（琴瑟）、木（柷敔）、匏（笙竽）、竹（管箫）。　❹月正：正月。元日：第一天。　❺询：问。　❻辟：开。四门：通四方之门。四目：观四方之目。❼达：至，通。四聪：听四方之聪。聪，听力。

【原文】

咨十有二牧曰[1]：“食哉[2]！惟时柔远能迩[3]。惇德允元[4]，而难任人[5]，蛮夷率服[6]。”

舜曰：“咨！四岳：有能奋庸熙帝之载[7]，使宅百揆亮采[8]。惠畴[9]？”

佥曰：“伯禹作司空[10]。”

帝曰：“俞[11]！咨，禹：汝平水土，惟时懋

【译文】

舜招呼十二州的州长们说：“喂，努力去做吧！只有这样先安定了远方，才能最终安定近处。只有我们自己敦厚的道德确实很大了，而且远离奸佞，四方的人民才会顺服。”

舜说：“四方诸侯的首长们：有能建立功业、光大尧帝事业的，我就让他居于百官，辅佐我来做事。请你们惠告我，他们都有谁？”

四方诸侯的首长一同回答：“崇伯禹可以做司空。”

舜帝说：“好吧！”于是招呼崇伯禹道：“喂！禹：你平定洪水，现在就再勤勉这治理

哉[12]！”禹拜稽首，让于稷、契暨皋陶[13]。帝曰：“俞！汝往哉！”

土地人民的工作吧！”崇伯禹行大礼，向弃、契及皋陶推让。帝舜说：“好啦，你去就职吧！”

帝曰：“弃：黎民阻饥[14]，汝后稷[15]，播时百谷[16]。”

舜帝又说：“弃：百姓们因缺乏粮食而被饥饿所困厄，现在就由你负责农业，按时播种各种庄稼！”

帝曰：“契：百姓不亲，五品不逊[17]，汝作司徒[18]，敬敷五教[19]，在宽[20]。”

舜帝又说：“契：现在各个族姓之间不相亲睦，父母兄弟儿子五者之间的关系也不和顺。你来做司徒，负责这些事务。要认真地布设关于五者之间正常关系的教化，教化的关键在于宽爱。”

帝曰：“皋陶：蛮夷猾夏[21]，寇贼奸宄[22]，汝作士[23]。五刑有服[24]，五服三就[25]；五流有宅[26]，五宅三居[27]，惟明克允[28]。”

舜帝又说：“皋陶：现在四方的人民搅扰国家，他们入侵杀人，国家内部也有人趁机为奸作乱。你来做士，主管刑狱。五种刑法要实施，行刑要在三个固定场所。五种流放也要落实，具体可以落实到三个地方。总之，处理案情，只有明察，才能公允。”

注释

❶咨：招呼声，此作动词，谓招呼。十有二牧：十二州的州长。❷食：为，劝诫之辞。❸时：此。柔：安定，安抚。能：读为“乃”。迩：近。❹惇（dūn）：厚。允：信，确实。元：善，大。❺难：犹远。任人：佞人。❻率：循，顺。❼奋：起，立。庸：功。熙：明。载：事。❽宅：居。百揆：百官。亮：相，辅。采：事。❾惠：恩，赐。畴：谁。❿伯禹：崇伯禹，袭父爵。司空：官名，掌工程、建造。⓫俞：赞许声。⓬懋：美。⓭稷：指后稷弃，周人始祖。契（xiè）：人名，商人始祖。皋陶（gāoyáo）：人名。⓮黎民：庶民，百姓。阻：险，厄。⓯后：君，主。按：“后”疑“司”字之误。

⑯时：同"莳"，种。 ⑰五品：指父、母、兄、弟、子，从郑玄说。逊：顺。⑱司徒：官名，掌人民，教化。 ⑲敷：布。五教：五品之教。按："五教"二字当重，一属下。 ⑳宽：爱。 ㉑猾：乱。夏：国家。 ㉒寇：入侵。贼：杀人。奸：乱在外。宄：乱在内。 ㉓士：官名，主刑狱。 ㉔服：用，实施。㉕三就：指朝堂、原野、市曹。就，处。 ㉖五流：五种流放。 ㉗居：地。㉘明：明辨案情。克：能。允：恰当，公允。

【原 文】

帝曰："畴若予工①？"

佥曰："垂哉②！"

帝曰："俞！咨，垂：汝共工③。"垂拜稽首，让于殳斨暨伯与④。帝曰："俞，往哉！汝谐⑤。"

帝曰："畴若予上下草木鸟兽⑥？"

佥曰："益哉⑦！"

帝曰："俞！咨，益：汝作朕虞⑧。"益拜稽首，让于朱虎、熊罴⑨。帝曰："俞，往哉！汝谐。"

帝曰："咨！四岳：有能典朕三礼⑩？"

佥曰："伯夷⑪！"

帝曰："俞！咨，伯⑫：汝

【译 文】

舜帝问："谁能胜任我的工官？"

大家都说："垂啊！"

舜帝说："好吧！喂，垂：你就供工官之职。"垂行叩拜大礼，向殳斨和伯与推让。舜帝说："好，去吧，你们偕同他做！"

舜帝又问："谁胜任我主管山林河泽草木鸟兽的虞官？"

大家都说："益啊！"

舜帝说："好吧！益：你就做我的虞官。"益行大礼，向朱虎和熊罴推让。舜帝说："好，去吧，你们偕同他做。"

舜帝又问："喂！四方诸侯的首长们：有能主管我祭天地、分尊卑的礼仪，做秩宗的吗？"

大家都说："伯夷！"

舜帝说："好吧！喂，伯夷：你就做我的秩宗。要早晚恭敬认真，而且

作秩宗[13]。夙夜惟寅[14]，直哉惟清[15]！”伯拜稽首，让于夔、龙[16]。帝曰：“俞！往，钦哉[17]！”

祭祀要清洁。”伯夷行大礼，向夔、龙二人推让。舜帝说：“好啦！去吧，一定要认真负责！”

注释

❶若：顺，胜任。工：百工，此指掌百工之官。 ❷垂：人名。 ❸共：同“供”。 ❹殳斨（shūqiāng）、伯与：均为人名。 ❺谐：同“偕”，同。 ❻上下：指山陵、川泽。 ❼益：人名。 ❽虞：官名，掌山林川泽。 ❾朱虎、熊罴：皆人名。《左传·文公十八年》“八元”有“伯虎、仲熊”。 ❿典：主。三礼：事天、地、人之礼。 ⓫伯夷：人名。《国语·郑语》：“姜，伯夷之后也。” ⓬伯：当作“伯夷”，脱“夷”字。下“伯”同。 ⓭秩宗：官名，掌礼仪。 ⓮夙夜：早晚。寅：敬。 ⓯直：正。清：洁。 ⓰夔（kuí）、龙：皆人名。 ⓱钦：敬。

【原文】

帝曰：“夔：命汝典乐，教胄子[1]。直而温[2]，宽而栗[3]，刚而无虐，简而无傲[4]。诗言志，歌永言[5]，声依永[6]，律和声[7]。八音克谐[8]，无相夺伦[9]，神人以和[10]。”

夔曰：“於[11]！予击石拊石[12]，百兽率舞[13]。”

【译文】

舜帝说：“夔：任命你主管音乐，以音乐教育未成年的后代。要正直而温和，宽大而严肃，刚厉而不暴虐，简易而不倨傲。诗是表达思想感情的，而歌是咏唱言语的。所以，定音乐的声调要依据咏唱；而乐律，则要合于声调。要使八种不同材料的乐器能够互相谐调，而不能使之互相排斥取代。这样，神与人都会和谐。”

夔说：“啊，我懂！我按轻重不同节奏敲击石头，禽兽们都会跟着起舞。”

帝曰："龙：朕堲谗说殄行⑭，震惊朕师⑮。命汝作纳言⑯，夙夜出纳朕命⑰，惟允⑱！"

帝曰："咨！汝二十有二人⑲：钦哉！惟时亮天功⑳。"

三载考绩㉑。三考，黜陟幽明㉒，庶绩咸熙㉓。分北三苗㉔。

舜帝又说："龙：我忌讳只讲空话而没有行动，以使我的民众感到惊恐，所以任命你做纳言，负责早晚传达我的命令，听取臣民的意见，而且一定要真实。"

任命完毕，舜帝说："喂！你们二十一个人，要各尽其职啊！只有这样，才能真正起到辅佐天子的作用。"

规定每三年考核一次。经过三次考核，黜退了政绩不显的官员，提升了政绩显著的官员。结果，各项事业都欣欣向荣。

注释

❶胄子：未成年的后代。胄（zhòu），后代。 ❷直：正直。温：温和。 ❸栗：严肃。 ❹简：简易。 ❺永：同"咏"，今文作"咏"。 ❻声：音乐的声调，即所谓五声：宫、商、角、徵、羽。 ❼律：乐律，即所谓六律，黄钟、太蔟、姑洗、蕤宾、夷则、无射之类。 ❽克：能。 ❾夺：失。伦：类。 ❿和：和谐。 ⓫於：读同"呜"。 ⓬石：石头。旧释磬，殆非。拊：轻击。 ⓭率：循，跟着。 ⓮朕：我。堲：同"忌"。谗说：讲谗言。殄：绝，无。 ⓯师：众。 ⓰纳言：官名。 ⓱出：传布。纳：听取。 ⓲允：诚，实。 ⓳二十有二人：当作"二十有一人"，指十二牧、禹、弃、契、皋陶、垂、益、伯夷、夔、龙。 ⓴时：比。亮：相，辅。天功：天子之事。 ㉑考绩：考察政绩。 ㉒黜：退。陟：升。幽：不显。明：显。 ㉓庶：众。绩：功业，事业。熙：兴。 ㉔分北三苗：盖谓分尧所窜于三危之三苗国为三。北，同"背"，别。按：此句疑他篇错简。

【原文】

舜生三十征[①]，庸三十[②]，在位五十载，陟方乃死[③]。

【译文】

舜三十岁被征召入朝，被任用了三十年，正式在位近五十年，上了百岁才死去。

注释

❶征：被征召。 ❷庸：同“用”，任用。 ❸陟：升。方：犹“百”。《周髀算经》：“圆出于方。”注：“方，同匝也。”百为数之匝。此以数言，故知方犹百。按：《尧典》云“有鳏在下”，则“生三十征”大致可信。本篇云“二十有八载，帝乃殂落”，又三载乃始即位，则“庸三十”亦复可信，惟在位五十载可疑，可能不足五十年，故云陟方。

汩作亡

题解

汩，音“骨”，治理。作，兴、起。盖言舜帝治功之兴，故名。《孔传》亦云：“言其治民之功兴。”正文佚，仅存序，与下诸篇共。

九共（九篇）亡

题解

共，《经典释文》引马融、王肃并释“法”。九篇，故名《九共》。正文佚，仅存序，与上、下篇共。

槁饫亡

题解

槁，读为“犒”，犒劳。饫，音“育”，宴食。盖记舜帝犒赏“居方”诸侯而赐饮宴之事，故名。正文佚，仅存序。

【原文】

帝厘下土[1]，方设居方[2]，别生分类[3]——作《汩作》、《九共》九篇、《槁饫》。

（此为上十一篇序）

【译文】

舜帝治理天下，广设方国，分别姓氏族类——记这些事情，作了《汩作》、《九共》九篇和《槁饫》。

注释

❶帝：舜帝。厘：治。下土：天下。 ❷方设：即“旁设”，“方”读为“旁”，广设。居方：方国。 ❸生：同“姓”。类：族类。

大禹谟

题解

大禹，即禹，人名，夏部落首领、舜帝的大臣，因治水功大有“大德”而称大禹。谟，谋议。本篇记录舜帝与禹、益、皋陶诸大臣讨论政事的对话、禅位于禹的过程及禹服三苗的经过，主要突出大禹的谋议，所以名《大禹谟》。今文无，古文有。

【原 文】

皋陶矢厥谟[1]，禹成厥功，帝舜申之[2]——作大禹、皋陶《谟》，《益稷》[3]。

（此为序）

【译 文】

皋陶陈述他的谋略，大禹成就了他的功劳，舜帝申述它——记这些事，分别作了《大禹谟》《皋陶谟》《益稷》。

注 释

❶皋陶（yáo）：人名，舜臣，也作“咎繇”，音同。矢：同“施”，陈设、陈述。厥：同“其”。 ❷申：重申，申述。 ❸大禹、皋陶《谟》，《益稷》：亦《尚书》篇名，并见后。按：此以三篇同序，讲三篇之所由作与内容。

【原 文】

曰若稽古[1]：

大禹曰："文命敷于四海[2]，祗承于帝[3]。曰：后克艰厥后[4]，臣克艰厥臣，政乃乂[5]，黎民敏德[6]。"

【译 文】

以下属于钩稽古代传说：

大禹说："文德之命如今已传遍天下。这文德之命，是我们从先帝尧那里恭敬地接受过来的。他这样说：'君主如果能把做君主看得很难，大臣如果把做大臣看得很难，政事就会得到治理，百姓就会勉励自己的德行。'"

注释

❶曰若稽古：注见《尧典》。 ❷文命：文德之命，即下文"后克艰"四句。按：旧读以"大禹曰文命"为句，非。敷：布。四海：天下。 ❸祗（zhī）：敬。承：受。帝：指先帝尧。 ❹后：君。克：能。艰：艰难，意动用法。 ❺乂（yì）：治，治理。 ❻敏：读为"勉"，勉力。德：指思想及行为。

【原 文】

帝曰："俞[1]！允若兹[2]，嘉言罔攸伏[3]，野无遗贤[4]，万邦咸宁[5]。稽于众[6]，舍己从人，不虐无告[7]，不废困穷[8]，惟帝时克[9]。"

【译 文】

舜帝说："是的。如果真能这样，嘉言好语就没有隐伏，民间就没有被遗忘的贤才，所有的邦国就都会安宁。参考众人的意见，放弃自己的错误主张而听从别人的正确意见，不虐待孤苦无靠的人，不抛弃困穷不得志的人，只有尧帝能够这样。"

注释

❶俞（yú）：赞许声。❷允：信，诚。兹：此。❸嘉言：善言。罔：无。攸：所。❹野：指民间。❺邦：邦国。❻稽：考，参考。❼无告：孤苦无势、无依无靠的人。❽废：不任用。困穷：不得志的人。❾时：此。克：能。

【原文】

益曰[1]："都[2]！帝德广运[3]，乃圣乃神[4]，乃武乃文[5]。皇天眷命[6]，奄有四海[7]，为天下君。"

禹曰："惠迪吉[8]，从逆凶，惟影响[9]。"

【译文】

益说："啊！尧帝的德行广大，既圣明又神异，既英武又文雅。上天垂怜他而授命于他，使他完整地拥有四海，成为全天下的君主。"

禹说："走正道就吉祥，走邪道就凶险。这如同影子随形体，回声应响声，不会有二致。"

注释

❶益：人名，舜的大臣。❷都：赞叹、赞美声。❸广运：东西曰广，南北曰运，这里形容广大、博大。❹乃：连词，犹"又"。圣：具有最高超的道德。神：具有超凡的智慧。❺武：英武。文：文雅。❻皇天：上天。皇，大。眷：《说文解字》："顾也。"即回头看。引申有垂怜义。❼奄有：形容完整地拥有。奄，覆盖。❽惠：顺。迪：道，正道。❾惟：犹"如"。影响：影子与回响。

【原文】

益曰："吁[1]！戒哉！儆戒无虞[2]。罔失法度[3]，罔游于逸[4]，罔淫于乐[5]。任贤勿贰，去邪勿疑，疑谋勿成[6]，百志惟熙[7]。罔违道以干百姓之誉[8]，罔咈百姓以从己之欲[9]。无怠无荒[10]，四夷来王[11]。"

【译文】

益说："嘘，警惕呀！警惕才能没有忧患。不要违失法度，不要游荡安逸，不要过度享乐。任用贤才不要三心二意，清除奸邪不要迟疑不决。不成熟的计谋，不要去实行。这样，各种计划都会圆满实现。不要背离正道而博求百姓的赞誉，不要违背百姓的心愿以满足自己的欲望。不懈怠自身，不荒废政事。这样，四夷都会来尊王见驾。"

注释

❶吁（xū）：叹息声。 ❷儆：同"警"。虞：忧。 ❸罔：同"勿"。 ❹游：游荡。逸：安逸。 ❺淫：过。 ❻疑谋：不成熟的计谋。成：完成，实行。 ❼志：犹"谋"，计划。惟：乃。熙：兴，成。 ❽违道：背离正道。干：求。 ❾咈（fú）：违背。 ❿怠：懈怠。荒：荒废。 ⓫四夷：四方的少数民族部落。王（wàng）：谓尊王，勤王。

【原文】

禹曰："於[1]！帝念哉[2]！德惟善政[3]，政在养民。水、火、金、木、土、谷惟修[4]，正德、利用、厚生惟和[5]。九功惟

【译文】

禹说："啊呀！帝，您要经常想着呀！君主的美德，在于搞好政事。政事的根本，在于养护百姓。所以，要修水利、存火种、炼金属、伐木材、开土地、种五谷。要修正百姓的德行、便利百姓的使用、改善百姓的生活。九件事要经常叙说，叙说的方法是用

叙[6]，九叙惟歌。戒之用休[7]，董之用威[8]，劝之以九歌[9]，俾勿坏[10]。”

歌唱。警戒百姓要以和善，监督百姓要用威严，劝勉百姓要用九歌，使他们不要有所败坏。”

注释

❶於：读同“呜”，叹声。 ❷念：常思。 ❸善：搞好，使之善。 ❹惟修：为之修。惟，为。修，治。 ❺正：修正。利用：利民用。厚生：厚民生。惟和：为之和。惟，为。和，温和、和善、和谐。 ❻九功：指水、火、金、木、土、谷之修和正德、利用、厚生之和。功，事。叙：叙说。 ❼休：美。❽董：督。 ❾劝：勉。九歌：唱九事之歌。 ❿俾：使。坏：败坏。

【原文】

帝曰：“俞！地平天成[1]，六府三事允治[2]，万世永赖，时乃功[3]。”

【译文】

舜帝说：“是啊！现在大地平定，大自然恢复了生长，六府、三事确实得到了治理，千秋万代永远有了依赖。这是你的功劳。”

注释

❶地平：大地平定，没有了水患。天：自然。成：成熟。 ❷六府：指水、火、金、木、土、谷之府。三事：指正德、利用、厚生之事。 ❸时：此。乃：汝，你。

【原文】

帝曰："格[1]，汝禹！朕宅帝位三十有三载[2]，耄期[3]，倦于勤[4]。汝惟不怠，总朕师[5]。"

禹曰："朕德罔克[6]，民不依。皋陶迈种德，德乃降[7]，黎民怀之[8]。帝念哉！念兹在兹[9]，释兹在兹[10]，名言兹在兹[11]，允出兹在兹[12]，惟帝念功。"

【译文】

舜帝说："到我跟前来，禹！我在帝位已经三十三年，现在年事已高，也厌倦了辛劳。只有你不懈怠，你来统率我的民众吧！"

大禹说："我的德行不能胜任，百姓不会依从。皋陶播种德行，德行已下到民间，百姓心向着他。请您考虑呀！如今经常想着德的是这个人，解释德的是这个人，讲说德的是这个人，恰当地推行德的也是这个人。希望您考虑他的功德。"

注释

❶格：至，来。 ❷宅：居。 ❸耄（mào）期：形容年事已高。八十曰耄，百龄曰期颐。 ❹勤：辛劳。 ❺总：统领。师：众。 ❻罔：无，不。克：同"堪"，胜任。 ❼皋陶：人名。迈种：犹言播种。降：下。 ❽怀：心向。 ❾兹：此。上"兹"指德，下"兹"指皋陶。下同。 ❿释：解释。 ⓫名言：讲说。 ⓬允：允当，恰当。出：发布，推行。

【原文】

帝曰："皋陶：惟兹臣庶[1]，罔或干予正[2]。汝作士[3]，明于五刑[4]，以弼五教[5]。期于予治[6]，刑期于无

【译文】

舜帝说："皋陶：如今臣民们没有人冒犯我的政事，人人不犯法度，是因为你做士官，彰明了五刑，辅助了五教。辅助五教，是期望我治理好天下；彰明

刑，民协于中[7]。时乃功，懋哉[8]。”

皋陶曰：“帝德罔愆[9]，临下以简，御众以宽[10]。罚弗及嗣[11]，赏延于世[12]。宥过无大[13]，刑故无小[14]。罪疑惟轻，功疑惟重。与其杀不辜[15]，宁失不经[16]。好生之德，洽于民心[17]，兹用不犯于有司[18]。”

帝曰：“俾予从欲以治[19]，四方风动[20]，惟乃之休[21]。”

五刑，是为了不用刑法。如今百姓们都协和于其中，这是你的功劳，功劳很大呀！”

皋陶说：“是您的德行没有过失！您以简临下，以宽驭民。您治罪不延及子孙，而赏赐绵延于后代。宽宥无意的过失不论大小，惩处故意的犯罪不管轻重。罪行可疑的从轻发落，功劳可疑的从重处理。与其错杀没有罪的人，宁可放过偶尔犯罪的人。您的好生之德合乎民心，所以他们不犯法。”

舜帝说：“使我能根据自己的意愿治理天下，四方闻风响应，都是你的功劳。”

注释

❶惟：于。兹：就今。臣：臣民。庶：众。 ❷干：犯。“干”字旧误“于”，从诸本改。正：同“政”。 ❸士：官名。 ❹五刑：墨、劓、刖、宫、大辟五种刑法，详《皋陶谟》注。 ❺弼：辅助。五教：父义、母慈、兄友、弟恭、子孝之教。 ❻期：期望，最终目的。“期”上当脱“教”字。 ❼协：和。❽懋（mào）：盛大。 ❾愆：过。 ❿御：驾驭。 ⓫嗣：子孙。 ⓬延：延伸。世：后代。 ⓭宥（yòu）：宽恕。过：过失。 ⓮故：故意。 ⓯不辜：无辜，无罪。 ⓰不经：不常，偶尔。 ⓱洽：合。 ⓲有司：主管官员。 ⓳俾：使。 ⓴风动：形容响应迅速而自然。 ㉑休：美，指功劳。

【原 文】

帝曰："来，禹！降水儆予[①]，成允成功[②]，惟汝贤[③]。克勤于邦[④]，克俭于家，不自满假[⑤]，惟汝贤。汝惟不矜[⑥]，天下莫与汝争能。汝惟不伐[⑦]，天下莫与汝争功。予懋乃德[⑧]，嘉乃丕绩[⑨]，天之历数在汝躬[⑩]，汝终陟元后[⑪]。

"人心惟危，道心惟微[⑫]。惟精惟一[⑬]，允执厥中[⑭]。无稽之言勿听[⑮]，弗询之谋勿庸[⑯]。

"可爱非君[⑰]？可畏非民？众非元后何戴[⑱]？后非众罔与守邦？钦哉[⑲]！慎乃有位[⑳]，敬修其可愿[㉑]。四海困穷，天禄永终[㉒]。惟口出好兴戎[㉓]，朕言不再[㉔]。"

禹曰："枚卜功臣[㉕]，惟吉之从。"

【译 文】

舜帝说："过来，大禹！当时洪水大得使我震惊。你实现了你的诺言，成就了治水大功，数你最贤。你能勤劳于国，能俭朴于家，不自大，数你最贤。因为你不骄傲，所以天下没有人能与你争能；因为你不夸功，所以天下没有人能与你争功。我褒扬你的美德，嘉奖你的大功。自然历数应在你身上，你就是下一代的君主。所以你最终要登上大君元首之位。

"人心是危险的，道心是隐微的。你要精诚专一，恰当地把握他（它）们的标准，没有根据的话不听，不诚信的计谋不用。

"怎么能不爱那君主？怎么能不怕那民众？因为民众除了君主，还拥戴谁呢？君主除了民众，与谁一起守国呢？钦敬啊！谨慎你的君位，认真实行你所希望的。如果一旦天下陷入困境，做君主的天福就会永远终止。口能说出好话，也能引起战争，所以说话一定要慎重。我的话不再重复。"

大禹说："请您一个一个占卜功臣，听从吉兆吧！"

注释

❶降水：即“洚水”，泛滥的洪水。《说文解字》：“洚水不遵道。”降，同“洚”。儆：同“惊”。 ❷成：成就，实现。允：信，指允诺、诺言。 ❸贤：多才。 ❹克：能。 ❺假：大。 ❻矜（jīn）：骄傲。 ❼伐：夸功。 ❽懋：大，褒扬。 ❾嘉：嘉奖。丕：大。 ❿历：逐个经过。数：定数。躬：身。 ⓫陟：升，登。元后：大君。 ⓬道心：指自然法则。 ⓭精：精诚。一：专一。 ⓮允：恰当。执：抓，掌握。中：标准。 ⓯无稽：无考，无据。 ⓰询：同“恂”，诚信。庸：用。 ⓱可：读为“何”，同“阖”，何不。非：读为“彼”，那。 ⓲戴：爱戴。 ⓳钦：敬。 ⓴慎：谨慎。有位：天子之位，“有”为助词。 ㉑可：犹“所”。愿：希望。 ㉒天禄：天福，指做天子。 ㉓出好：说出好话，带来好的结果。兴戎：引起战争。 ㉔再：二。 ㉕枚：个。这里指一个一个地、逐个地。卜：占卜。

【原文】

帝曰：“禹：官占惟先蔽志[①]，昆命于元龟[②]。朕志先定，询谋佥同[③]，鬼神其依[④]，龟筮协从[⑤]，卜不习吉[⑥]。”禹拜稽首固辞。

帝曰：“毋！惟汝谐[⑦]。”

正月朔旦[⑧]，受命于神宗[⑨]，率百官若帝之初[⑩]。

【译文】

舜帝说：“禹：负责占卜的官员，是先隐藏自己的主意，然后用龟占卜。现在我是先定了主意。因为我询问、商议的结果大家意见相同，所以鬼神将会依从，占卜、占筮也会协同。再说占卜也不会重复相同的吉兆，所以不必占卜。”大禹作揖磕头，坚决推辞。

舜帝说：“不要推辞了，只有你最合适。”

正月初一元旦这天，大禹在尧帝的宗庙里接受禅位。他率领百官大臣受任就职，就像舜帝当年受禅的时候一样。

注释

❶官占：占卜官。惟：是。蔽：隐藏。 ❷昆：后。元：大。 ❸询谋：询问商议。佥（qiān）：都。 ❹其：将会。 ❺龟：指占卜。筮（shì）：占筮。协：合。 ❻习：同“袭”，连续。 ❼谐：符合，适合。 ❽朔旦：一日。 ❾神宗：尧帝的宗庙。 ❿帝之初：舜帝当初受禅之时。

【原文】

帝曰：“咨①！禹：惟时有苗弗率②，汝徂征③。”

禹乃会群后④，誓于师曰⑤：“济济有众⑥，咸听朕命：蠢兹有苗⑦，昏迷不恭⑧，侮慢自贤⑨，反道败德⑩。君子在野，小人在位，民弃不保⑪，天降之咎⑫，肆予以尔众士⑬，奉辞伐罪⑭。尔尚一乃心力⑮，其克有勋⑯。”

【译文】

舜帝说：“喂！禹：现在只有这有苗氏不循顺，你去征讨！”

大禹就聚合诸侯的军队，誓师说：“众位将士们，都听我的命令！现在蠢动的这个有苗氏，他昏庸迷乱，轻慢自大，背道败德。其国内君子在野，小人在位，百姓被抛弃不能自保，致使上天给他降下了灾祸。所以我率领你们众将士，奉舜帝的命令去讨伐罪恶。你们应当同心协力，一定会建立功勋。”

注释

❶咨：招呼声。 ❷时：此。苗：部族名，即三苗。率：循顺。 ❸徂（cú）：往。 ❹后：君，诸侯。 ❺誓：约束。 ❻济济：众多的样子。有众：即“众”，“有”为词头，犹“有苗”之“有”。 ❼蠢：动的样子。 ❽昏迷：昏庸迷乱。恭：敬。 ❾侮慢：轻忽傲慢。 ❿反道：违反正道。 ⓫弃：被抛弃。保：安。 ⓬咎：灾祸。 ⓭肆：故，所以。以：用，率。 ⓮辞：犹

"命"。 ⑮尚：当。 ⑯勋：功。

【原文】

三旬，苗民逆命[1]。益赞于禹曰[2]："惟德动天[3]，无远弗届[4]。满招损[5]，谦受益，时乃天道[6]。帝初于历山[7]，往于田，日号泣于旻天[8]，于父母，负罪引慝祗载[9]。见瞽叟[10]，夔夔斋栗[11]，瞽亦允若[12]。至诚感神[13]，矧兹有苗[14]？"

禹拜昌言曰[15]："俞！"班师振旅[16]。

帝乃诞敷文德[17]，舞干羽于两阶[18]。七旬，有苗格[19]。

【译文】

过了三十天，苗民仍然抗命不从。于是益向大禹建议说："只有德能感动天地，不管多远都会前来归顺。自满招致亏损，谦虚能受补益，这是自然规律。舜帝当初在历山，每天去地里的时候向天空大声哭喊；而对父母，则自愿承担罪过引来恶名，恭敬地进行侍奉。他去见凶暴的父亲瞽叟的时候，显得十分恐惧，战栗发抖，结果瞽叟也应诺了他的要求。至诚能感动神灵，何况这有苗氏呢？"

大禹拜受了他的美言，说："好吧！"于是整顿军队班师返回。

舜帝于是便大兴文教之德，让士兵们拿着盾牌和羽毛在大殿前跳舞。结果过了七十天，有苗氏便来归顺了。

注释

①逆命：抗命。 ②赞：助，建议。 ③动：感动。 ④届：至，到。 ⑤满：自满。损：亏损。 ⑥道：规律。 ⑦历山：地名，舜的老家。在今山东济南。 ⑧号泣：大声哭喊。旻（mín）天：天空。 ⑨负：承担。引：取来。慝：恶名。祗：敬。载：事。 ⑩瞽叟：盲人老汉，指舜的父亲。 ⑪夔夔：惧悚的样子。斋栗：战栗，发抖。 ⑫允：应允。若：同"诺"。 ⑬诚：旧释"和"，不确，当是"诚"字之误。 ⑭矧（shěn）：何况。 ⑮昌：大，美。

⑯班师：收师回归。振旅：整顿军队。 ⑰诞：大。敷：布。文德：文教之德。 ⑱干：盾牌。羽：羽毛，代指兵器。两阶：宫殿的主、宾阶。 ⑲格：至，来归顺。

皋陶谟

题解

皋陶，人名，相传本是舜帝的大臣，掌刑狱，禹受禅后继续辅佐禹。谟，谋议。本篇记禹和皋陶的对话。主要是皋陶教诫大禹如何为君，突出皋陶之谋议，故名《皋陶谟》。今文、古文皆有。今文与下《益稷》为一篇，古文分。

【原文】

曰若稽古：

皋陶曰："允迪厥德①，谟明弼谐②。"

禹曰："俞③，如何？"

皋陶曰："都④！慎厥身，修思永⑤。惇叙九族⑥，庶明励翼⑦，迩可远⑧，在兹。"

禹拜昌言曰："俞！"

【译文】

以下属于钩稽古说：

皋陶说："如果真能遵行舜帝的德政，就会谋略英明，辅臣和谐。"

大禹说："是啊！那么具体应当怎样做呢？"

皋陶说："噢！首先应当谨慎自身，永远记着修养。然后是敦睦和顺自家亲属。这样，贤人都会自勉而恭顺。因为由近可以及远。关键就在这里。"

大禹拜受美言，说："好吧，接受你的意见。"

注释

❶允：诚，真。迪：蹈，遵行。厥：其，指舜帝。 ❷谟：谋。弼：辅佐。谐：和。 ❸俞：赞许声。 ❹都：应对声。 ❺修：修养。永：长久，永远。❻惇（dūn）：敦厚。叙：顺。九族：泛指所有的亲属。 ❼庶：众。明：贤明之人。励：劝勉。翼：敬。 ❽迩：近。

【原文】

皋陶曰："都！在知人[①]，在安民。"

禹曰："吁[②]！咸若时[③]，惟帝其难之[④]。知人则哲[⑤]，能官人[⑥]。安民则惠[⑦]，黎民怀之[⑧]。能哲而惠，何忧乎驩兜[⑨]？何迁乎有苗[⑩]？何畏乎巧言令色孔壬[⑪]？"

【译文】

皋陶说："这就对了。除了这些，还有两点：一是知人，一是安民。"

大禹说："啊呀！都像这样，即使尧帝也难做到呀！因为知人就有智慧，就能任用人；安民就有恩惠，百姓就会归附他。既有智慧又有恩惠，尧帝又何必担忧驩兜，何必迁走三苗呢？何必还害怕那些善于花言巧语、迎奉巴结的大奸臣呢？"

注释

❶知：了解。人：与下句"民"相对，指诸侯、部落首长。 ❷吁：叹声。❸咸：都。时：同"此"。 ❹惟：读为"虽"。帝：指尧帝。 ❺哲：智。❻官：任为官吏。 ❼惠：恩惠。 ❽怀：思，归附。 ❾驩兜：人名，尧时"四凶"之一，被流放在崇山，见《尧典》。 ❿有苗：亦"四凶"之一，被窜（迁）于三危，见《尧典》。 ⓫巧言：花言巧语。令色：伪善、谄媚的脸色。令，同"灵"。孔：甚。壬：奸佞。

【原文】

皋陶曰："都！亦行有九德[1]，亦言其人有德，乃言曰：载采采[2]。"

禹曰："何[3]？"

【译文】

皋陶说："是啊！知人确实很难。美好的品行有九种表现，叫作九德。一个人具备了九德，才能说他有德，才能任用他，对他说：开始做事吧！"

大禹问："什么是九德？"

注释

❶亦：当涉下句衍。行：品行。九德：美好品行的几种表现，详下文。❷亦：犹"乃"，才。载：始。采：事。上"采"为动词，下"采"为名词。❸何：指"九德"言。

【原文】

皋陶曰："宽而栗[1]，柔而立[2]，愿而恭[3]，乱而敬[4]，扰而毅[5]，直而温[6]，简而廉[7]，刚而塞[8]，强而义[9]。彰厥有常，吉哉[10]！

"日宣三德[11]，夙夜浚明，有家[12]；日严祗敬六德[13]，亮采[14]，有邦翕受敷施[15]。九德咸事[16]，俊乂在官[17]。百僚师师[18]，百工惟时[19]。抚于五辰[20]，庶绩其凝[21]。

【译文】

皋陶说："做事宽泛而又小心谨慎，性格柔和而又能够自立，忠厚老实而又端庄持重，繁乱的事情能认真对待，面对烦扰而坚毅果断，正直而温和，简朴而廉洁，刚正而充实，强悍而知宜。这就是九德。经常彰明九德，就会吉祥！

"只要每天表现出其中三德，而且早晚努力，就能掌管一个部族；如果每天严格而又认真地实行其中六德以帮助做事，就能掌管一个邦国。如果国君能减少赋税而普遍施舍，九德全立，就会俊杰在官，人才众多，百官良善。如果再能顺应日月天时，百业就都能有成。

注释

❶宽：宽大，宽宏。栗：战栗，形容小心谨慎。 ❷柔：柔和。立：直立，自立。 ❸愿：忠厚，老实。恭：严肃庄重。 ❹乱：繁乱。敬：重，认真对待。 ❺扰：烦扰。毅：果断。 ❻直：正直。温：温和。 ❼简：简朴。廉：廉洁。 ❽刚：刚正。塞：同“寋”，充实。《说文解字》引作“寋”。 ❾强：强悍。义：宜。 ❿彰：明。厥：指九德。常：经常。 ⓫宣：布，示。三德：九德中的三种。 ⓬夙夜：早晚。浚：大。明：同“勉”。有：掌管。家：当指部族。 ⓭严：严格。祗：敬。六德：九德中的六种。 ⓮亮：辅助。采：事。 ⓯邦：国。翕（xī）：聚合，收缩。敷：同“普”，遍。施：舍。 ⓰事：立。 ⓱俊乂：杰出人才。德千人为俊，德百人为乂。 ⓲僚：官。师师：众多的样子。 ⓳工：同“官”。时：同“善”。 ⓴抚：顺。五辰：即“三辰”，指日、月、星。五，“三”字之误，从金景芳说。 ㉑庶绩：众业绩。凝：成。

【原 文】

“无教逸欲①，有邦兢兢业业②。一日二日万几③。无旷庶官④。天工⑤，人其代之。天叙有典⑥，敕我五典五惇哉⑦！天秩有礼⑧，自我五礼有庸哉⑨！同寅协恭和衷哉⑩！天命有德⑪，五服五章哉⑫！天讨有罪⑬，五刑五用

【译 文】

“不要学别人安逸享乐，而应当兢兢业业。每天的事情千头万绪，所以不要使众多官员虚设，要使他们各尽其责。因为治理天下，本来是上天的工作，而现在我们人替代它，能不集结众人的力量去完成吗？上天的次序是固定不变的，所以才告诫我们父、母、兄、弟、子五常关系要敦厚呀！上天的秩序是有尊卑高下的，所以才使我们看到天子、诸侯、卿大夫、士、庶民五种等级的规定呀！我们自天子至庶民，都要同心同德，互相敬让，和衷共济呀！上天赐福有德的人，所以五等礼服各有纹章呀！上天惩处有罪的人，所以五刑各有施用

哉[14]！政事懋哉懋哉[15]！

"天聪明[16]，自我民聪明。天明畏[17]，自我民明威。达于上下[18]，敬哉有土[19]！"

呀！啊！我们的政事多么美好呀！

"事实上，上天的视听，都来自我们人的视听；上天的赏罚，都来自我们人的赏罚。因为天与人是上下互通的。谨慎啊，有领土的君主们！"

注释

❶无：同"毋"，不要。教：效。逸：安逸。欲：同"豫"，安乐。 ❷"有邦"二字衍。兢兢业业：尽职尽责的样子。 ❸一日二日：每日。几：同"机"，事务。 ❹无，同"毋"。旷：空，空设。 ❺天工：指做天子。工，工作。 ❻叙：次序。典：常。 ❼敕：诫，令。五典：五常，指父义、母慈、兄友、弟恭、子孝，见《左传·文公十八年》。五惇："五"字涉上误，当作"有"。惇，厚。《经典释文》云：马本"有典"作"五典"，亦互误。 ❽秩：秩序。礼：尊卑高下的等级。 ❾自：读为"示"。五礼：指天子、诸侯、卿大夫、士、庶民五等之礼。庸：常，常法。 ❿寅：敬。协：和。衷：内心。⓫命：赐命，赐福。 ⓬五服：象征天子、诸侯、卿大夫、士身份的五等礼服。五章：当作"有章"。涉前"五服"误。章，纹样，图案。 ⓭讨：惩罚。⓮五用：当作"有用"。亦涉前"五"字误。用，行，施。 ⓯懋：美。 ⓰聪：听。明：视。 ⓱明：赏。畏：同"威"，罚。 ⓲达：通。上下：指天与人。⓳有土：指有土之君。

【原文】

皋陶曰："朕言惠可底行[1]？"

禹曰："俞[2]！乃言底可

【译文】

皋陶说："我的话真的可以得到实行吗？"

大禹说："是的！你的话最能带来

绩[3]。"

皋陶曰："予未有知，思曰赞赞襄哉[4]！"

功绩。"

皋陶说："我没有智慧，只是想着天天尽力辅佐您。"

注释

❶惠：犹"实"。厎（zhǐ）：致。 ❷俞：赞同声。 ❸厎：至。绩：功，成。 ❹曰：当作"日"，天天。赞赞：尽力辅佐的样子。襄：助。

益稷

题解

益、稷，二人名。益即《尧典》中的“益”，又称“伯益”；稷即《尧典》中的“弃”，尧帝命之“后稷”，所以后世以为代称。本篇主要记舜帝与大禹、皋陶、夔等讨论政事的对话，盖以篇中有“暨益”“暨稷”而名篇。

今文、古文皆有。今文连属《皋陶谟》，非。

【原文】

帝曰：“来，禹！汝亦昌言[①]。”

禹拜曰：“都[②]！帝，予何言？予思日孜孜[③]。”

皋陶曰：“吁[④]！如何？”

禹曰：“洪水滔天，浩浩怀山襄陵[⑤]，下民昏垫[⑥]。予乘四载[⑦]，随山刊木[⑧]，暨益奏庶鲜食[⑨]。予

【译文】

舜帝说：“过来，禹！你也谈谈你的高见。”

大禹拜谢说：“哪里！舜帝，我有什么好说的？我只想着每天孜孜不倦地工作。”

皋陶说：“啊！怎样孜孜不倦地工作？”

大禹说：“洪水滔天，浩浩荡荡，包围了群山，漫上了高陵，百姓全被淹在了水里。我换乘了四种大小舟筏，沿着高山砍削大树作为标识，引导百姓上山，并与益一起给老百姓提供可吃的鸟兽鱼鳖，使他们不被饿死。然后我疏导九条大河，使它

决九川距四海[10]，浚畎浍距川[11]。暨稷播[12]，奏庶艰食鲜食[13]。懋迁有无化居[14]。烝民乃粒[15]，万邦作乂[16]。”

皋陶曰：“俞！师汝昌言[17]。”

们流入大海。大水排通以后，我又疏通田地里的排水沟，使水流进江河。地里的水干了以后，又与后稷一起播种庄稼，给老百姓提供粮食。并且贸迁有无，分发积聚的货物。这样，老百姓才安定了下来，各邦国才得到了治理。”

皋陶说：“好啊！这就是你的美言。”

注释

❶昌：大，美。 ❷都：犹“於”。 ❸孜孜：勤勉不怠的样子。 ❹吁：惊叹声。 ❺浩浩：盛大的样子。怀：包。襄：上。 ❻昏：当是“皆”误。《史记》作“皆”。垫：下，溺。 ❼载：载具，运输工具。 ❽随：沿，顺。刊：表识，做标志。 ❾暨：及，与。奏：进。庶：众。鲜食：指鸟兽鱼鳖之肉。 ❿决：疏导。九川：九条河流，据《禹贡》当为弱水、黑水、黄河、漾（汉）水、长江、沇（济）水、淮河、渭水、洛水。 ⓫浚（jùn）：疏通。畎（quǎn）浍（kuài）：田间的排水沟。 ⓬播：播种。 ⓭艰食：根生之食，指百谷。艰，同“根”。“鲜食”二字当衍。 ⓮懋：同“贸”。迁：转。化：同“货”。居：聚。 ⓯烝：同“众”。粒：同“立”，定。 ⓰作：始。乂：治。 ⓱师：同“斯”，此。

【原 文】

禹曰：“都！帝：慎乃在位[1]。”

帝曰：“俞！”

禹曰：“安汝止[2]，惟

【译 文】

大禹说：“啊！舜帝：您要慎重地选择您的官员。”

舜帝说：“是！”

大禹说：“您还要安静您的举止，不要急躁。这样，会接近成功，就能康宁无事。

几惟康[3]。其弼直[4]，惟动丕应[5]。徯志以昭受上帝[6]，天其申命用休[7]。”

帝曰：“吁！臣哉邻哉[8]！邻哉臣哉！”

禹曰：“俞！”

因为辅臣如果正直，您的行动就会被他们大力响应。如果您的举止急躁，就会产生不良影响。如果您能虚心静志，表明是受上天之命，那么上天将一次又一次地赐您吉美。”

舜帝感叹地说：“啊！大臣就像近邻呀，近邻就是大臣！”

大禹说：“是呀！”

注释

❶慎：警戒。在位：有职位的人，即各级官员。 ❷安：静。止：举止。❸惟：犹“则”。几：近。 ❹弼：辅臣。直：正直。 ❺丕：大。 ❻徯（xī）：待。志：意。孙星衍云：“‘志’字《说文》所无，疑当为‘意’。”昭：明。❼申：重。休：美。 ❽邻：近。

【原文】

帝曰：“臣作朕股肱耳目[1]。予欲左右有民[2]，汝翼[3]。予欲宣力四方[4]，汝为[5]。予欲观古人之象[6]，日、月、星辰、山、龙、华虫[7]，作会[8]；宗彝[9]、藻[10]、火[11]、粉米[12]、黼、黻[13]、絺绣[14]，以五采彰施于五色[15]，作服，汝明[16]。予欲闻六律五声八音[17]，在治忽[18]，以

【译文】

舜帝说：“大臣要做我的帮手和耳目。我想调遣百姓，你们辅佐我；我要把功德布满四方，你们帮助我。我想显示古人所崇尚的物象，就是画太阳、月亮、星星、高山、飞龙、锦鸡图案，绣礼器、水草、火形、细米、‘亚’形纹饰并施加五彩来做服饰，你们做出它的样品。我想通过音乐察知治乱，以便向五方发布政令，你们要听好。如果我有过失，你们要予以纠正。你们不要当面听从，下去又在背后议论。钦敬啊，我身边的大臣们！那些愚蠢

出纳五言[19]，汝听。予违，汝弼[20]。汝无面从[21]，退有后言[22]。钦四邻[23]！庶顽谗说[24]，若不在时[25]，侯以明之[26]，挞以记之[27]，书用识哉[28]，欲并生哉[29]！工以纳言[30]，时而扬之[31]，格则承之庸之[32]，否则威之[33]。”

而又喜欢说别人坏话的人，如果他们不明察这些，你们就当射箭的靶子一样把他们作为众矢之的，打击他们，使他们警戒。就把他们记在史书里面，以使他们知道上进！对官员的处理要听取百姓的意见。百姓认为好的，就宣扬他们；知错能改的，就让他们继续留任；否则，就施刑威教训他们。”

注释

❶股肱（gōng）：大腿和手臂，比喻重要助手。 ❷左右：调遣。有：语助词。 ❸翼：辅佐。 ❹宣：布。力：功。《说文解字》：“治功曰力。” ❺为：助。 ❻观：显示。象：物象，即下文所言诸物之象。 ❼华虫：指锦鸡。华，同“花”。 ❽会：同“绘”，画。 ❾宗彝：宗庙礼器。郑玄《尚书注》以为“宗庙彝器有虎彝、蜼彝，故以宗彝名虎、蜼”，恐非。 ❿藻：水草纹。 ⓫火：火形，半环形。 ⓬粉米：细（碎）米形。 ⓭黼（fǔ）：古代礼服上绣的半白半黑的花纹。黻（fú）：两“弓”相背的“亞”形花纹。 ⓮絺（chī）：细葛布。 ⓯采：同“彩”。彰：明。施：加，用。五色：即“五采”。疑有误。 ⓰明：示明，做出样本。 ⓱六律：六种乐律。五声：五种音阶。八音：八种乐器。此泛指各种音乐。 ⓲在：察。治：同“政”。忽：荒，乱。 ⓳出纳：谓纳，采纳。五言：盖指东、西、南、北、中五方之言。 ⓴违：背，失。弼：纠正，矫正。 ㉑面从：当面听从。 ㉒后言：背后议论。 ㉓钦：敬。四邻：前后左右的辅臣，即所谓左辅、右弼、前疑、后承。 ㉔庶：众。顽：愚。谗：喜欢说别人坏话的人。 ㉕在：察。时：此。 ㉖侯：射箭的靶子，这里作动词，谓设侯。 ㉗挞：扑击，鞭打。记：同“諅”，诫。 ㉘书：史官所录。用：以。识：记。哉：当作“之”。 ㉙并：皆。生：进，上进。 ㉚工：官。纳：接纳，

采纳。㉛时：读为“善”。扬：宣扬；提举。㉜格：同“革”，改。承：继。庸：用。㉝威：施以刑威。

【原文】

禹曰：“俞哉！帝：光天之下[①]，至于海隅苍生[②]，万邦黎献[③]，共惟帝臣[④]，惟帝时举[⑤]。敷纳以言[⑥]，明庶以功[⑦]，车服以庸[⑧]。谁敢不让，敢不敬应[⑨]？帝不时敷[⑩]，同，日奏[⑪]，罔功[⑫]。

【译文】

大禹说：“好啊！大帝：整个天下，一直到海角上的百姓、万国的贤达，都是您的臣子，任您举用他们。您要广泛听取他们的意见，明确考察他们的功绩，用车子、礼服奖赏他们。这样，天下谁敢不礼让，谁敢不恭敬地服从？如果大帝不这样考察，而是不分好坏，同样对待，那么即使大臣们天天奏进好意见，也不会有功绩。

注释

❶光天：能见到阳光的天下，即全天下。❷隅：角落。苍生：普通百姓。❸黎：百姓。献：同“贤”。❹惟：同“为”。❺时：同“是”。举：举用。❻敷：普遍。《尧典》：“敷奏以言。”❼庶：同“试”。《左传》引作“试”。功：功绩。《尧典》：“明试以功。”❽庸：用。❾让：礼让。应：响应，服从。❿时：同“善”。敷：普遍。⓫奏：进言。⓬罔：无。

【原文】

“无若丹朱傲[①]，惟慢游是好[②]，傲虐是作[③]，罔昼

【译文】

“不要像丹朱那样傲慢不逊，只喜欢懒散游荡，凶狠残暴，昼夜颠倒。洪水退了仍要坐船，在家中聚众淫乱，以至

夜頟頟[4]，罔水行舟[5]，朋淫于家[6]，用殄厥世[7]。予创若时[8]，娶于涂山[9]，辛壬癸甲[10]。启呱呱而泣[11]，予弗子[12]，惟荒度土功[13]。弼成五服[14]，至于五千[15]。州十有二师[16]，外薄四海[17]，咸建五长[18]，各迪有功[19]，苗顽弗即工[20]，帝其念哉[21]！”

帝曰：“迪朕德[22]，时乃功[23]，惟叙[24]。皋陶方祗厥叙[25]，方施象刑[26]，惟明[27]。”

于绝了他的世系。我以此为鉴，去涂山迎亲娶妻，只用了辛、壬、癸、甲四天时间。后来儿子启呱呱坠地，我也顾不上疼爱照看，一心忙着平治水土的工作。后来又帮助您定五服，一直到达五千里之外。设九州，每州十二师，外接四海，地方上都设立了伍长。他们都能接受命令完成自己的工作，只有三苗凶暴而不接受。大帝请您考虑呀！”

舜帝说：“启导我的德行，这是你的功劳，我一定要叙讲宣传。皋陶正在认真地做他的事，正在施行图像刑法，也一定会有显著的功绩。”

注释

❶若：如。丹朱：尧帝的儿子。傲：傲慢不逊。　❷慢：懒惰。游：游荡。　❸虐：残暴。作：为。　❹頟頟（éé）：不休息貌。按：下文言“用殄厥世”，“厥”仍指丹朱，知此“昼夜”上不当有“罔”字，盖涉下句衍。　❺罔：无。水：谓洪水。　❻朋：犹群。淫：淫乱。　❼用：以。殄：绝，灭。厥：其。世：父子相继。　❽创：惩。时：此。　❾涂山：地名，在今安徽怀远。　❿辛壬癸甲：十天干中连续四日。　⓫启：禹的儿子。　⓬子：意动词，以为子，即爱抚。　⓭荒：读为“忙”。度（duó）：治。土功：平治水土之事。　⓮弼：辅，助。成：定。五服：按地理远近规定服侍天子的制度，所谓甸服、侯服、绥服、要服、荒服。见《禹贡》。服，事。　⓯五千：指五千里。　⓰师：军事单位，二千五百人为一师。　⓱薄：同“迫”，近。　⓲五长：即“伍长”，五人为伍，首为之长。　⓳迪：道，遵循。有：词头。功：同“工”。　⓴顽：凶暴。即：就。　㉑念：常思。　㉒迪：导。　㉓时：此。乃：汝。　㉔叙：述。

㉕方：正。祇：敬。叙：当作“事”。 ㉖象刑：图像刑法。 ㉗明：显。

【原 文】

夔曰[1]：“戛击鸣球[2]，搏拊琴、瑟[3]，以咏[4]。”祖考来格[5]，虞宾在位[6]，群后德让[7]。下管鼗鼓[8]，合止柷敔[9]，笙镛以间[10]。鸟兽跄跄[11]，《箫韶》九成[12]，凤皇来仪[13]。”

夔曰：“於[14]！予击石拊石[15]，百兽率舞[16]，庶尹允谐[17]。”

【译 文】

夔指挥乐师们：“敲起玉磬，弹起琴瑟，唱起来吧。”于是舜帝先祖的神灵到来，堂上宾客们各就其位，众诸侯互相礼让。堂下有管乐、小鼓，起乐的柷，止乐的敔，中间夹杂着笙和大钟。周围的鸟兽也跟着舞动。《箫韶》曲子奏了九遍，凤凰也飞来配合音乐节奏了。”

夔说：“啊！我用轻重不同的节奏敲石头，鸟兽都会跟着跳舞。所以，只要有音乐，众官员一定会十分和谐。”

注释

❶夔（kuí）：人名，舜帝的乐官。 ❷戛（jiá）：敲。鸣球：玉磬。 ❸搏拊（fǔ）：弹奏。 ❹咏：唱。 ❺祖考：先祖。格：至。 ❻虞宾：虞舜的宾客。位：座位。 ❼群后：众诸侯。后，君。 ❽下：堂下。管：乐器名，竹管。鼗（táo）：小鼓。 ❾合：奏，始。止：终止。柷（zhù）：乐器名，击之以起乐，所谓合。敔（yǔ）：乐器名，击之以止乐。 ❿镛：大钟。间：夹。 ⓫跄（qiāng）跄：舞动的样子。 ⓬《箫韶》：乐曲名。成：终。 ⓭皇：同“凰”。仪：配。 ⓮於：读为“呜”，叹声。 ⓯石：石头。拊：轻击，拍。 ⓰率：遁。 ⓱庶：众。尹：正，长。允谐：十分和谐。允，恰当。

【原文】

帝庸作歌[1]。曰："敕天之命[2]，惟时惟几[3]。"乃歌曰："股肱喜哉[4]！元首起哉[5]！百工熙哉[6]！"

皋陶拜手稽首扬言曰[7]："念哉！率作兴事[8]，慎乃宪[9]，钦哉！屡省乃成[10]，钦哉！"乃赓载歌曰[11]："元首明哉[12]！股肱良哉！庶事康哉[13]！"又歌曰："元首丛脞哉[14]！股肱惰哉！万事堕哉[15]！"

帝拜曰："俞，往钦哉！"

【译文】

舜帝因此而作歌。他说："谨慎天命，只有这样最接近。"于是唱道："辅臣高兴啊，元首振奋啊，百官和乐啊！"

皋陶向舜帝行过大礼，高声疾言道："您要经常想着啊！率领劳作，兴办事业，要谨慎您的法度。要认真啊！要经常省察您的成就，要认真啊！"接着唱道："元首英明啊！辅臣良善啊！万事康顺啊！"又唱道："元首怠惰啊！辅臣懒散啊！万事毁废啊！"

舜帝拜谢说："我们都去认真做吧！"

注释

❶庸：因。 ❷敕（chì）：同"饬"，谨慎。 ❸几：近。 ❹股肱：比辅臣。 ❺元首：头领。起：奋起，振奋。 ❻百工：百官。熙：和乐。 ❼拜手稽首：作揖叩头。扬言：高声疾言。 ❽率：领。作：劳作。兴：起。 ❾宪：法。 ❿省：察。成：完成，成功。 ⓫赓（gēng）：续。载：为。 ⓬明：英明。 ⓭康：安。 ⓮丛脞：形容细碎无大略。脞（cuǒ），小。 ⓯堕：坏，废。

夏书

禹贡

题解

禹，大禹。贡，献，诸侯献天子方物。本篇主要记九州区划、山川、土壤、田赋、贡物及治理山川、规定五服之事。禹所区划制定，故名《禹贡》。今文、古文皆有。

【原 文】

禹别九州①，随山浚川②，任土作贡③。

（此为序）

【译 文】

大禹区划九州，沿着大山砍削树木做标记，疏通江河，并且根据各州土壤的承负能力制定贡赋。

注释

❶别：分别，区别。九州：冀州、兖州、青州、徐州、扬州、荆州、豫州、梁州、雍州。 ❷随山：指随山刊木，沿着大山砍削树木做标记。随，顺、沿。浚：疏通。 ❸任土：根据土壤的承负能力。任，担负。贡：贡物，下所进献。此下当脱“作《禹贡》”。

【原文】

禹敷土①，随山刊木，奠高山大川②。

冀州：

既载壶口③，治梁及岐④。既修太原⑤，至于岳阳⑥。覃怀厎绩⑦，至于衡漳⑧。厥土惟白壤⑨，厥赋惟上上⑩，错⑪。厥田惟中中⑫。

恒、卫既从⑬，大陆既作⑭。

岛夷皮服⑮，夹右碣石入于河⑯。

【译文】

大禹划分九州疆土，沿着大山砍削树木做标志，确定各州的名山大河。

冀州：

黄河壶口治理好以后，又治东边的吕梁山和狐岐山；治理了太原一带，一直到太岳山以南；覃怀地区的治理也取得成功，一直到达北边的漳河。这一地区的土壤属于柔土，为白壤，所以其赋税等级为九等中的第一等，夹杂其他等级。其田地为九等中的第五等。

恒水、卫水畅通以后，原来的大陆泽成了能够耕作的良田。

冀州东北的岛夷，进贡皮衣。入贡的路线，是右边顺着碣石山向南，再进入黄河坐船。

注释

❶敷：分，区分。 ❷奠：定。 ❸既：已。载：事。壶口：黄河瀑布口，在今陕西宜川东黄河中。 ❹梁：山名，即今吕梁山。《尔雅·释山》："梁山，晋望。"岐：山名，即狐岐之山，在今山西介休。从蔡沈说。 ❺修：治。太原：大原，即今山西太原一带。 ❻岳阳：太岳山以南、以东。岳，太岳山。 ❼覃怀：地名，相当于今河南黄河以北、洛阳孟津区以东广大地区。厎绩：即"致绩"，犹言成功。厎（zhǐ），同"致"。 ❽衡：同横。漳：漳河。因其东西走向，故曰横漳。 ❾惟：为，是。 ❿赋：赋税，上所征收。惟：为。上上：上、中、下又各分上、中、下，共九等，上上为第一等。 ⓫错：杂。 ⓬田：指田地的肥瘠程度。中中：第五等。 ⓭恒：滱水支流。卫：滹沱河支流。从：

顺。⑭大陆：泽名，在今河北巨鹿、隆尧之间。作：耕作。从邹逸麟说。⑮岛夷：古谓东北夷，盖即今渤海湾偏北一带。皮服：谓其贡物。⑯夹：同"挟"，犹沿。碣（jié）石：山名，在今河北昌黎北偏西。

【原 文】

济、河惟兖州[1]：

九河既道[2]，雷夏既泽[3]，灉、沮会同[4]。桑土既蚕[5]，是降丘宅土[6]。厥土黑坟[7]，厥草惟繇[8]，厥木惟条[9]。厥田惟中下，厥赋贞[10]。作十有三载，乃同[11]。厥贡漆丝，厥篚织文[12]。浮于济、漯[13]，达于河。

【译 文】

济水、黄河之间为兖州：

黄河几条入海道导通以后，雷夏泽恢复了往日的面貌，灉水、沮水分别汇入其中。原来宜桑的土地恢复了长桑养蚕以后，百姓们便走下丘陵定居平地。这一地区的土壤油黑，多丘陵，野草丰茂，树木高大。土地为第六等，赋税为第五等。贡品为漆和丝。织锦装在长方形的竹筐里面进贡。入贡的路线：先从济水、漯水乘船，然后进入黄河。

注 释

❶济：济水，源出河南济源，故道过黄河而南，东流至山东与黄河并行入海。河：黄河。❷九河：古代黄河下游无堤，分几道入海，此九河泛指黄河诸入海道。道：同"导"，谓引导入海。❸雷夏：泽名，在今山东菏泽与郓城之间。既泽：谓大水退去，恢复沼泽。❹灉（yōng）、沮（jū）：皆水名，黄河支流，今不存。会同：谓汇入雷夏泽。❺桑土：宜桑之土。蚕：养蚕。❻是：于是，因此。降：下。宅：居。土：平地。❼坟：犹陵，高起。❽繇（yáo）：同"摇"，茂。❾条：长，高。❿贞：同"中"。《利簋铭》"岁贞"亦即岁中，皆古"贞""中"互通之证。中，谓中中，第五等。⑪作：耕作。按此句疑错简衍文。⑫篚（fěi）：竹器名，长方形。织文：织锦。⑬浮：船

行。漯（tà）：水名，古道出今山东聊城茌平区。

【原 文】

海、岱惟青州[1]：

嵎夷既略[2]，潍、淄其道[3]。厥土白坟，海滨广斥[4]。厥田惟上下，厥赋中上。厥贡盐絺[5]，海物惟错[6]。岱畎丝、枲、铅、松、怪石[7]。莱夷作牧[8]。厥篚檿丝[9]。浮于汶[10]，达于济。

【译 文】

渤海、泰山之间为青州：

潍水、淄水导通以后，胶东半岛的土地也得到了经划治理。这一地区的土壤为白色，多高丘，滨海地区布满盐碱。土地为三等，赋税为四等。贡品是盐和细葛布，夹杂海产。还有泰山峪中的蚕丝、麻、铅、松木和异石。东莱地区的人既种地又畜牧。他们把山桑蚕吐的丝装在长方形的竹筐里面进贡。入贡的路线：从汶水乘船进入济水，再从济水入黄河。

注 释

❶海：指渤海。岱（dài）：泰山。　❷嵎（yú）夷：盖指今山东胶东半岛地区。略：经划土地。　❸潍（wéi）、淄：二水名，在今山东，古皆东流入海。其：同“既”。道：导。按：此句与上句倒装。　❹斥：盐碱。　❺絺（chī）：细葛布。　❻海物：海产。错：杂。　❼畎（quǎn）：山谷。枲（xǐ）：麻。怪石：异石。　❽莱夷：莱山之夷，泛指东莱一带，相当于今山东烟台地区。作：耕作。牧：畜牧。　❾檿（yàn）：山桑。　❿汶：水名，济水支流，源出山东济南莱芜区。

【原 文】

海、岱及淮惟徐州[①]：

淮、沂其乂[②]，蒙、羽其艺[③]，大野既猪[④]，东原底平[⑤]。厥土赤埴坟[⑥]，草木渐包[⑦]。厥田惟上中，厥赋中中。厥贡惟土五色，羽畎夏翟[⑧]，峄阳孤桐[⑨]，泗滨浮磬[⑩]，淮夷蠙珠暨鱼[⑪]。厥篚玄纤缟[⑫]。浮于淮、泗，达于河。

【译 文】

黄海以西、泰山以南，至淮河之间为徐州：

淮河、沂河治理以后，蒙山、羽山一带种上了庄稼，大野泽里的水停积在里面不再外流，东原地区的土地也得到了治理。这一地区的土壤属于红黏土，多高丘。草木不断丛生。土地为二等，赋税为五等。贡品为五色土、羽山山谷中的大野鸡、峄山阳坡上单生独长的用作制造琴瑟的桐木，以及泗水岸边露在水面上的可以做磬的石头。淮河边上的人进贡珍珠和鱼。他们的长方形竹筐里装黑绸子和白绢。入贡的路线：从淮河、泗水乘船到黄河。

注释

❶海：指黄海。淮：淮河。 ❷沂（yí）：水名，源出今山东沂河，至江苏邳州汇入泗河，入淮河。其：同“既”。乂：治。 ❸蒙：山名，在今山东蒙阴南。羽：山名，在今山东郯城至江苏东海、赣榆境。艺：种植。 ❹大野：泽名，即秦汉之巨野泽。猪：同“潴”，停水。 ❺东原：地名，今山东东平。底：致。平：治。 ❻埴：黏土。 ❼渐：进，逐渐，不断。包：同“苞”，丛生。 ❽夏：大。翟（dí）：长尾野鸡。 ❾峄（yì）：山名，在今江苏邳州境。孤桐：独生的桐木。 ❿泗：水名，淮河支流，源出今山东泗水。浮：江岸露出水面的部分。 ⓫淮夷：泛指淮河下游沿岸的居民。蠙（bīn）：蚌（bàng）。⓬玄：黑色。纤：厚绢，绸子。缟（gǎo）：白绢。

【原 文】

淮、海惟扬州[1]：

彭蠡既猪[2]，阳鸟攸居[3]。三江既入[4]，震泽底定[5]。篠簜既敷[6]，厥草惟夭[7]，厥木惟乔[8]。厥土惟涂泥[9]。厥田惟下下，厥赋下上，上错。厥贡惟金三品[10]，瑶、琨[11]、篠、簜、齿、革[12]、羽、毛惟木[13]。岛夷卉服[14]。厥篚织贝[15]，厥包橘柚[16]，锡贡[17]。沿于江、海，达于淮、泗。

【译 文】

淮河、东海之间为扬州：

彭蠡泽水停积以后，候鸟栖居了进去。三江入海以后，太湖也定形了。小竹、大竹布满了原野。这一地区野草茂盛，树木高大，土质稀软如泥。田地为第九等，赋税为第七等，夹杂第六等。贡品为金、银、铜、玉石、竹子、象牙、犀牛皮、翠鸟羽毛及木材。沿海岛屿上的人贡草编的蓑衣。他们进贡的筐子里装着用线串织起来的海贝。他们的包裹里装着橘子、柚子，自愿进贡。入贡的路线：沿长江、东海，进淮河、泗水。

注释

❶海：指东海。 ❷彭蠡（lí）：泽名，约相当于今湖北武穴、黄梅，安徽宿松、望江、怀宁、安庆一带滨江诸湖。此从谭其骧说。 ❸阳鸟：就阳之鸟，即候鸟，大雁之类。攸：用，以。 ❹三江：娄江、吴淞江、东江。入：入海。 ❺震泽：太湖。 ❻篠（xiǎo）：小竹。簜（dàng）：大竹。敷：布。 ❼夭：茂盛。 ❽乔：高。 ❾涂泥：湿软如泥。 ❿金三品：指金、银、铜。 ⓫瑶：美玉。琨：美石。 ⓬齿：象牙。革：犀牛皮。 ⓭羽、毛：翠鸟羽毛。惟：与，及。 ⓮岛夷：沿海岛屿上的人。卉服：盖蓑衣之类。卉（huì），草。 ⓯织贝：用线串连成一片的海贝。 ⓰包：包裹。 ⓱锡贡：盖谓自愿进贡。锡，同“赐”。

【原 文】

荆及衡阳惟荆州①：

江、汉朝宗于海②，九江孔殷③，沱、潜既道④，云土梦作乂⑤。厥土惟涂泥，厥田惟下中，厥赋上下。厥贡羽、毛、齿、革，惟金三品⑥，杶、干、栝⑦、柏，砺、砥、砮、丹，惟箘簵、楛⑧，三邦厎贡厥名⑨。包匦菁茅⑩，厥篚玄纁玑组⑪。九江纳锡大龟⑫。浮于江、沱、潜、汉，逾于洛⑬，至于南河⑭。

【译 文】

荆山以南、衡阳以北为荆州：

汉江汇入长江以后，江水同奔大海，形成了众多的汊道，水势盛大。长江的支流、汊流导通以后，江两岸云梦地区土地得到了开发治理。这一州的土壤稀软如泥，田为第八等，赋为第三等。贡物有孔雀羽毛、象牙、犀牛皮，以及金、银、铜，椿木、柘木、栝木、柏木、磨石、石镞、朱砂、箘竹、楛条，各邦国分别贡其名产。还有菁茅要打包装箱，黑色和浅红色穿有方珍珠的丝带，装入竹筐进贡。九江地区自愿进献大龟。入贡的路线：从长江及其支流、汊道乘船到汉江，逆水北上，然后走陆路，过洛河，到达黄河。

注 释

❶荆：山名，在今湖北南漳境。衡：山名，在今湖南衡山境。 ❷江：长江。汉：汉江。朝宗：谓流奔。 ❸九江：泛指长江的众多汊流，在今湖北武汉至江西九江间。孔：很。殷：盛，众。 ❹沱：长江的支流。潜：长江的汊道。道：导。 ❺云土梦：当从《汉书·地理志》作“云梦土”。云梦，地名，以今湖北京山为中心的长江两岸广袤地区，云梦泽在其中。作：耕种。乂：治理。 ❻羽、毛：指孔雀羽毛，与上文所载扬州异。惟：与。 ❼杶（chūn）：同“椿”，树名，木可为车辕。干（gàn）：本为弓干，此指柘木，以其为弓干上品材料，故以相代。栝（guā）：木名，即桧，可为舟楫、棺椁。 ❽砺、砥：皆磨石。精者曰砥。砮（nǔ）：石箭头。丹：朱砂。箘簵（jùnlù）：竹名，可为箭

杆。楛（hù）：灌木名，条可为箭杆。 ❾三邦：泛指诸邦国。名：名产。 ❿匭：匣。菁茅：草名，用以缩（滤）酒。既包又匣，以保持卫生。 ⓫玄：黑色。纁（xūn）：浅红色。三染为纁，七染为玄。玑：有棱角的珍珠。组：丝带。 ⓬纳：入。大龟：用以占卜。 ⓭逾：越过。洛：洛水。 ⓮南河：盖指今河南三门峡至开封一段黄河。

【原文】

荆、河惟豫州：

伊、洛、瀍、涧既入于河[①]，荥波既猪[②]。导菏泽[③]，被孟猪[④]。厥土惟壤，下土坟垆[⑤]。厥田惟中上，厥赋错上中。厥贡漆、枲、絺、纻[⑥]，厥篚纤、纩[⑦]，锡贡磬错[⑧]。浮于洛，达于河[⑨]。

【译文】

荆山以北、黄河以南为豫州：

伊水、洛水、瀍水、涧水汇入黄河以后，荥波里的水也停积了下来。接着又疏导了菏泽，陂障了孟猪。这一州的土壤主要为细柔土，质地差的下等土隆起而坚硬。其田为第四等，赋错杂第二等。贡物为漆、麻、葛布、麻布。进贡的筐子里装绸子和细棉絮。打磨石磬的错属于自愿进贡。入贡的路线：从洛河乘船到黄河。

注释

❶伊、洛、瀍（chán）、涧：皆黄河支流。 ❷荥（xíng）波：古泽名，即荥泽，在今河南荥阳境。猪：同“潴”，水停积。 ❸菏泽：古泽名，址在今山东菏泽定陶区。 ❹被：读为“陂”，筑堤防。孟猪：古泽名，亦作“盟猪”，在今河南商丘东北。 ❺壤：柔土，细土。下土：下等土。坟：丘。垆：刚土，硬土。 ❻枲（xǐ）：麻。絺（chī）：细葛布。纻（zhù）：麻布。 ❼纤：绸子。纩（kuàng）：细棉絮。 ❽磬错：可以错磨石磬的石头。 ❾“达于”二字旧脱，从诸本补。

【原文】

华阳、黑水惟梁州①：

岷、嶓既艺②，沱、潜既道③。蔡、蒙旅平④，和夷厎绩⑤。厥土青黎⑥，厥田惟下上，厥赋下中、三错⑦。厥贡璆、铁、银、镂、砮⑧、磬、熊、罴、狐、狸、织皮⑨。西倾因桓是来⑩。浮于潜⑪，逾于沔⑫，入于渭⑬，乱于河⑭。

【译文】

华山以南、至金沙江之间为梁州：

沱江、渠江导通以后，岷山、嶓冢山一带种上了庄稼；蔡山、蒙山的道路打通以后，和水流域的人送来了他们的物资。这一州的土壤青黑疏松，田为第三等，赋为第八等，错杂第七、第九等。贡物为美玉、铁、银、镂器、石镞、石磬、熊、罴、狐狸、山猫、毛织品。西倾山一带的人沿桓水而来。入贡的路线：从渠江乘船进嘉陵江，至上游下船翻山再转入渭河，从渭河直下黄河。

注释

❶华：华山。在今陕西华阴南。黑水：今金沙江。 ❷岷：岷山。嶓：嶓冢山，在今陕西宁强西北。 ❸沱：水名，今之沱江及其上游。潜：水名，今渠江。 ❹蔡：山名，胡渭以为即今峨眉山。蒙：山名，在今四川雅安名山区西。旅：旅道，大路。平：治，修。 ❺和：水名，胡渭以为即少涐水（今大渡河）。 ❻黎：疏。 ❼三错：兼杂上、下。 ❽璆（qiú）：美玉。镂：镂刻器。砮：石镞。 ❾罴：动物名，似熊而大，猛憨多力。狸：兽名，似猫而大，俗名野狸。织皮：毛织物，毡毯之类。 ❿西倾：山名，在今青海、甘肃交界处。因：沿。桓：水名，即上文之“和”。是：犹“而”。 ⓫潜：水名，嘉陵江支流，源出今陕西勉县与四川广元间。 ⓬沔（miǎn）：水名，汉江上流，源出陕西略阳东。 ⓭渭：渭河，黄河支流，中下游在今陕西关中。 ⓮乱：横渡。渭水东流，故曰。

【原 文】

黑水、西河惟雍州①：

弱水既西②，泾属渭汭③，漆沮既从④，沣水攸同⑤。荆、岐既旅⑥，终南、惇物⑦，至于鸟鼠⑧。原隰厎绩⑨，至于猪野⑩。

三危既宅⑪，三苗丕叙⑫。厥土惟黄壤，厥田惟上上，厥赋中下。厥贡惟球、琳、琅玕⑬。浮于积石⑭，至于龙门、西河⑮，会于渭汭⑯。织皮昆仑、析支、渠搜⑰，西戎即叙⑱。

【译 文】

黑水以东、河曲至潼关之间的黄河以西为雍州：

弱水导通西流以后，又治理泾河，使之从北岸注入了渭河。洛水接着也治理畅顺了。沣河同样得到了治理。大荔的荆山、关中的岐山、秦岭的太白山、岳山的道路全都打通了，一直到达渭河源头的鸟鼠山。所以，不论高原、低地，都送来了他们的特产，一直到甘肃武威东北的猪野一带。

三危山上能够定居以后，三苗人极大地驯顺了。雍州的土质为松软的黄土，田为第一等，赋为第六等。贡物为球、琳、琅玕等各种美玉。入贡的路线：从积石山下乘船，沿黄河到龙门，再进汾河。渭水流域则汇聚于渭河下游，再入黄河。贡毛织物的还有昆仑、析支、渠搜等地。这样，整个西戎就驯顺了。

注 释

❶黑水：此黑水旧无定说。古《括地志》以为出伊吾县，即今新疆哈密北。西河：指今山西河曲以南至陕西潼关以北，即陕西与山西两省分界之一段黄河。 ❷弱水：出今甘肃张掖西北合黎山，西北流入居延河。 ❸泾：水名，渭河支流，出甘肃平凉西崆峒山。属：同“注”，汇入。渭：渭河，黄河支流。汭：河流汇合处的北边。 ❹漆沮：水名，即今由陕北南流入黄河的洛河。从：顺。 ❺沣水：即沣河，渭河支流，源出今陕西西安长安区南秦岭山中，北流入渭。攸：用，以。 ❻荆：山名，在今陕西大荔境。岐：山名，在今陕西岐山北。

旅：道。 ⑦终南：山名，秦岭主峰，今称太白山，在今陕西眉县、太白、周至三县交汇处。惇物：山名，秦岭又一峰，亦称岳山，在今陕西太白境。 ⑧鸟鼠：山名，在今甘肃通渭西南。 ⑨原：高平之地。隰：低湿之地。 ⑩猪野：古泽名，亦作“都野”，在今甘肃武威东北。 ⑪三危：山名，即《尧典》“窜三苗于三危”之三危，在今甘肃敦煌南。宅：居。 ⑫三苗：尧所迁三苗之后裔。丕：大。叙：顺。 ⑬球：美玉。琳：亦美玉，青碧色。琅玕（lánggān）：圆珠形玉石。 ⑭积石：山名，在今甘肃临夏西北，此指流经该山下之黄河。 ⑮龙门：山名，在今陕西韩城东北，黄河从中穿过，相传为大禹所凿。 ⑯会：合，指渭河流域的入贡路线。 ⑰织皮：毛织品。昆仑、析支、渠搜：西戎种属，昆仑在今青海西宁西，析支在今青海贵德、贵南一带，渠搜在今甘肃兰州以西。 ⑱西戎：泛指所有西部民族。即：就。叙：顺。

【原文】

导岍及岐[1]，至于荆山[2]，逾于河[3]。壶口、雷首至于太岳[4]。

厎柱、析城至于王屋[5]。太行、恒山至于碣石[6]，入于海。

西倾、朱圉、鸟鼠至于太华[7]。

熊耳、外方、桐柏至于陪尾[8]。

导嶓冢至于荆山[9]。内方至于大别[10]。岷山之阳至

【译文】

随山刊木的路线：沿岍山山脉到岐山，再到北荆山。渡过黄河，从壶口山向南到中条山。沿中条山北麓，再向北到达太岳山脉。

从砥柱山向北沿中条山南麓到析城山，再向东到达王屋山。又沿太行山东麓北上到恒山，再向东折，沿燕山山脉到碣石山，一直到渤海。

从西倾山到鸟鼠山，再到朱圉山，又向东沿秦岭北麓到达华山。

从商洛熊耳山到登封嵩山，再到桐柏山，到达山东泗水陪尾山。

顺汉中嶓冢山到达南条荆山。从湖北钟祥内方山到达大别山。从岷山以南沿大

原文	译文
于衡山[11]。过九江至于敷浅原[12]。	巴山南麓到达衡山。越过武汉以下众多的长江汉道到达庐山东麓的傅阳山。

注释

❶按：以下讲刊旅九山。导：循着，沿着。岍（qiān）：山脉名，即今关中西部平原以北之山，西端在今陕西千阳北。岐山亦其一峰。 ❷荆山：在今关中东部大荔境。 ❸逾：越过。 ❹壶口：山名，在黄河东岸，龙门山西。雷首：山名，即中条山。太岳：山名，即今太岳山脉。 ❺底柱：同“砥柱”，山名，即砥柱山，在今河南三门峡黄河中。底，同“砥”。析城：山名，在今山西阳城西南。王屋：山名，在今河南济源西。 ❻太行：山名，即今太行山。恒山：又名大茂山，在今河北曲阳西，属太行山北段。碣石：山名，在今河北昌黎西北。❼西倾：山名，在今青海、甘肃交界处。朱圉（yǔ）：山名，在今甘肃甘谷境。鸟鼠：山名，在今甘肃通渭西南。按：“鸟鼠”当在“朱圉”上。太华：山名，即西岳华山，属秦岭山脉。 ❽熊耳：山名，在今陕西商州、洛南境。外方：山名，后世称崇高山，在今河南登封境。桐柏：山名，在今河南桐柏县境。陪尾：山名，亦作“倍尾”，在今山东泗水境内。 ❾嶓（bō）冢：山名，在今陕西勉县、宁强境。荆山：指南条荆山，在今湖北南漳境。 ❿内方：山名，又名章山，在今湖北钟祥境。大别：山名，即今大别山。 ⓫岷山：在今四川松潘境。衡山：即南岳衡山，在今湖南衡山西。 ⓬九江：泛指今湖北武汉至江西九江之间的众多长江汉道。敷浅原：即后世之傅阳山（又作“博阳山”），在今江西庐山东麓。

【原文】	【译文】
导弱水至于合黎[1]，余波入于流沙[2]。	治水导河的路线：把弱水引导到合黎山下，下游流进了沙漠。
导黑水至于三危[3]，入于	把黑水引导到三危山下，向南最终

南海[4]。

导河、积石，至于龙门[5]；南至于华阴[6]；东至于底柱；又东至于孟津[7]；东过洛汭[8]，至于大伾[9]；北过降水[10]，至于大陆[11]；又北，播为九河[12]，同为逆河[13]，入于海。

流入南海。从积石山下引导黄河，一直到达龙门；向南西折逆导渭河至华阴；向东到达砥柱山，再向东到达孟津。继续向东，经过洛水汇入黄河的汉口，到达大伾山下。然后向北通过漳河到达冀中平原；继续向北，分为很多汊道。最后到快入海的时候，又汇成一条流入大海。

注释

❶按：以下言“决九川距四海”“涤源九川”，即治水导河之事。导：疏导、引导。弱水：亦作“溺水”，源出祁连山，西北流经甘肃张掖，再向西北经合黎山东。合黎：山名，在今内蒙古巴丹吉林沙漠以南。 ❷余波：下游。流沙：盖即合黎山以北之沙漠。 ❸黑水：即雍州西界之黑水，源出新疆哈密北，今湮涸不可见。三危：山名，在今甘肃敦煌南。 ❹南海：今北部湾海域。按：导黑水仅至三危，古人只见其向南流去，以为可入南海，实际未必能至南海，不必拘泥。 ❺积石：山名，即雍州“浮于积石”之积石山，在今青海西宁西南黄河北岸，今称大雪山。 ❻华阴：华山之北，此指逆导渭水至华阴。 ❼孟津：黄河渡口，在今河南洛阳北。 ❽洛汭：洛水入黄河处，在今河南巩义境。 ❾大伾（pī）：山名，亦作“大丕山”，在今河南浚县境。 ❿降水：即漳河。 ⓫大陆：指冀中平原。《尔雅·释地》：“高平曰陆。” ⓬播：布。九河：泛指众多的黄河汊道。 ⓭同：会，合。逆河：接近入海口之黄河，因时有海水倒灌，故名逆河。

【原文】

嶓冢导漾[①]，东流为汉；又东，为沧浪之水[②]；过三澨[③]，至于大别，南入于江。东，汇泽为彭蠡[④]；东，为北江，入于海。

岷山导江，东别为沱[⑤]；又东至于澧[⑥]；过九江[⑦]，至于东陵[⑧]；东迆北，会于汇[⑨]；东为中江，入于海。

【译文】

从嶓冢山下引导漾水，向东而流，成为汉水；又向东，就成了沧浪水。沧浪水向下经过三处堤防，到达大别山下，然后向南汇入长江。长江向东，就汇成了彭蠡泽。再向东就折向东北，成了北江，最后进入黄海。

从泯山下引导长江，向东分成几条汊道，再向东到达澧水入江处，再向东经过后世九江上口到达东陵。然后斜向东北，汇入淮河。再向东流直入大海，是中江。

注释

❶嶓冢：山名，在今陕西勉县西南。漾：水名。出嶓冢山，为沔水、汉水上流。 ❷沧浪：水名，汉水下流。 ❸澨（shì）：止水的堤防。 ❹彭蠡：泽名，在今安徽宿松、望江间的长江河段以北，包括龙感湖、大官湖、泊湖等湖沼地区。 ❺沱（tuó）：汊道。 ❻澧（lǐ）：水名，古时直接流入长江。在今湖南岳阳城陵矶西。 ❼九江：指后世长江的众多汊道，在今湖北武汉以下。 ❽东陵：地名，在今河南固始、商城间，古称金兰。 ❾迆（yǐ）：斜出。汇：读为“淮”。

【原文】

导沇水[①]，东流为济[②]，入于河，溢为荥[③]；东出于陶丘北[④]，又东至于菏[⑤]；又东

【译文】

引导沇水向东流，至下游成为济水，汇入黄河。又漫溢出来形成荥泽。自荥泽伏流向东，至定陶北复出。又向

北，会于汶[6]；又北，东入于海。

导淮自桐柏[7]，东会于泗、沂[8]，东入于海。

东到达菏泽。再向东北汇入汶水。再向北向东流入黄海。

从桐柏山下引导淮河，向东与泗水、沂水相汇，再向东流入黄海。

注释

❶沇（yǎn）水：济水上流，出王屋山，在今河南济源西。 ❷济：水名，黄河支流，上游叫作沇水。 ❸溢：满而外流。荥：泽名，在今河南荥阳东黄河南，汉代已淤平。 ❹出：伏流而出。陶丘：地名，在今山东菏泽定陶区西南。❺菏：泽名，在今山东菏泽定陶区附近。 ❻汶：水名，出山东济南莱芜区，汇入济水。 ❼桐柏：山名，在今河南桐柏西，淮河源头。 ❽泗、沂：泗河、沂河，泗河出今山东泗水东，沂河出山东沂源。二河于今江苏邳州相会，至淮阴汇入淮河。

【原文】

导渭自鸟鼠同穴[1]，东会于沣[2]，又东会于泾[3]；又东过漆沮[4]，入于河。

导洛自熊耳[5]，东北，会于涧、瀍[6]；又东，会于伊[7]；又东北，入于河。

【译文】

从鸟鼠同穴山下引导渭水，向东与沣河相汇，再向东与泾河相汇，再向东与洛水相汇，再向东汇入黄河。

从熊耳山下引导洛水，向东北与涧水、瀍水相汇，再向东与伊水相汇，再向东北汇入黄河。

注释

❶鸟鼠同穴：山名，即鸟鼠山，渭水源头。 ❷沣：水名，出陕西西安长安

区南山中，北流至陕西咸阳东汇入渭水。❸泾：水名，出甘肃平凉西崆峒山，东南流至陕西西安高陵区汇入渭水。❹漆沮：水名，今称洛河，出陕西定边白于山，东南流至陕西华阴西北汇入渭水。❺洛：水名，本亦作“雒”，出陕西商洛熊耳山，东北流至河南洛阳汇入黄河。❻涧、瀍（chán）：二水名，涧水出河南渑池白石山，至洛阳西汇入洛水；瀍水出河南新安谷城山，至洛阳东汇入洛水。❼伊：水名，出河南卢氏闷顿岭，至河南洛阳偃师区汇入洛水。

【原文】

九州攸同①，四隩既宅②。九山刊旅③，九川涤源④。九泽既陂⑤，四海会同⑥。

六府孔修⑦，庶土交正⑧。厎慎财赋⑨，咸则三壤⑩。成赋中邦⑪。锡土姓⑫，祗台德先⑬，不距朕行⑭。

【译文】

九州于是得以统一，四方凡能住人的地方都住上了人。开通了九条山脉的通道，从源头上疏通了九条大川，九个大泽有了陂障。于是四海之内便交通会同于中国了。

水、火、金、木、土、谷，六府都有了很好的开发，于是开始向各地征收赋税。大禹谨慎地制定赋税标准，都按照各自土壤的等级，最后完成了中国的赋税制度。于是他又给各部落诸侯分土地、赐姓氏，并恭敬地以德为先，不用暴力，使诸侯们不违抗自己的命令。

注释

❶攸：以。同：统一。❷隩（ào）：同“墺”，四方可居之地。宅：居住。❸九山：前文所刊之九山。刊：砍削树木做标记。旅：道，通。❹九川：即前文所导之九川。涤源：谓从源头上进行彻底的疏导。涤，洗，清。❺九泽：九州之大泽。陂：筑陂障。❻四海：谓四海之内，九州大地。会同：指相互交通往来。❼六府：指水、火、金、木、土、谷。孔：甚。修：治。❽庶：众。交：遍，俱。正：同“征”。❾厎（zhǐ）：定。❿则：法。三壤：泛指各等

土壤。⑪成：行。赋：征收赋税。中邦：中原聚居之地。⑫锡土姓：即“赐土姓”，《左传》所谓“胙之土而命之氏”。锡，同“赐”，赏、分。⑬祗：敬。台（yí）：同“以”。⑭距：去，背。朕：承开篇“禹敷土”，指禹。行：犹命。

【原文】

五百里甸服[①]。百里赋纳总[②]，二百里纳铚[③]，三百里纳秸服[④]，四百里粟[⑤]，五百里米[⑥]。

五百里侯服[⑦]。百里采[⑧]，二百里男邦[⑨]，三百里诸侯[⑩]。

五百里绥服[⑪]。三百里揆文教[⑫]，二百里奋武卫[⑬]。

五百里要服[⑭]。三百里夷[⑮]，二百里蔡[⑯]。

五百里荒服[⑰]。三百里蛮[⑱]，二百里流[⑲]。

东渐于海[⑳]，西被于流沙[㉑]，朔南暨声教[㉒]，讫于四海[㉓]。禹锡玄圭[㉔]，告厥成功。

【译文】

规定距都城五百里之内为甸服，为天子治田纳谷。其中，一百里之内连秆带穗交纳，二百里之内交纳谷穗，三百里之内交纳谷秆，四百里交纳谷子，五百里之内交纳净米。

再向外五百里为侯服，犹如为天子放哨的斥候。其中第一百里之内采纳赋税；第二百里之内为男邦，为天子任事；后三百里之内为众多的斥候。

再向外五百里为绥服，替天子安抚远邦。其中前三百里揆度文教，后二百里奋扬武卫。

再向外五百里为要服，受天子约束。其中前三百里和平相处，后二百里施以刑杀。

再向外五百里为荒服，属荒远地区。其中前三百里简慢，后二百里放任。

东到海中，西到大沙漠，北至北极，南至南极，天子的声教，传达到全天下。于是大禹给各级诸侯颁赐玄圭，告诉他们自己成就了大功。

注释

❶五百里：指距都城的距离。里，古三百步。甸服：为天子治田纳谷。甸，田，治田。服，事。 ❷总：整体，指禾谷言，即连秆带穗。 ❸铚（zhì）：削谷穗的镰刀，此指谷穗。 ❹秸：谷秆。"服"字衍。 ❺粟：谷子。 ❻米：去皮的谷子。 ❼侯服：犹如天子之候者。侯，同"候"，候望、放哨。 ❽采：取，采取其物。 ❾男邦：任事。男，任。 ❿诸：众。侯：同"候"。 ⓫绥服：替天子安抚远邦。绥，安。 ⓬揆：度。 ⓭奋：奋扬。 ⓮要服：受天子约束而服侍之。要，约束。 ⓯夷：平，和平相处。 ⓰蔡：杀，刑杀。 ⓱荒服：地处荒远。荒，远。 ⓲蛮：犹慢，用事简慢。 ⓳流：谓任其自然，或贡或不贡。 ⓴渐：入。 ㉑被：加，临。 ㉒朔：北。暨：同"尽"，尽头。 ㉓声教：有声之教。讫：同"迄"，止。四海：全天下。 ㉔玄：黑色。圭：瑞玉，上圆下方。

甘誓

题解

甘，有扈氏南部地名，在今河南洛阳西南，此指甘地大战。誓，用言辞约束，此指誓师辞，即战前约束、告诫将士的言辞。此篇记夏王启于甘地大战之前发布的誓师辞，故名。今文、古文皆有。

【原文】

启与有扈战于甘之野[1]——作《甘誓》。

（此为序）

【译文】

夏王启与有扈氏在甘郊野交战——记其誓师之辞，作了《甘誓》。

注释

❶启：人名，大禹的儿子。大禹死，政权传给了启，建立了夏朝。有扈：夏初部落，故地在今河南原阳一带。从顾颉刚说。甘：地名，在今河南洛阳西南。野：郊外，郊野。

【原 文】

大战于甘[1]，乃召六卿[2]。王曰[3]："嗟[4]！六事之人[5]，予誓告汝[6]：有扈氏威侮五行[7]，怠弃三正[8]，天用剿绝其命[9]，今予惟恭行天之罚[10]。

【译 文】

将要在甘地进行决战，就诏告六军主帅。夏王说："喂！主持六军之事的人，我约束告诫你们：有扈氏蔑视轻慢五行，懈怠荒废三政，上天因此要断绝他的国运。现在我恭敬地执行上天对他的惩罚。

注 释

❶大战：决战。 ❷召：告。六卿：指六军主帅。按：周代天子有六军，此以周制言之。 ❸王：夏王启。 ❹嗟：发语声，犹言"喂"。 ❺六事：主六军之事。 ❻誓：约束。 ❼威：古"灭"字之讹。"灭"又借为"蔑"，蔑视。从王引之说。侮：轻慢。五行：指水、火、木、金、土五种物质。 ❽怠弃：犹言荒废。怠，懈怠。弃，抛弃，不用。三正：天、地、人之政。正，同"政"。 ❾用：因此。剿：截断。命：指国运。 ❿惟：为，是。恭：敬。

【原 文】

"左不攻于左[1]，汝不恭命[2]；右不攻于右[3]，汝不恭命；御非其马之正[4]，汝不恭命。

"用命[5]，赏于祖[6]；弗用命，戮于社[7]，予则孥戮汝[8]！"

【译 文】

"车左不击左边，是你们主帅不尽职；车右不击右边，是你们主帅不尽职；驭手驾不好马，也是你们主帅不尽职。

"如果奋力作战，就在先祖神主前面赏赐！如果不奋力作战，就在稷神坛前面杀戮！而且我还要杀戮你们的妻子儿女！"

注释

❶左：车左。周代车战一车三人，左持弓箭，右持矛戟，中为驭手。此亦以周制言。攻：击。 ❷汝：指“六事之人”。恭命：谓尽职尽责。恭，敬，认真。命，性命，此指责任。 ❸右：车右。 ❹御：驭手。正：恰当，合适。 ❺用命：把性命用上，即竭尽全力奋力作战。 ❻祖：随军而载的先祖神主。 ❼戮：杀。社：随军而载的社稷神坛。 ❽孥：妻子儿女。

五子之歌

题解

五子，夏王启的五个儿子，太康的五个兄弟。此篇记五子所作之歌，故名。今文无，古文有。

【原文】

太康失邦[1]，昆弟五人须于洛汭[2]，作《五子之歌》。

（此为序）

【译文】

太康失去了国家，他的五个兄弟在洛水汇入黄河的河口北岸等候他，就作了《五子之歌》。

注释

❶太康：夏启的长子，继启为夏王。失邦：太康沉湎于游乐畋猎，被有穷后羿阻绝不能返回国都，而失去了帝位。邦，国。 ❷昆弟：兄弟。须：待。洛汭：洛水汇入黄河处。汭（ruì），水北曰汭。

【原文】

太康尸位[1]，以逸

【译文】

太康空占王位，不做实事，因安逸享乐而

豫灭厥德[2]。黎民咸贰[3]，乃盘游无度[4]。畋于有洛之表[5]，十旬弗反[6]。有穷后羿因民弗忍[7]，距于河[8]。厥弟五人御其母以从[9]，徯于洛之汭[10]。五子咸怨，述大禹之戒以作歌[11]。

丧失了国君的品德。百姓们都有了二心，而太康仍然流连享乐，没有节制。最后一次他去洛水之南狩猎，一百天不返回。有穷国君后羿乘百姓们已不堪忍受之机，就在黄河北岸阻挡他，不让他回国。太康的五个兄弟侍奉着他们的母亲一起去追随太康。他们在洛水入河口北边等待太康。兄弟五个都怨恨太康，于是便追述大禹的告诫，作了下面五首歌。

注释

❶尸位：不做事，空占君位。尸，主。 ❷逸：安逸。豫：安乐。灭：犹损，失。 ❸黎民：百姓。咸：皆。贰：不忠，二心。 ❹乃：同“仍”。盘：盘旋，流连。游：游乐。度：节制。 ❺畋：狩猎。表：外，南。 ❻反：同“返”。 ❼有穷：诸侯国名。后：君。羿：人名。因：乘。 ❽距：同“拒”，阻挡。河：黄河。 ❾御：侍，事。从：随。 ❿徯（xī）：待。 ⓫述：追述，怀想。

【原 文】

其一曰：“皇祖有训[1]，民可近，不可下[2]。民惟邦本[3]，本固邦宁。予视天下愚夫愚妇，一能胜予[4]。一人三失[5]，怨岂在明[6]？不见是图[7]。予临兆民[8]，懔乎若朽索之驭六马[9]。为人

【译 文】

第一首说：“皇祖有遗训：百姓可以亲近，不可以鄙视。百姓是国家的根本啊！根本稳固，国家安宁。我看天下的愚夫愚妇们啊，人人都能胜过我。国君有了多次失误啊，百姓就怨恨他。哪里能等到怨恨明显的时候啊，才去考虑？要谋求看不到怨恨啊！我君临百姓啊，恐惧得就像用腐朽了的绳子驾驭六匹骏马。当人君的

上者，奈何不敬[10]？”

啊，怎能够不谨慎？”

注释

❶皇祖：即大禹。皇，大。训：训教。❷下：看不起，鄙视。❸惟：同“为”。本：根本。❹一：犹“全”。❺一人：指国君。三失：多次失误。❻明：显。❼是：宾语前置的标志。图：谋，求。❽临：面对，君临。兆民：言多。兆，十万为亿，十亿为兆。❾懔（lǐn）乎：恐惧的样子。驭：驾。❿奈何：如何。

【原文】

其二曰：“训有之[1]：内作色荒[2]，外作禽荒[3]。甘酒嗜音[4]，峻宇雕墙[5]。有一于此，未或不亡[6]。”

【译文】

第二首说：“遗训还有：室内放纵女色啊，室外放纵畋猎；嗜酒好乐啊，喜欢高檐彩墙。有其中之一项啊，肯定灭亡。”

注释

❶训：也指皇祖大禹的遗训。❷内：室内。作：为，行。色：女色。荒：过度，放纵。❸禽：鸟兽，畋猎。❹甘：以为甘甜，即嗜。音：音乐。❺峻：高。宇：屋檐。雕：画，刻。❻或：有。

【原文】

其三曰：“惟彼陶唐[1]，

【译文】

第三首说：“是那尧帝啊，有了这

有此冀方[2]。今失厥道，乱其纪纲[3]，乃厎灭亡[4]。”

方冀州。如今失了他的为君之道啊，乱了他的治国纲纪，才招致灭亡。”

注释

❶陶唐：指尧帝。陶，地名，尧帝故居。唐，地名，尧封地。 ❷冀方：即冀州。 ❸纪纲：法度。 ❹厎：致。

【原文】

其四曰：“明明我祖[1]，万邦之君。有典有则[2]，贻厥子孙[3]。关石和钧[4]，王府则有[5]。荒坠厥绪[6]，覆宗绝祀[7]！”

【译文】

第四首说：“我们英明的祖宗啊，是天下万国的君主。他有典章、有法律啊，留给了他的子孙。如果关税和平均等啊，王室就会富足。如果荒废毁弃他留下的事业啊，就会覆族灭宗，断绝祭祀。”

注释

❶明明：非常英明。我祖：大禹。 ❷典：典制。则：法则。 ❸贻（yí）：垂留，遗留。 ❹关：关口。石：本为容量单位，此指所征收的赋税。和：平和。钧：同“均”，等。 ❺王府：天室。有：富有。 ❻荒坠：荒废丢失。绪：先人留下的事业。 ❼覆：覆灭。宗：宗族。绝：断。祀：祭祀。

【原文】

其五曰：“呜呼！曷归[1]？

【译文】

第五首说：“啊呀！回到哪里去呢？

予怀之悲[2]。万姓仇予[3]，予将畴依[4]？郁陶乎予心[5]，颜厚有忸怩[6]。弗慎厥德，虽悔可追[7]？”

我们的心情啊，十分伤悲。天下所有的人都怨恨我们啊，我们将依靠于谁？我们心中忧思积聚啊，尽管脸皮厚也觉得羞愧。不谨慎自己的德行啊，后悔也不可挽回！”

注释

❶曷：同“何”。 ❷怀：指心情。之：助词。 ❸万姓：泛指天下所有的氏族部落。仇：同“雠”，恨。 ❹畴（chóu）：谁。依：靠。 ❺郁陶（yáo）：忧思积聚的样子。 ❻颜：脸。忸（niǔ）怩（ní）：羞愧的样子。 ❼追：挽回。

胤征

题解

胤（yìn），国名，此指其君胤侯，时受命为夏朝六军统帅。征，讨伐。此篇记胤侯出征羲和前发布的誓辞。不为王者，故不曰誓。今文无，古文有。

【原 文】

羲和湎淫[1]，废时乱日[2]，胤往征之——作《胤征》[3]。

（此为序）

【译 文】

羲和沉溺酒色，荒废了观测时令，搞乱了干支日辰，胤侯前往征讨他——记此事，作了《胤征》。

注释

❶羲和：本指羲氏、和氏，自尧以来历代掌观测天象制定历法，此指其官。湎：沉迷于酒。淫：贪于女色。 ❷时：四时，时令。日：日辰。 ❸胤：胤侯。

【原 文】

惟仲康肇位四海[1]，胤

【译 文】

仲康即位君临天下伊始，就任命胤侯

侯命掌六师[2]。羲和废厥职，酒荒于厥邑[3]，胤后承王命徂征[4]。告于众曰：

主掌天子六军。当时，负责观测天象制定历法的羲和擅离职守，在自己的封邑里放纵酒色。胤侯奉王命前往征伐，即将出发，告诫众将士说：

注释

❶仲康：夏王太康的弟弟，继太康为夏王。肇：始。位：同“莅”，临视。四海：天下。 ❷命：受命。六师：天子六军。此据周制。 ❸荒：放纵。 ❹胤后：或当作“胤侯”，以音误。徂（cú）：往。

【原文】

“嗟[1]！予有众：

“圣有谟训[2]，明征定保[3]。先王克谨天戒[4]，臣人克有常宪[5]；百官修辅[6]，厥后惟明明[7]。每岁孟春[8]，遒人以木铎徇于路[9]，官师相规[10]，工执艺事以谏[11]。其或不恭[12]，邦有常刑[13]。

【译文】

“喂！我的将士们：

“圣人有谋议方面的训教，已经被明白地证明可以安邦守国。这训教是：先王能够谨守天戒，臣民就能够拥有常法；百官能够尽力辅佐，君主就会十分英明。每年春季第一个月，负责宣布教化的遒人摇着木铎沿路巡行，宣布教令，使官员们规劝国君，使百工们用自己的技艺劝谏国君。如果有不遵从教令的，国家有一定的刑法加以处置。

注释

❶嗟：发语声。 ❷圣：圣人，指禹。谟：谋。训：教。 ❸征：验。定：安定。保：保全、守住。 ❹克：能。谨：慎。 ❺宪：法。 ❻修：治，作。

❼后：君。惟：犹“则”。 ❽孟春：正月。 ❾遒（qiú）人：官名，掌宣教化。木铎（duó）：一种铃子，木舌。徇：同“巡”，行。 ❿师：众。相规：谓规劝于君。规，规劝。 ⓫工：百工。执：拿，用。艺事：技艺之事。⓬恭：敬命。 ⓭常：一定，不变。

【原 文】

“惟时羲和颠覆厥德[1]，沈乱于酒[2]，畔官离次[3]，俶扰天纪[4]。遐弃厥司[5]，乃季秋月朔辰弗集于房[6]，瞽奏鼓[7]、啬夫驰、庶人走[8]，羲和尸厥官罔闻知[9]。昏迷于天象[10]，以干先王之诛[11]。政典曰[12]：‘先时者杀无赦[13]，不及时者杀无赦[14]。’

【译 文】

“因为这个羲和败坏他的德行，沉湎于酒，背叛官事，擅离职守，开始乱了历法。他远远地丢下他所主管的事情，不予理睬。结果所定的九月初一这天，日月没有同时会集在本该会集的房宿域内。这一日月没赶上星宿的错误历日被发现以后，乐师击鼓、小吏驱驰、平民奔走，想进行挽救。而羲和竟然空占官位，一点也不知道。他昏惑辨不清天象，所以犯了先王的诛杀法令。因为先王的政典说：‘所定历法超过实际天象的杀无赦，没赶上实际天象的也杀无赦。’

注 释

❶时：此。颠覆：败坏。 ❷沈：同“沉”。乱：无节制。 ❸畔：同“叛”，背。次：职位。 ❹俶（chù）：始。扰：乱。天纪：自然法度，此指历法。 ❺遐：远。司：主掌。 ❻乃：竟。季秋：秋季第三个月。朔：日月相会日，初一。辰：日月相会。集：聚。房：星宿名，该月朔日日月相会的地方。此朔日本当日、月集房而未集，是定朔误，非关日食事也。 ❼瞽（gǔ）：盲乐师。奏：击。 ❽啬夫：小臣，掌用币。驰：驰马疾行。庶人：百姓。 ❾尸：空占官位。罔：无。 ❿昏迷：昏惑而分辨不清。 ⓫干：犯。 ⓬政典：国家

典制。⑬先时：指所测定的历日早于实际天象。⑭不及时：所测定的历日晚于实际天象。

【原文】

"今予以尔有众[1]，奉将天罚[2]。尔众士同力王室[3]，尚弼予钦承天子威命[4]。火炎昆冈[5]，玉石俱焚。天吏逸德[6]，烈于猛火。歼厥渠魁[7]，胁从罔治，旧染污俗[8]，咸与维新[9]。呜呼！威克厥爱[10]，允济[11]，爱克厥威，允罔功。其尔众士懋戒哉[12]！"

【译文】

"现在我率领你们执行天罚，你们要共同为王室尽力，辅助我敬承天子的威严大命去讨灭羲和。大火烧了昆仑山，就会玉石俱焚。天子的官吏如果放纵德行，其后果比大火还猛烈。所以一定要歼灭他们的魁首。胁从的人不治罪。过去染上坏习俗的，要教育他们一起重新做人。啊呀！如果威严战胜慈爱，就能成功；如果惠爱战胜威严，就没有功绩。所以，不能心慈手软。你们众将士，要戒惧努力呀！"

注释

❶以：用，率。❷将：行。❸同力：协力。❹尚：上。弼：辅助。钦：敬。威命：威严之命。❺炎：燃烧。昆冈：昆仑山，出玉石之山。❻天吏：天子之吏，指羲和。逸：放纵。❼歼：歼灭。渠：大。魁：首领。❽旧：过去。❾咸：皆。维：为。❿克：胜。爱：惠爱、姑息之心。⓫允：用。济：成功。⓬懋：勉力。戒：戒惧。

商书

帝告亡

题解

帝，盖指帝喾，相传为契父。告，盖谓报告。孔《传》云："告来居。"盖以居亳之事告帝喾，故名。正文佚，仅存序。

【原　文】

自契至于成汤八迁[1]，汤始居亳[2]，从先王居[3]——作《帝告》《厘沃》[4]。

（此为序）

【译　文】

从契到成汤，共迁都八次。到成汤才迁居南亳，继续住先王帝喾旧城——记此事，作了《帝告》《厘沃》两篇。

注释

❶契（xiè）：人名，子姓，商始祖。成汤：契第十三代孙，名履，号成汤，简称汤，灭夏建立商朝。❷亳（bó）：地名，在今河南洛阳偃师区一带。❸先王：帝喾，契父，曾都亳。❹《厘沃》：亦《书》篇名。

厘沃亡

题解

厘，治。沃，沃土。孔《传》云："治沃土。"盖记治沃土之事，故名。正文佚，与《帝告》共序。

汤征亡

题解

汤，成汤。征，征伐。记成汤之征战，故名。正文佚，仅存序。

【原 文】

汤征诸侯。葛伯不祀[1]，汤始征之——作《汤征》。

（此为序）

【译 文】

成汤征伐诸侯。葛伯不祭祀鬼神，成汤第一个征伐他——记此事，作了《汤征》。

注释

❶葛：国名，嬴姓，故地在今河南宁陵北。祀：祭祀鬼神。

汝鸠亡

题解

汝鸠，人名，汤时贤臣。所记与之有关，故名。正文佚，仅存序。

【原 文】

伊尹去亳适夏①，既丑有夏②，复归于亳。入自北门③，乃遇汝鸠、汝方——作《汝鸠》《汝方》。

（此为序）

【译 文】

伊尹离开亳去了夏都。后来觉得在夏是一种耻辱，又回到了亳。一进亳都北门，就遇见了汝鸠和汝方——记这事，作了《汝鸠》《汝方》两篇。

注释

❶伊尹：人名，本为商汤妻子陪嫁的奴隶，后被商汤起用为辅臣，助灭夏。适：往。　❷丑：耻。　❸北门：亳都北门。

汝方亡

题解

汝方，亦汤时贤臣名。记事与之有关，故名。正文佚，序与《汝鸠》共。

汤誓

题解

汤，成汤、商汤。誓，誓师辞。此篇记商汤出师讨伐夏桀王前向将士们发布的誓师辞，故名。今文、古文皆有。

【原文】

伊尹相汤伐桀①，升自陑②，遂与桀战于鸣条之野③——作《汤誓》。

（此为序）

【译文】

伊尹辅佐商汤讨伐夏王桀，从陑地北上，就与夏桀王的军队在鸣条郊野交战——记交战前的誓师辞，作了《汤誓》。

注释

❶相：辅助。桀：大禹第十三代孙，夏代最后一位君主，又名履癸。❷升：由低向高，此指由南向北。陑（ér）：地名，在今陕西潼关附近。❸鸣条：地名，在今河南长垣西南。

【原文】

王曰[①]："格，尔众庶[②]！悉听朕言：非台小子敢行称乱[③]。有夏多罪[④]，天命殛之[⑤]。今尔有众，汝曰：'我后不恤我众[⑥]，舍我穑事[⑦]，而割正夏[⑧]？'予惟闻汝众言[⑨]。夏氏有罪，予畏上帝，不敢不正。今汝其曰[⑩]：'夏罪其如台[⑪]？'夏王率遏众力[⑫]，率割夏邑[⑬]。有众率怠弗协[⑭]，曰：'时日曷丧[⑮]？予及汝皆亡。'夏德若兹[⑯]，今朕必往。

【译文】

商王汤说："过来，你们众人！都听我讲话：不是我年轻人胆敢作乱，而是因为夏桀多罪，上天命我诛灭他。现在你们众人说：'我们的君主不体恤我们，丢下我们的农事，为什么要去征讨夏桀！'我是听到了你们的话，但夏桀确实有罪，我又畏惧上天，所以不敢不去征讨。现在你们或许会问：'夏桀的罪到底是什么？'我告诉你们：夏桀竭尽民力，剥削全夏朝的百姓；百姓们消极怠工，与他不和，都说：'这太阳哪一天消失呢？我们愿意与夏桀一起消亡。'夏王的德行如此，所以现在我一定要去征讨。

注释

❶王：指商汤。❷格：来，至。❸台小子：即"予小子"，商王汤自称。台（yí），同"予"。称：举。❹有夏：即夏人，"有"为词头。此指夏桀。❺殛（jí）：诛杀。❻后：君。恤：体恤。❼舍：放弃。穑事：田事，农事。❽割：同"害"，何。正：同"征"。❾惟：为，是。❿其：表示推测。⓫如台（yí）：如何。《史记》作"柰何"。⓬率：同"聿"，语助词。遏：同"竭"。⓭割：剥取，剥削。⓮协：和。⓯时：同"是"，此。桀曾经自比为日，曰："吾有天下，如天之有日；日亡，吾乃亡。"故百姓有此语。曷：同"何"。丧：亡，失。⓰兹：此。

【原　文】

“尔尚辅予一人①，致天之罚②，予其大赉汝③！尔无不信④，朕不食言。尔不从誓言，予则孥戮汝⑤，罔有攸赦⑥。”

【译　文】

“你们应当帮助我完成上天对夏人的惩罚，我将重赏你们。你们不要不相信，我不会食言。如果你们不听从我的约束，我就会把你们连同你们的子女一起杀掉，一个也不赦免。”

注　释

❶尚：当，表示希望。予一人：商王自称。甲骨文作“余一人”。 ❷致：致达，实施，完成。 ❸赉（lài）：赏赐。 ❹无：同“毋”。 ❺孥：子女。戮：杀。 ❻罔：同“无”。攸：所。

夏社亡

题解

夏，夏朝。社，社稷之社，土地神。记商汤变更夏社之事，故名。正文佚，仅存序。

【原文】

汤既胜夏，欲迁其社①，不可②——作《夏社》《疑至》《臣扈》③。

（此为序）

【译文】

商汤战胜夏桀以后，想变更夏人的土地神，变不了——记此事，作了《夏社》《疑至》《臣扈》三篇。

注释

❶迁：变更。社：土地神，相传为共工之子句龙，封后土。 ❷不可：不能。无人可以取代，故不可。《汉书·郊祀志》云："汤伐桀，欲迁夏社，不可，作《夏社》，乃迁烈山子柱，而以周弃代为稷祠。"注引应劭曰："遭大旱七年，明德以荐，而旱不止，故迁社，以弃代为稷。欲迁句龙，德莫能继，故作《夏社》。" ❸《疑至》《臣扈》：亦《书》篇名，见下。

疑至亡

题解

疑至，马融以为汤臣名。盖所记与其人有关，故名。正文佚，序与《夏社》《臣扈》共。

臣扈亡

题解

臣扈，马融以为汤臣名。盖所记与其人有关，故名。正文佚，序与《夏社》《疑至》共。

典宝亡

题解

典，常。宝，宝玉。记商汤缴获夏人之常宝，故名。正文佚，仅存序。

【原 文】

夏师败绩[1]，汤遂从之[2]，遂伐三朡[3]，俘厥宝玉[4]，谊伯、仲伯作《典宝》[5]。

（此为序）

【译 文】

夏桀的军队溃败，商汤就追击他们。接着又讨伐桀的属国三朡，缴获了他们的宝玉。商汤的大臣谊伯、仲伯就此事作了《典宝》篇。

注释

❶败绩：溃败。 ❷从：追逐。 ❸三朡（zōng）：国名，夏桀属国，故地在今山东菏泽定陶区。 ❹俘：缴获。 ❺谊伯、仲伯：汤二臣名。

仲虺之诰

题解

仲虺，人名，商汤左相，传为奚仲之后。诰，同“告”，谕众之辞。此篇记仲虺告谕商汤及其臣民之辞，故名。今文无，古文有。

【原文】

汤归自夏[1]，至于大坰[2]，仲虺作诰。

（此为序）

【译文】

商汤从夏邑回归亳都，走到大坰，仲虺作了这篇诰辞。

注释

❶归：回归。 ❷大坰（jiōng）：地名，未详所在。

【原文】

成汤放桀于南巢[1]，惟有惭德[2]。曰：“予恐来世以台为口实[3]。”仲虺乃作

【译文】

成汤把夏桀王放逐到南巢以后，自己心中觉得惭愧，说：“我担心后世把我作为话柄。”左相仲虺就作了下面一篇诰辞：

诰曰：

“呜呼！惟天生民有欲，无主乃乱。惟生聪明时乂[4]。有夏昏德，民坠涂炭[5]，天乃锡王勇智[6]，表正万邦[7]，缵禹旧服[8]。兹率厥典[9]，奉若天命[10]。

“啊！上天生下人，他们就有欲望。如果没有君主，便会大乱。所以又生出聪明睿智的人来治理他们。如今夏王昏乱，百姓陷入了泥潭火坑，所以上天才赐大王您勇力与智慧，让大王做万邦的仪表，正定天下，继承夏禹的事业。现在大王应该遵循夏禹的典章，把它奉若天命。

注释

❶放：流放，放逐。南巢：地名，即今安徽巢湖。 ❷惟：语助词。惭德：谓心中有愧。 ❸台（yí）：同“予”，我。口实：谈话资料，话柄。 ❹聪明：耳聪目明之人。时：同“是”。乂：治。诸本“生”上有“天”字，当衍。 ❺涂：泥。炭：火。 ❻锡：同“赐”。 ❼表：仪表，表率。 ❽缵（zuǎn）：继续。服：事，行。 ❾兹：今。率：循。典：典章，法度。 ❿奉：尊奉。

【原文】

“夏王有罪，矫诬上天[1]，以布命于下[2]。帝用不臧[3]，式商受命[4]，用爽厥师[5]。简贤附势[6]，实繁有徒[7]。肇我邦于有夏[8]，若苗之有莠[9]，若粟之有秕[10]。小大战战[11]，罔不惧于非辜[12]。矧予之德言足听闻[13]？

【译文】

“夏王桀有罪。他欺骗上天，假托上天的旨意向天下颁布号令。上天因此不再保佑他，而让商人受命，来消灭他的军队。他轻慢贤臣，依附权势，实际上有众多党徒。他们看我国在夏朝，就像苗田里的杂草、谷子中的秕子，一心想清除掉。所以我们商人不论大小，都战战兢兢，即使没有罪，也没有不恐惧的。何况以我的德行，说话足以动人听闻，能不恐惧吗？

注释

❶矫：假传命令。诬：欺骗。 ❷布：宣布。 ❸用：因此。臧：善，嘉。❹式：用。 ❺用：以。爽：同“丧”，亡。 ❻简：轻慢。势：权势。 ❼繁：多。徒：党徒。 ❽肇：同“兆”，形、比。 ❾莠（yǒu）：杂草。 ❿粟：谷子。秕：空壳谷。 ⓫小大：大大小小。战战：恐惧发抖的样子。 ⓬罔：无。非辜：犹“无辜”。 ⓭矧：何况。德言：善言。

【原文】

“惟王不迩声色[1]，不殖货利[2]。德懋懋官[3]，功懋懋赏。用人惟己[4]，改过不吝[5]。克宽克仁[6]，彰信兆民[7]。

【译文】

“大王您不近声色，不聚钱财。对品德好的人用官职勉励他们，对功劳大的人用赏赐勉励他们。任用别人，就像用自己一样放心。改正自己的错误，一点也不吝惜。既宽厚，又仁爱，诚信彰著于百姓。

注释

❶迩：近。 ❷殖：聚敛。 ❸懋懋：前“懋”同“茂”，盛；后“懋”同“勉”，勉励。 ❹惟己：如己。形容十分信任。 ❺吝：惜。 ❻克：能。❼彰：显，明。信：诚信。兆民：百姓。

【原文】

“乃葛伯仇饷[1]。初征自葛，东征西夷怨，南征北

【译文】

“而葛伯仇杀为他耕地送饭的人，所以您从葛国开始进行征讨。结果征东边西

狄怨，曰：‘奚独后予[2]？’攸徂之民[3]，室家相庆[4]，曰：‘徯予后[5]，后来其苏[6]。’民之戴商[7]，厥惟旧哉[8]！

边的人抱怨，征南边北边的人抱怨，都说：‘为什么偏偏把我们放在后面？’凡征讨所要去的地方的百姓，家家互相祝贺，说：‘等着我们的君主吧！君主来了，我们就会重获新生。’百姓拥戴商，已经很久了啊！

注释

❶乃：犹“而”。葛：国名，商邻国。仇：恨。饷（xiǎng）：送饭给地里劳动的人。《孟子·滕文公下》载：商汤让亳邑的百姓去替葛伯耕地，由老弱之人往地里送饭，葛伯夺走了所送的饭并杀死了一个送饭的孩子。即所谓“葛伯仇饷”。 ❷奚：何。 ❸攸：所。徂：往。 ❹庆：祝贺。 ❺徯：等待。后：君。 ❻苏：重获新生。 ❼戴：拥戴。 ❽旧：同“久”。

【原文】

“佑贤辅德，显忠遂良[1]，兼弱攻昧[2]，取乱侮亡[3]，推亡固存[4]，邦乃其昌。德日新，万邦惟怀[5]；志自满，九族乃离[6]。王懋昭大德[7]，建中于民[8]，以义制事[9]，以礼制心[10]，垂裕后昆[11]。予闻曰：‘能自得师者王，谓人莫己若者亡。好问则裕，自用则小。’呜呼！慎

【译文】

“佑助贤人，辅佐有德；表彰忠臣，成全良善；兼并弱小，攻伐昏昧；夺取动乱的，轻慢灭亡的；该亡的加以推动，该存的加以巩固。这样，国家就会昌盛。图强自新，万国归附；骄傲自满，亲属背离。大王应当努力昭明大德，为百姓建立标准，用义裁处事情，用礼规范思想，为后世子孙留下丰裕的财富。我听说：能够自己为自己找到老师的人就称王，认为没有人比得上自己的人就灭亡。勤学好问的人就昌大，自以为是的人就

厥终[12]，惟其始[13]。殖有礼[14]，覆昏暴[15]。钦崇天道[16]，永保天命。”

消亡。啊呀！如果看重事情的结局，就必须重视它的开头。您要树殖有礼，消灭昏暴，尊崇天道，永保天命。”

注释

❶显：使之显，即表彰之。遂：成全。❷兼：兼并。昧：昏暗。❸乱：动乱之国。侮：轻慢。❹推：推动，加速。固：巩固。❺惟：犹“乃”。怀：归向。❻九族：泛指所有的亲属。❼懋：勉。昭：明。❽中：适中，标准。❾义：宜。制：裁制。❿礼：礼仪，礼法。⓫垂：留。裕：富余。后昆：子孙。⓬慎：重。⓭惟：于。⓮殖：树。⓯覆：灭。⓰钦：敬。天道：自然规律。

汤诰

题解

汤，商汤。诰，告诫之辞。此篇记商汤告诫万国诸侯之辞，故名。今文无，古文有。

【原 文】

汤既黜夏命[1]，复归于亳，作《汤诰》。

（此为序）

【译 文】

成汤灭了夏朝以后，又回到亳，作了《汤诰》。

注释

❶黜夏命：指灭亡夏朝。黜，废，除掉。夏命，夏朝的王命。

【原 文】

王归自克夏[1]，至于亳，诞告万方[2]。

王曰："嗟[3]！尔万方

【译 文】

商王成汤从战胜夏桀的战场回归亳都以后，向天下所有的部落邦国大发诰命。

商王说："喂！你们万国的民众，都

有众，明听予一人诰[4]：惟皇上帝[5]，降衷于下民[6]。若有恒性[7]，克绥厥猷惟后[8]。夏王灭德作威，以敷虐于尔万方百姓[9]。尔万方百姓罹其凶害[10]，弗忍荼毒[11]，并告无辜于上下神祇[12]。天道福善祸淫[13]，降灾于夏，以彰厥罪[14]。

仔细听我的告诫！是伟大的上天，把善良降给了人。人如果有了经常被人称颂的美德，就能安定他的部落而成为君长。而夏王桀损灭道德，作威作福，施虐于你们万国百姓。你们万国百姓遭受他的凶暴残害，不堪忍受困苦，一起向天地神灵报告自己无罪。上天的法则是给好人降福，给恶人降祸。所以，它给夏桀降下灾难，以彰明他的罪恶。

注释

❶克：胜。 ❷诞：大。万方：指所有的邦国部落。方，国。 ❸嗟：发语声。 ❹明：明白。 ❺皇：大。 ❻衷：善。 ❼恒性：指德。恒，常。 ❽绥：安。猷：同“酋”，部落首长。后：君。 ❾敷：布。虐：暴。 ❿罹（lí）：遭。 ⓫荼（tú）：苦。 ⓬上下神祇（qí）：天地神灵。 ⓭天道：自然法则。福：赐福。祸：降祸。淫：邪恶。 ⓮彰：显明。

【原文】

“肆台小子将天命明威[1]，不敢赦[2]。敢用玄牡[3]，敢昭告于上天神后[4]，请罪有夏[5]。聿求元圣[6]，与之戮力[7]，以与尔有众请命[8]。上天孚佑下民[9]，罪

【译文】

“所以我要奉行天命，表明天的威严，而不敢宽免有罪之人。我大胆地用黑色公牛做祭品，明白地请求天地神灵，请他们给夏人降罪。我找到了一位大圣人，与他共同努力，来给你们众人向上天请命，让你们众人很好地活下去。如今上天保佑下民，罪人遭到贬黜而屈服。天命不

人黜伏[10]。天命弗僭[11]。贲若草木[12]，兆民允殖[13]。俾予一人辑宁尔邦家[14]。兹朕未知获戾于上下[15]，慄慄危惧[16]，若将陨于深渊[17]。

会有错。现在万民百姓像草木一样，有了生机，上天又让我安定和谐你们的邦国与家族。对此大命，我不知道有没有得罪上天和百姓，我只觉得战栗发抖，十分危险恐惧，就像快要掉进深渊一样。

注释

❶肆：故。台（yí）小子：同“予小子”，商王自称。将：奉。威：天威。❷赦：宽免有罪之人。❸玄：黑色。牡：公牛。❹昭：明。告：求。❺罪：治罪。❻聿（yù）：句首语气词。元圣：指伊尹。元，大。❼戮（lù）力：即“勠力”，并力。❽请：求。❾孚：同“保”。❿黜：贬退。伏：屈服。⓫僭（jiàn）：差错。⓬贲（bì）：美好茂盛。⓭允：用、以。殖：生。⓮辑：和。⓯戾：罪。上下：上天与下民。⓰慄慄：战栗的样子。⓱陨：坠落。

【原 文】

“凡我造邦[1]，无从匪彝[2]，无即慆淫[3]，各守尔典[4]，以承天休[5]。尔有善，朕弗敢蔽；罪当朕躬[6]，弗敢自赦，惟简在上帝之心[7]。其尔万方有罪，在予一人；予一人有罪，无以尔万方[8]。呜呼！尚克时忱[9]，乃亦有终[10]。”

【译 文】

“所有我所立的邦国，都不要去做不合法令的事，不要过度逸乐，要兢兢业业，各守法典，来承受美好的天命。你们有长处，我不敢隐蔽。罪过在我身上，我也不敢自赦。因为有上天在监察。你们万国诸侯有罪，责任在我一个人身上；我一个人有罪，不会牵涉你们万国。啊呀！倘若彼此能够如此诚信，就会有美好的未来。”

注释

❶造：作，立。 ❷无：同“毋”。从：行。匪：同“非”。彝：法。❸即：就。慆淫：过度逸乐。慆（tāo），慢。淫，过。 ❹典：常法。 ❺休：美。 ❻躬：身。 ❼简：阅、察。 ❽以：因。 ❾尚：同“倘”，若。克：能。时：同“是”，此。忱：信。 ❿亦：助语。终：善终，好结局。

明居亡

题解

明居，《史记集解》引马融说："明居民之法。"或是。正文佚，仅存序。

【原文】

咎单作《明居》①。

（此为序）

【译文】

汤的司空官咎单，作了《明居》篇。

注释

❶咎单：人名，商汤的大臣。单音善。孔氏《传》曰："咎单，臣名，主土地之官。"《尚书正义》引马融云："咎单为汤司空。"司空亦主土地，其说或有所据。

伊训

题解

伊，指伊尹，人名，汤的辅相，汤死后又辅佐太甲。训，训教。此篇记伊尹对商王太甲的训诫之辞，故名。今文无，古文有。

【原文】

成汤既没[1]，太甲元年[2]，伊尹作《伊训》《肆命》《徂后》[3]。

（此为序）

【译文】

成汤死后，太甲元年，伊尹作了《伊训》《肆命》《徂后》三篇。

注释

❶没：同“殁”。 ❷太甲：商汤太子太丁的儿子。据《史记·殷本纪》记载，太丁未立而卒，其弟外丙继汤为帝；外丙崩，外丙之弟中壬继立；中壬崩，伊尹立太甲为帝。孔氏《传》及《尚书正义》据此序“成汤既没，太甲元年”及《伊训》本文，并以为太甲继汤而立。未知孰是。 ❸《肆命》《徂后》：皆《书》篇名，见下。

【原文】

惟元祀十有二月乙丑①，伊尹祠于先王②，奉嗣王祗见厥祖③。侯甸群后咸在④。百官總己以听冢宰⑤。伊尹乃明言烈祖之成德⑥，以训于王。

【译文】

太甲元年十二月乙丑日，伊尹祭祀先王成汤，并陪着新王太甲恭敬地拜祭他的祖先。远近的诸侯也都在场。百官各统己职，听命于太宰伊尹。于是伊尹就明白地讲说商人列祖的成德，以训诫新王太甲。

注释

❶元祀：元年，指太甲元年。 ❷祠：祭祀。先王：指成汤。 ❸奉：奉陪。嗣王：指太甲。祗：敬。 ❹侯甸：侯服和甸服。相传夏代有五服之制：王畿以外五百里之内为甸服，为天子治田纳谷；再向外五百里之内为侯服，为天子斥候。见《禹贡》篇。后：君。 ❺總己：统束己职。總，统。冢宰：太宰，百官之首，即伊尹。 ❻烈：同“列”。成德：已成之德。

【原文】

曰：“呜呼！古有夏先后方懋厥德①，罔有天灾②。山川鬼神，亦莫不宁③。暨鸟兽鱼鳖④，咸若⑤。于其子孙弗率⑥，皇天降灾⑦，假手于我有命⑧，造攻自鸣条⑨。朕哉自亳⑩。惟我商王，布昭圣武⑪，代虐以宽，

【译文】

伊尹说：“啊！古时候夏人的先君们都能努力实践自己的德行，所以没有天灾。山川鬼神也没有不安宁的。连鸟兽鱼鳖也都顺遂。到了他们的后世子孙，不遵从先人的美德，所以上天给他们降下灾祸，并借我们商人有天命之君的手，从鸣条开始攻击夏人。我们商人从亳都开始，最终占有了天下。我们的商王成汤，广泛昭示他的圣明英武，以宽松取代暴虐，万

兆民允怀⑫。今王嗣厥德⑬，罔不在初⑭。立爱惟亲⑮，立敬惟长⑯。始于家邦，终于四海。

民因此而归附他。今王继承他的遗德，一切都要从头做起。爱要从亲人爱起，敬要从老人敬起。一切从家庭、邦国开始，最终推广到全天下。

注释

❶有夏：即夏，“有”为词头。先后：早期君主，指大禹以下有德之君。后，君。方：读为“旁”，广。懋：勉。 ❷罔：同“无”。 ❸宁：安。 ❹暨：及。 ❺咸：皆。若：顺。 ❻率：循，循其旧。 ❼皇天：上天。 ❽假：借。有命：有天命之人。 ❾造：起始。鸣条：地名，商汤败桀处。 ❿哉：始。亳：地名，商汤所都。 ⓫布：遍。昭：昭示。圣武：圣明英武。 ⓬允：同“用”，以。 ⓭嗣：继。 ⓮初：始。 ⓯惟：只有。 ⓰长：年长之人。

【原 文】

“呜呼！先王肇修人纪①，从谏弗咈②，先民时若③。居上克明④，为下克忠。与人不求备⑤，检身若不及⑥，以至于有万邦⑦。兹惟艰哉⑧！

【译 文】

“啊！先王成汤创立人君的纲纪，听从劝谏而不违背，所以先民顺从他。在上为君的如果能够明察，在下为臣的就能够忠诚。他交人不求全责备，约束自己从不觉得满足，以致拥有万邦，成为天子。这是很难做到的呀！

注释

❶肇：始。修：治。人纪：做人君的法纪。 ❷从：听从。咈（fú）：违背。 ❸时：同“是”，是以。若：顺。 ❹克：能。 ❺与：结交。备：全。 ❻检

身：约束自己。 ❼有万邦：指做天子。 ❽艰：难。

【原 文】

“敷求哲人[1]，俾辅于尔后嗣[2]，制官刑[3]，儆于有位[4]。

“曰：‘敢有恒舞于宫[5]、酣歌于室[6]，时谓巫风[7]；敢有殉于货色[8]、恒于游畋[9]，时谓淫风[10]；敢有侮圣言[11]、逆忠直、远耆德[12]、比顽童[13]，时谓乱风[14]。惟兹三风十愆[15]，卿士有一于身，家必丧[16]；邦君有一于身，国必亡。臣下不匡，其刑墨[17]。具训于蒙士[18]。’

【译 文】

“先王成汤广泛寻求聪明睿智的人，使他们辅佐你们后嗣，同时还制定惩治官员的刑法，以警戒所有在职为官的人。

“先王成汤说：‘胆敢有经常在宫室里跳舞、尽情在宫室里唱歌的，这叫巫师之风；胆敢有贪求钱财美女、经常游逛打猎的，这叫淫荡之风；胆敢有轻慢圣贤之言、不听忠臣规劝、疏远老年有德、勾结年轻愚钝之人的，这叫乱政之风。这三风十过，卿士如果犯有其中一种，他的封地一定会丧失；国君如果犯有其中一种，他的国家一定会灭亡。臣下如果不匡正君主，就给他施墨刑。这些要全部拿来对愚昧之士进行教育。’

注 释

❶敷：同“普”，遍。哲：智。 ❷俾：使。 ❸官刑：惩治官员的刑法。 ❹儆（jǐng）：诫。有位：有职位之人，即官员。 ❺恒：常。宫：室。 ❻酣：尽情。 ❼时：是。巫风：巫师习于歌舞之风。 ❽殉：同“徇”，求。货：财。 ❾畋（tián）：打猎。 ❿淫风：淫荡之风。 ⓫侮：轻慢。 ⓬远：疏远。耆：老。 ⓭比：亲比，勾结。顽：愚钝。 ⓮乱风：乱政之风。 ⓯愆（qiān）：过。 ⓰家：封地。丧：失。 ⓱匡：正。墨：一种刑罚，在脸上刺字后再涂上墨。 ⓲具：全。训：教。蒙：愚昧。

【原文】

“呜呼！嗣王祗厥身[①]。念哉[②]！圣谟洋洋[③]，嘉言孔彰[④]。惟上帝不常[⑤]：作善降之百祥，作不善降之百殃。尔惟德罔小[⑥]，万邦惟庆[⑦]；尔惟不德罔大，坠厥宗[⑧]。”

【译文】

“啊！嗣王一定要谨慎自身。圣谋美大，嘉言甚彰，您要念念不忘！因为上天对人的态度，是不固定的：做好事就给他赐百祥，做坏事就给他降百祸。所以，你修德不要嫌小。修小德万邦同样会表示庆贺。你不修德，也不要认为不大。失小德也能毁失宗庙。”

注释

❶祗：敬，慎重。 ❷念：常思。 ❸谟：谋议。洋洋：美盛的样子。❹孔：很。彰：明。 ❺惟：为，因。常：固定不变。 ❻惟：同“为”，修、行。罔：无。 ❼庆：贺。 ❽坠：毁。宗：宗庙。

肆命亡

题解

肆，陈。命，天命。孔氏《传》曰："陈天命以戒太甲。"故名。正文佚，序与《伊训》《徂后》共。

徂后亡

题解

徂，往、去。后，君。徂后，犹言先君。盖陈先君成汤之德行，故名。郑玄曰："言汤之法度也。"或是。正文佚，序与《伊训》《肆命》共。

太甲（上）

题解

太甲，商汤孙，立为商王，昏庸凶残。伊尹多次劝谏不从，便放逐了他。后来因其悔过自新，又迎回亳都。记太甲之事，故名。共三篇，此第一篇，故为上。此篇主要记放逐以前伊尹对太甲的训诫。今文无，古文有。

【原 文】

太甲即立，不明，伊尹放诸桐①。三年②，复归于亳，思庸③，伊尹作《太甲》三篇。

（此为序）

【译 文】

太甲即位以后，昏庸不明。二年，伊尹把他放逐到了桐地。三年，又让他回到亳都。回来后，他想要有所作为。记这些事，伊尹作了《太甲》上、中、下三篇。

注释

❶放：放逐，流放。诸："之于"合音。桐：地名，在今河北临漳境。相传商汤葬于此，建有宫室，故又名桐室。 ❷三年：太甲三年。《伊训》记"太甲元年十二月"，此言三年复归于亳，则放桐在二年。 ❸思庸：想要有所建树。庸，功。

【原 文】

惟嗣王不惠于阿衡[1]，伊尹作书曰[2]：

“先王顾諟天之明命[3]，以承上下神祇[4]。社稷宗庙，罔不祇肃[5]。天监厥德[6]，用集大命[7]，抚绥万方[8]。惟尹躬克左右厥辟宅师[9]，肆嗣王丕承基绪[10]。惟尹躬先见于西邑夏[11]，自周有终[12]，相亦惟终[13]；其后嗣王，罔克有终，相亦罔终。嗣王戒哉！祗尔厥辟[14]。辟不辟，忝厥祖[15]。”

【译 文】

由于继位的商王太甲对阿衡伊尹不恭顺，所以伊尹写了一封书信训教太甲。书信说：

“先王成汤前后审视天命，以接受天地神灵的旨意。他对社稷宗庙没有不恭敬的。上天察看到他的美德，所以成就了他的天命，让他安抚万国。加上我能辅佐自己的君主，使民众安居，所以嗣王您才继承了伟大的基业。因为我自己看到了夏朝的先君们都能自己谨慎，以图有个好结局。他们的辅相，也有好结局。而后来继位的夏王，没有一个能有好结局，他们的辅相也没有好结局。所以嗣王您要引以为戒啊！您要重视君位，认真做一名好君主。君主不像君主，就会辱没他的先祖。”

注 释

❶嗣王：指太甲。惠：恭顺。阿衡：官名，相当于辅相，此指伊尹。 ❷书：书面文字，即书信。 ❸先王：成汤。顾諟，即“顾𫌨”，谓前后审视。顾，后视。諟（shì），同“𫌨”，迎视。 ❹承：接受。上下神祇：泛指天地神灵。 ❺社：土神。稷：谷神。祇（zhī）肃：恭敬。 ❻监：视，察。 ❼用：因。集：成。大命：天命。 ❽抚绥：安抚。 ❾尹：伊尹自称。躬：身。克：能。左右：辅佑。辟：君。宅：居。师：众。 ❿肆：故。丕：大。基绪：基业。 ⓫先：指开始、开头。西邑：指夏。夏都在亳西北，故称西邑。 ⓬自：自己。周：毖，谨慎。有终：有好结局。 ⓭相：辅相。 ⓮祗：敬，重视。辟：君。

⑮忝（tiǎn）：辱。

【原 文】

王惟庸罔念闻①。伊尹乃言曰："先王昧爽丕显②，坐以待旦③。旁求俊彦④，启迪后人⑤，无越厥命以自覆⑥。慎乃俭德⑦，惟怀永图⑧。若虞机张⑨，往省括⑩，于度则释⑪。钦厥止⑫。率乃祖攸行⑬，惟朕以怿⑭，万世有辞⑮。"

【译 文】

商王太甲一直不读也不听伊尹所写的训诫。伊尹于是就对太甲讲："先王成汤黎明时分就起来想着成就大事，坐着等待天亮。他广求俊杰，启导后人，让后人不要坠失天命而自取灭亡。你要谨慎你的节俭之德，一心向长远考虑。就像虞人的弩机张开以后，再去察看箭的末端在弦上的位置，如果适度，才放出去。因为他们重视箭所射到的地方。如果你能遵循你先人所走的路，连我也会高兴，而且后世千秋万代都会有称颂的言辞。"

注释

❶王：指太甲。庸：常。罔：无，不。 ❷昧爽：黎明时分。丕显：大显，大明。 ❸旦：日出。 ❹旁：广。俊彦：杰出人才。 ❺启迪：启发。 ❻越：坠，失。命：天命。覆：灭。 ❼慎：谨慎。俭德：节俭的品德。 ❽惟：只。怀：抱。永：久。图：谋。 ❾虞：掌管山泽的官。机：弩机。张：拉开。 ❿省：察看。括：箭的末端。 ⓫于：以。释：发，放。 ⓬钦：敬，认真对待。止：箭所止。 ⓭率：循。攸：所。 ⓮朕：第一人称代词。怿：悦。 ⓯辞：指称颂之辞。

【原 文】

王未克变[1]。伊尹曰："兹乃不义[2]！习与性成[3]。予弗狎于弗顺[4]，营于桐宫[5]，密迩先王其训[6]，无俾世迷[7]。王徂桐宫居忧[8]，克终允德[9]。"

【译 文】

太甲未能改变。伊尹说："这是不合宜的行为。人的习惯与常性是相辅相成的。我不能无原则地容忍嗣王太甲不听从训教，所以我决定在先王成汤的陵地桐邑给王营建行宫。因为在那里可以非常近地听到先王的训教，不会让人一辈子迷惑。嗣王去桐宫为先王居丧，能够最终养成允当合宜的德行。"

注释

❶克：能。 ❷兹：同"此"。义：合宜。 ❸习：习惯。性：常性，常行。成：相成。 ❹狎（xiá）：不庄重地亲近。 ❺营：营建。 ❻迩（ěr）：近。其：犹"之"。 ❼俾：使。世：一世，一生。 ❽徂（cú）：往。居忧：为父祖服丧。 ❾克：能。允：当，得当。与上文"不义"相对。

太甲（中）

题解

此篇记伊尹迎回太甲后君臣的对话。事居中，故为中篇。今文无，古文有。

【原文】

惟三祀十有二月朔[1]，伊尹以冕服奉嗣王归于亳[2]，作书曰："民非后[3]，罔克胥匡以生[4]；后非民，罔以辟四方[5]。皇天眷佑有商[6]，俾嗣王克终厥德[7]，实万世无疆之休[8]。"

【译文】

三年十二月初一，伊尹用天子的礼帽礼服恭敬地把太甲迎回了亳都，并给他写了一封书信，说："老百姓没有君主，就不能得到救助而生存；君主没有老百姓，就无所谓君临四方。上天眷顾佑助商人，使嗣王您最终能够完善您的德行，这实在是我们商人万代无疆的福分！"

注释

❶朔：日月相会的一天，即初一日。按：朔日概念产生较晚，殷代甲骨文未见，此为后人附会。 ❷冕服：帝王的礼帽礼服。奉：敬词。 ❸非：犹"无"。后：君。 ❹罔：无。克：能。胥：相。匡：救助。 ❺辟：君，君临。 ❻眷：眷顾。佑：助。 ❼俾：使。克：能。 ❽疆：境。休：美，福。

【原 文】

王拜手稽首[1]，曰："予小子不明于德，自厎不类[2]。欲败度[3]，纵败礼[4]，以速戾于厥躬[5]。天作孽[6]，犹可违[7]；自作孽，不可逭[8]。既往背师保之训[9]，弗克于厥初，尚赖匡救之德[10]，图惟厥终[11]。"

【译 文】

看了书信，太甲来到伊尹面前，行跪拜大礼，对伊尹说："我小子不明修德，自致不良。贪欲而败坏了法度，放纵而败坏了礼仪，以致招罪于身。天造的灾祸，还可以避开；人自己造的灾祸，无法躲避。以前我违背老师的训教，不能善始，还希望靠老师的匡救之德，争取做到善终。"

注 释

❶拜手稽首：跪拜大礼。 ❷厎（zhǐ）：致，达。类：善。 ❸欲：欲望。败：坏。度：法度。 ❹纵：放纵。 ❺速：犹招。戾（lì）：罪。躬：身。 ❻作：造。孽：灾祸。 ❼违：避。 ❽逭（huàn）：逃避。 ❾既往：以前。师保：太师，太保。此指伊尹。 ❿赖：靠。 ⓫图：谋。惟：为。

【原 文】

伊尹拜手稽首，曰："修厥身，允德协于下[1]，惟明后[2]。先王子惠困穷[3]，民服厥命，罔有不悦。并其有邦厥邻[4]，乃曰：'徯我后，后来无罚[5]。'王懋乃

【译 文】

伊尹向太甲行跪拜礼说："能够修养自身，允当的德行符合下民的心愿，就是明君。先王成汤像爱护儿子一样爱护困苦贫穷的人，所以百姓服从他的号令，没有不高兴的。连商朝邻邦的人竟然都说：'等待我们的君主吧！君主来了，我们就不再受惩罚了。'大王要努力你的德行，

德[6]，视乃厥祖，无时豫怠[7]。奉先思孝，接下思恭[8]。视远惟明，听德惟聪[9]。朕承王之休无斁[10]。”

向你的先祖学习，不要安逸怠惰。尊奉先人，要想着孝顺；接待下民，要想着谦恭。看得远才算眼明，听良言才算耳聪。我将永远托受大王的福。”

注释

❶允：允当，恰当。协：和。 ❷惟：同“为”。后：君。 ❸子：名词作状语，谓像对待儿子一样对待。惠：爱。 ❹并：兼。有邦：指商。邻：邻邦。 ❺徯（xī）：等待。罚：惩罚。 ❻懋：勉。 ❼无：同“毋”。时：同“事”，行。豫：安逸。 ❽接：待人接物之接。 ❾德：指有德之言、善言。惟：同“为”。 ❿休：美。斁（yì）：厌，满足。

太甲（下）

题解

此篇记伊尹对太甲的训诫之辞。事在后，故为下篇。今文无，古文有。

【原文】

伊尹申诰于王曰[1]：“呜呼！惟天无亲[2]，克敬惟亲[3]；民罔常怀[4]，怀于有仁[5]；鬼神无常享[6]，享于克诚。天位艰哉[7]！

“德惟治[8]，否德乱[9]。与治同道[10]，罔不兴；与乱同事[11]，罔不亡。终始慎厥与[12]，惟明明[13]。

【译文】

伊尹再三告诫太甲说：“啊呀！上天没有亲人，谁能够敬天谁就是它的亲人；老百姓没有不变的归附，只归附有德的人；鬼神没有不变的保佑，只保佑能诚心祭祀的人。居天子之位不容易啊！

“有德就能使天下大治，无德就会使天下大乱。与使天下大治的人走同样的路，没有不兴盛的；与使天下大乱的人做同样的事，没有不灭亡的。始终谨慎地对待依从与亲附他的人，只有十分英明的人才能做到呀！

注释

❶申：重复。 ❷惟：句首语气词。亲：亲人。 ❸克：能。敬：敬天。惟：同“为”。 ❹罔：同“无”。常：固定不变的。怀：归附。 ❺仁：仁德。

❻享：受享祭祀。❼天位：天子之位。艰：难。❽惟：犹“则”“乃”。治：天下得到治理。❾否：犹“无”。乱：不治。❿道：道路。⓫同事：做同样的事。⓬与：亲附，依从。⓭明明：大明，十分英明。诸本“明明”下有“后”字，当衍。

【原文】

“先王惟时懋敬厥德[①]，克配上帝[②]。今王嗣有令绪[③]，尚监兹哉[④]！若升高[⑤]，必自下；若陟遐[⑥]，必自迩[⑦]。无轻民事[⑧]，惟难[⑨]；无安厥位[⑩]，惟危。慎终于始。有言逆于汝心[⑪]，必求诸道[⑫]；有言逊于汝志[⑬]，必求诸非道。

【译文】

“先王正因为那样重视修勉他的德行，所以他能够参配上天。今王您继承了美好的基业，要上鉴先王修德呀！就好比登高，必须从低处开始；行远，必须从近处开始一样。不要轻视治理百姓的事，那是很艰难的；不要安居其位，那是很危险的。谨慎终结，要在开始。如果有的话不合你的心思，一定要从正道上去衡量，看它是否合乎正道；如果有的话合顺你的心思，一定要从非正道上去探究，看他是否别有用心。

注释

❶先王：指汤。惟：同“唯”。时：同“是”。懋：勉、努力。❷克：能。配：参配。❸令：善，美。绪：业。❹尚：上。监：同“鉴”，鉴视。❺若：如，像。升：登。❻陟：行。遐：远。❼迩：近。❽无：同“毋”。轻：轻视。民事：治理百姓之事。❾惟：同“为”，是。难：艰。❿安：安居，以为安。⓫逆：反，不合。⓬求：寻，探究。诸：“之于”合音。道：正道。⓭逊：顺。志：心思。

【原文】

“呜呼！弗虑胡获[①]？弗为胡成[②]？一人元良[③]，万邦以贞[④]。君罔以辩言乱旧政[⑤]，臣罔以宠利居成功[⑥]，邦其永孚于休[⑦]。”

【译文】

“啊，不思考怎么能有心得？不做事怎么能够成事？天子大善，万国才能安定。君不用巧辩之言变乱旧政，臣不以恩宠利禄自处其功，国家就会永保于美。”

注释

❶虑：思考。胡：同“何”。 ❷为：做。成：成就。 ❸一人：指天子。元：大。良：善。 ❹贞：定。 ❺罔：同“无”，不。辩言：巧辩之言。 ❻宠：恩宠，荣耀。居：处。成功：所成之功。 ❼孚：保。休：美。

咸有一德

题解

咸，皆、都，指伊尹与汤。一德，纯一之德。“咸有一德”，本为篇中一语，而取以名篇。今文无，古文有。

【原文】

伊尹作《咸有一德》[1]。（此为序）

【译文】

伊尹作了《咸有一德》篇。

注释

❶伊尹：见《汝鸠》注。

【原文】

伊尹既复政厥辟[1]，将告归[2]，乃陈戒于德[3]，曰：“呜呼！天难谌[4]，命靡常[5]。常厥德，保厥位。厥德匪常[6]，

【译文】

伊尹把国政交还给他的君主太甲，即将告老回乡，就陈述道德以训诫太甲。他说：“啊呀！上天很难相信，因为天命无常。只有保持自己的品德，才能保住自己的地位。品德不固定，天下

九有以亡[7]。夏王弗克庸德[8]，慢神虐民[9]。皇天弗保，监于万方[10]，启迪有命[11]，眷求一德[12]，俾作神主[13]。惟尹躬暨汤[14]，咸有一德，克享天心[15]，受天明命，以有九有之师[16]，爰革夏正[17]。

就会失掉。夏王桀不能用德，轻慢神灵，残害百姓，所以上天不保全他，反而监视万国，开导有天命的人，仔细寻求具有纯一之德的人，让他做天下的君主。只有我和成汤，都具有纯一之德，能够符合天心，受了上天明白的大命，得以拥有九州的民众，于是就推翻了夏人的统治，改了夏朝的历法。

注释

❶复：返还。辟：君。 ❷告：求。 ❸陈戒：陈述训诫。于：犹“以”。 ❹谌（chén）：相信。 ❺命：天命。靡：无。 ❻匪：同“非”，无。 ❼九有：九域，即九州，泛指天下。亡：失。 ❽夏王：指桀。弗克：不能。庸：同“用”。 ❾慢：轻慢，不敬。虐：残害。 ❿监：视。 ⓫启迪：开导。有命：有天命、受天命之人。 ⓬眷求：形容仔细寻求。眷，顾，回头看。德：指一德之人。 ⓭俾：使。神主：天地神祇之主，指天子、帝王。 ⓮尹：伊尹自称。躬：身。暨：和。 ⓯克：能。享：当。 ⓰师：众。 ⓱爰：于是。革：改。夏正：夏历正月。相传夏以斗柄建寅之月为正月，商以斗柄建丑之月为正月。此说当出现于春秋中期以后。

【原 文】

“非天私我有商[1]，惟天佑于一德[2]；非商求于下民，惟民归于一德。德惟一，动罔不吉[3]；德二三[4]，动罔不凶。惟

【译 文】

“不是上天偏爱我们商人，而是上天佑助纯一之德；不是我们商人招求百姓，而是百姓归附纯一之德。品德纯一，行动没有不吉利的；品德不专一，行动没有不凶险的。

原文	译文
吉凶不僭在人[5]，惟天降灾祥在德。	吉凶不出偏差在于人，上天降灾赐福在于德。

注释

❶私：偏私。 ❷惟：同“为”，是。佑：助。 ❸罔：无。 ❹二三：不专一，变动不居。 ❺惟：句首语气词。僭（jiàn）：差错。

【原文】	【译文】
“今嗣王新服厥命[1]，惟新厥德[2]。终始惟一[3]，时乃日新[4]。任官惟贤材，左右惟其人[5]。臣为上为德[6]，为下为民。其难其慎[7]，惟和惟一[8]。德无常师，主善为师[9]。善无常主，协于克一[10]。俾万姓咸曰：‘大哉！王言。’又曰：‘一哉！王心。’克绥先王之禄[11]，永底烝民之生[12]。	“现在嗣王你重新承受了天命，要更新自己的品德。始终保持纯一的品德，这样品德才能日新。任官要用贤才，身边的辅臣要用忠良。要使大臣在上为君主的德行着想，在下为百姓的利益着想。这些都不容易做到，一定要谨慎。只有和众，只有一德，才能做到。品德没有固定的老师，行善就是老师；善事没有固定的主人，只合于能够一德的人。要使天下万国人都说：‘伟大啊！君王的话。’又说：‘纯真啊！君王的心。’这样，就能保守住先王的福禄，永远安定民众的生活。

注释

❶新：重新。服：承当。命：天命。 ❷新：更新。 ❸一：纯一。 ❹时：同“是”。日新：日益新。 ❺其人：堪当其任之人、适当的人。 ❻“为”

（前）：犹“于”。“为”（后）：为了。德：指君德。 ❼“其”（前）：代词，指新德及任官用人。“其”（后）：命令副词。 ❽惟：同“唯”，只。和：指和官。一：指一德。 ❾主：犹“行”。 ❿协：合。克：能。 ⓫克：能。绥：安，保。禄：福禄。 ⓬厎：一定。烝：同“众”。

【原 文】

“呜呼！七世之庙①，可以观德②；万夫之长③，可以观政。后非民罔使④，民非后罔事⑤。无自广以狭人⑥。匹夫匹妇不获自尽⑦，民主罔与成厥功⑧。”

【译 文】

“啊！从七代祖庙里面，可以看到德；从一万人的首长身上，可以看到政。君主除非百姓，没有使役的人；百姓除非君主，没有侍奉的人。所以，你不要自高自大而看不起百姓。普通百姓如果不能各尽其力，君主就不能成就自己的功业。”

注 释

❶七世之庙：七代先祖之庙。《礼记·王制》：“天子七庙，三昭三穆，与大祖之庙而七。”七世以上则迁。按：此为周制。 ❷观德：天子七庙，亲尽则迁，有德则不迁，故可以观德。 ❸万夫：一万人。长：首领。 ❹后：君。罔：无。使：使役。 ❺事：侍奉。 ❻广：大。狭：小。 ❼匹夫匹妇：指普通百姓。匹，单独。获：得到。自尽：各自尽力。 ❽民主：君主。与：一起。

沃丁亡

题解

沃丁，人名，太甲的儿子，继太甲为商王，此作篇名。记沃丁之事，故名《沃丁》。正文佚，仅存序。

【原 文】

沃丁既葬伊尹于亳[1]，咎单遂训伊尹事[2]——作《沃丁》。

（此为序）

【译 文】

沃丁把伊尹安葬在西亳以后，咎单就用伊尹的事对他进行说教——记此事，作了《沃丁》。

注释

❶葬伊尹：《帝王世纪》载：伊尹“年百岁卒，大雾三日，沃丁以天子礼葬之”。亳：西亳，在今河南洛阳偃师区。 ❷咎单：人名，商贤臣。训：说教。

咸乂（四篇）亡

题解

咸，指巫咸，臣名。乂，治。盖记巫咸治政之方，故名。共四篇。正文全佚，仅存序。

【原文】

伊陟相大戊[1]，亳有祥，桑穀共生于朝[2]。伊陟赞于巫咸[3]——作《咸乂》四篇。

【译文】

伊陟辅佐商王大戊，亳都出现了桑树、榖树共生在殿前院子里的怪事。伊陟告诉巫咸，请他占卜——记此事，作了《咸乂》四篇。

注释

❶伊陟：人名，伊尹之子。大戊：即太戊，人名，沃丁弟太庚之子，小甲、雍己之弟，继雍己为帝，世称殷中宗，伊陟相之。 ❷祥：吉凶的征兆。穀（gǔ）：树名，俗名构树。共：同。朝：指殿前的院子。《说苑·君道》云："殷太戊时，有桑穀生于庭，昏而生，比旦而拱。史请卜之汤庙，太戊从之。卜者曰：'吾闻之：祥者，福之先者也；见祥而为不善，则福不生。殃者，祸之先者也；见殃而能为善，则祸不至。'于是乃早朝而晏退，问疾吊丧，三日而桑穀自亡。" ❸赞：告。

伊陟亡

题解

伊陟，本人名，此作书篇名，盖记大戊对伊陟的诰命。正文佚，仅存序。

【原文】

大戊赞于伊陟[1]——作《伊陟》《原命》[2]。

（此为《伊陟》《原命》二篇序）

【译文】

太戊告命伊陟——记此事，作了《伊陟》《原命》二篇。

注释

❶大戊：即太戊，第十代商王。赞：告，册命。❷《原命》：亦《书》篇名。《史记·殷本纪》云："帝太戊赞伊陟于庙，言弗臣，伊陟让，作《原命》。"（段玉裁云："脱'作《伊陟》'三字。"按：当脱"《伊陟》"二字）

原命亡

题解

原，再、二。赞伊陟而伊陟让，故有再命。马融、孔氏皆以为“原”为臣名，记太戊对原之命，故名，殆非。正文佚，与《伊陟》共序。

仲丁亡

题解

仲丁，人名，太戊之子，继太戊为帝，此作篇名，记其事。正文佚，仅存序。

【原 文】

仲丁迁于嚣[1]——作《仲丁》。

（此为序）

【译 文】

仲丁迁都于嚣——记此事，作了《仲丁》篇。

注释

❶迁：迁都。嚣（áo）：地名，亦作“隞”，在今河南郑州。

河亶甲亡

题解

河亶（dǎn）甲，人名，仲丁之弟，继外壬（亦仲丁弟）为第十三代商王，此作篇名，记其事。正文佚，仅存序。

【原文】

河亶甲居相①——作《河亶甲》。

（此为序）

【译文】

河亶甲迁居于相——记此事，作了《河亶甲》篇。

注释

❶居：迁居。相：地名，在今河南内黄境。《太平御览》卷八三引《纪年》载："河亶甲整即位，自嚣迁于相。"

祖乙亡

题解

祖乙，人名，河亶甲之子，继河亶甲为帝，世称“中宗”。此作篇名，记其事。正文佚，仅存序。

【原 文】

祖乙圮于耿[1]——作《祖乙》。

（此为序）

【译 文】

祖乙因相城被河水冲毁而迁于耿地——记此事，作了《祖乙》篇。

注释

❶圮（pǐ）：毁，指相被河水所毁。于耿：指迁于耿。耿，地名。亦作“邢”，或作“庇”，皆异称，在今河南温县境。

盘庚（上）

题解

盘庚，人名，成汤十世孙，继其兄阳甲为第二十代商王，率众从奄迁殷。记盘庚之事，故以名篇。分上、中、下三篇，此上篇，记始迁殷训导众贵族之事。今文、古文皆有。

【原文】

盘庚五迁[1]，将治亳殷[2]，民咨胥怨[3]——作《盘庚》三篇。

【译文】

盘庚第五次迁都，将要营建殷都，百姓们都叹息抱怨——记此事，作了《盘庚》上、中、下三篇。

注释

❶五迁：据辑本《竹书纪年》，一迁指仲丁自亳迁嚣，二迁指河亶甲自嚣迁相，三迁指祖乙自相迁庇，四迁指南庚自庇迁奄，五迁即盘庚自奄迁殷。
❷治：营建。亳殷：即殷。殷地据曲英杰先生所考在今河南武陟境，旧称殷城。
❸咨：叹息。胥：相。

【原 文】

盘庚迁于殷，民不适有居①，率吁众戚出矢言②，曰③："我王来，既爰宅于兹④，重我民⑤，无尽刘⑥。不能胥匡以生⑦。卜稽⑧，曰其如台⑨？先王有服⑩，恪谨天命⑪。兹犹不常宁。不常厥邑，于今五邦⑫！今不承于古⑬，罔知天之断命⑭，矧曰其克从先王之烈⑮？若颠木之有由蘖⑯，天其永我命于兹新邑⑰，绍复先王之大业⑱，厎绥四方⑲。"

【译 文】

盘庚把都城迁到了殷，老百姓不习惯新居，觉得不方便。于是盘庚呼吁众亲属出来讲约束百姓的话。于是他们对百姓们说："我王来这里，是我们已经迁居到了这里。这是因为他爱护我们百姓，不想让大水把我们全部淹死。而我们却不能相互救助生活下去。即使占卜一下，我们将怎么办呢？我们的先王，遇事总是敬遵天命。这样，尚且不能常宁，不能长期在一个城邑里居住下去。到现在，已经换了五个城邑。现在如果不继承先王的传统，不知道新定的天命，怎么谈得上能够继承先王的伟业？就好比伐倒了树能够抽出新芽，上天将长期命令我们住在这座新城，以继续并复兴我们先王的大业，安定四方。"

注释

❶适：宜，便。有居：所居。 ❷率：于是，因此。吁：呼。戚：亲。矢：誓，约。 ❸曰：众戚曰。 ❹爰：易。宅：居。 ❺重：看重，爱惜。 ❻刘：杀，指被水所溺。 ❼胥：相。匡：救助。 ❽卜：占卜。稽：考。 ❾如台（yí）：如何。 ❿服：事。 ⓫恪：谨，谨慎。 ⓬邦：指都城。 ⓭承：继承。 ⓮罔：无。断命：犹定命。 ⓯矧（shěn）：何况。克：能。烈：伟业。 ⓰颠木：伐倒了的树。由：同"甹"，抽生。蘖（niè）：新芽。 ⓱永：久。兹新邑：指殷。 ⓲绍：续。复：复兴。 ⓳厎：定。绥：安。

【原 文】

盘庚敩于民[1]，由乃在位以常旧服[2]，正法度。曰："无或敢伏小人之攸箴[3]！"王命众悉至于庭[4]。

【译 文】

盘庚教导百姓，要他们帮助自己坚守旧职，勘正法度。他对贵族大臣们说："你们都不能隐匿普通百姓对我的规劝！"商王命令众贵族全部来到朝廷大堂，训告他们。

注 释

❶敩（xiào）：教。 ❷由：助也。说见《广雅·释诂二》。在位：指国君。常：犹守。旧服：指以前的职事。服，事。 ❸或：有。伏：藏，隐，隐匿。小人：普通百姓。攸：所。箴：规劝。 ❹众：指众贵族。悉：全。庭：朝廷，廷堂。

【原 文】

王若曰[1]："格汝众[2]！予告汝训汝，猷黜乃心[3]，无傲从康[4]。古我先王，亦惟图任旧人共政[5]。王播告之修[6]，不匿厥指[7]，王用丕钦[8]。罔有逸言[9]，民用丕变[10]，今汝聒聒[11]，起信险肤[12]，予弗知乃所讼[13]！

"非予自荒兹德[14]，惟汝含德[15]，不惕予一人[16]。

【译 文】

王如此说："过来，你们大家！我要告诫你们，教导你们。你们要责贬自己的心思，不要傲慢，不要安逸。以前我们的先王，也是一心考虑任用旧臣，与他们共商国政。所以先王发布的政令，他们不折不扣地执行，先王因此也很尊重他们。他们没有越轨之言，民风因此也为之大变。如今你们聒聒喧争，沉溺于隐含危险的表面上的安宁，我不知道你们所争的是什么！

"不是我自己要废弃这种任用旧臣的

予若观火，予亦拙谋作[17]，乃逸[18]。若网在纲[19]，有条而不紊[20]；若农服田[21]，力穑乃亦有秋[22]。汝克黜乃心[23]，施实德于民[24]，至于婚友[25]，丕乃敢大言汝有积德[26]。乃不畏戎毒于远迩[27]，惰农自安[28]，不昏作劳[29]，不服田亩，越其罔有黍稷[30]。

"汝不和吉言于百姓[31]，惟汝自生毒[32]，乃败祸奸宄[33]，以自灾于厥身[34]。乃既先恶于民，乃奉其恫[35]，汝悔身何及？相时憸民[36]，犹胥顾于箴言[37]，其发有逸口[38]，矧予制乃短长之命[39]？汝曷弗告朕[40]，而胥动以浮言[41]，恐沈于众[42]？若火之燎于原[43]，不可向迩，其犹可扑灭？则惟汝众自作弗靖[44]，非予有咎[45]。

美德，而是你们藏着德，不愿意献给我。对此，我就像观火一样，看得非常明白。也是因为我拙于谋略，所以你们才敢放肆。网连在了纲上，才会有条不紊；农夫种地用力收获，才会有收成。而现在你们大家都没有做到。如果你们能够自斥心思，给百姓乃至于姻亲、朋友施以实惠，那样才能说自己有德的大话，否则不敢说。现在你们不害怕随时可能发生的大灾害，这就像懒惰的农夫，他们自行安逸，不努力劳作，不管田地，因此也就不会有粮食。

"你们不附和我向百姓讲好话，只是自己向百姓讲有毒害的话。败坏政事，祸害百姓，为奸作乱，搬起石头砸自己的脚。如果先被百姓厌恶，最后就要承受他们所给的痛苦，到时候你们后悔怎么来得及？看那些小民，犹能互相听从规劝，不该说的话不说，何况我控制着你们的性命，你们说话怎么敢放肆？你们为何不直接告诉我，而用流言煽动、恐吓、蛊惑百姓？就像烈火，一旦燎原，就无法靠近，难道还可以扑灭吗？所以，这是你们众人自己制造不安，而不是我有过失。

注释

❶若：如此。 ❷格：至，来。汝：承上指"众"。 ❸训：教。猷：同"尤"，过，责。黜：贬，降。 ❹无：同"毋"。傲：傲慢。从：同"纵"，放

纵。康：安逸。 ❺图：谋。任：任用。旧人：旧臣，老臣。 ❻播：布。修：善，美好。 ❼不匿：指“旧人”言。指：旨意。 ❽用：因此。丕：大。钦：敬。 ❾逸言：放荡、越轨之言。逸，过。 ❿变：指风气。 ⓫聒（guō）聒：喧争的样子。 ⓬起信：犹信赖。起，举。险：危险。指居河南旧都。肤：表，指表面上的安宁与便适。 ⓭讼：事。 ⓮荒：废。兹：此。 ⓯含德：犹言包藏祸心，别有用心。含，犹藏。德，指目的。 ⓰惕：同“施”，加、给。予一人：商王自称。 ⓱拙：笨，不巧。谋作：谋略。 ⓲逸：放纵，放荡。 ⓳纲：提网的大绳。 ⓴紊：乱。 ㉑服：事，治。 ㉒力：用力。穑：收庄稼。秋：秋收。 ㉓克：能。黜：退，减。 ㉔施：加。实德：犹实惠。 ㉕婚友：姻亲及朋友。 ㉖丕乃：于是，才。积：犹“多”。 ㉗乃：犹“若”。戎：大。毒：害，大害。指黄河水害。远迩：远近。 ㉘惰农：懒惰的农夫。 ㉙昏：通“暋”，勉力。 ㉚越：犹“乃”。 ㉛和（hè）：附和。吉言：指盘庚的话。 ㉜毒：害，指有害的话。 ㉝败：败坏。祸：祸害。奸宄（guǐ）：内外作乱。 ㉞自灾于厥身：自我招致灾祸。 ㉟乃：若。恶（wù）：厌恶。奉：受。恫（tōng）：痛。 ㊱相：视。时：此。憸（xiān）：同“纤”，小。 ㊲胥：相。箴言：规劝的话。 ㊳发：发言，说话。逸口：避免说话、不说话。逸，逃。 ㊴矧：何况。制：控制。 ㊵曷：何。告：直接告诉。 ㊶胥：相。浮言：无根之言。 ㊷恐：恐吓。沈：蛊惑。 ㊸燎：燃烧。 ㊹向迩：靠近。迩，近。靖：安。 ㊺咎：过。

【原 文】

“迟任有言曰[①]：‘人惟求旧[②]；器非求旧，惟新。’古我先王暨乃祖乃父胥及逸勤[③]，予敢动用非罚[④]？世选尔劳[⑤]，予不掩尔善[⑥]。兹予

【译 文】

“迟任说过：‘人只求旧；器不求旧，只求新。’过去我的先王与你们的父辈祖辈有福同享，有难同当，所以我怎敢对你们动用不恰当的惩罚？计算你们世世代代所建立的功劳，我不会掩盖你们的长处。因此我大祭先王的时候，也

大享于先王[7]，尔祖其从与享之[8]。作福作灾[9]，予亦不敢动用非德[10]。

“予告汝于难[11]，若射之有志[12]。汝无老侮成人[13]，无弱孤有幼[14]。各长于厥居[15]，勉出乃力[16]，听予一人之作猷[17]。无有远迩，用罪伐厥死[18]，用德彰厥善。邦之臧[19]，惟汝众；邦之不臧，惟予一人有佚罚[20]。

“凡尔众，其惟致告[21]：自今至于后日，各恭尔事[22]，齐乃位[23]，度乃口[24]。罚及尔身，弗可悔！”

让你们的祖先跟着受享。但是，即使我能够给人制造幸福，我也不敢对你们行用不恰当的赏赐。

“我告诉你们灾难，这是有的放矢，不是无中生有。你们不要嫌他们老，或轻慢年纪大的人，也不要看不起或孤立年纪小的人。你们各自都要安心长期住在这里，努力付出你们的劳动，听从我一个人出谋划策。不管是现在还是将来，我都会用刑罚惩治他的恶，用赏赐表彰他的善。国家的兴盛，就在你们众人身上；国家不兴盛，只能怪我有失惩罚。

“希望你们众人都好好想一想我的告诫。从今往后，你们要各敬其事，各称其职，各闭其口！如果等惩罚到你们身上，后悔就来不及了！”

注释

❶迟任：人名，上古贤人。 ❷惟：只。 ❸胥及：相与，一起。逸：安逸。勤：勤劳。 ❹非罚：不恰当的惩罚。 ❺选：同“算”，数。劳：功劳。 ❻掩：掩盖。 ❼兹：因此。享：祭。 ❽与：参与，一起。 ❾作：造。 ❿非德：不恰当的赏赐。德，指赏赐。 ⓫于：以。 ⓬志：标识，即箭靶。 ⓭老：以为老。侮：轻慢。成人：年长之人。 ⓮弱：看不起。孤：孤立。有：词头。幼：少年。 ⓯长：长久。 ⓰勉：尽力，努力。 ⓱猷：谋。 ⓲罪：指刑罚。伐：同“罚”。死：犹恶。 ⓳臧：善，美。 ⓴佚：失。 ㉑惟：思。致告：告诫。 ㉒恭：敬。 ㉓齐乃位：犹言称职。齐，平。位，职位。 ㉔度：同“敷”，闭。

盘庚（中）

题解

此篇记迁殷前盘庚训告民众之辞，当为上篇。今文、古文皆有。

【原 文】

盘庚作[①]，惟涉河以民迁[②]。乃话民之弗率[③]，诞告用亶[④]。其有众咸造[⑤]，勿亵在王庭[⑥]。盘庚乃登进厥民[⑦]，曰：

“明听朕言[⑧]，无荒失朕命[⑨]！呜呼！古我前后[⑩]，罔不惟民之承保[⑪]。后胥戚鲜[⑫]，以不浮于天时[⑬]。殷降大虐[⑭]，先王不怀厥攸作[⑮]，视民利用迁[⑯]。汝曷弗念我古后之闻[⑰]？承汝俾汝[⑱]，惟喜康共[⑲]，非汝有咎比于罚[⑳]。予若吁怀兹新邑[㉑]，亦

【译 文】

盘庚继位当上国君以后，想率领百姓渡过黄河迁都于殷，于是就集合不赞同迁都的人，以至诚之心训告他们。那些人到了，惶惶不安地站在王宫前的院子里。盘庚让他们上台阶进宫，对他们说：

“都仔细听我的话，不要荒废轻忽我的命令！啊！以前我们的先王们，没有一个不爱护百姓的。他们的忧患意识都很鲜明，为的是不受天灾。一旦商人有了大灾，先王们就不留恋他们所营建的旧都，看什么地方对百姓有利就迁到什么地方。你们为什么不想想我们先王的智慧？我爱护你们，役使你们，为的是与你们共享欢乐与康宁，并非因为你们有过错而惩罚你们。我如果呼吁你们安居在新都，也是为

惟汝故，以丕从厥志[22]。

了你们，使你们最终能满足自己的心愿。

注释

❶作：立。 ❷惟：思。以：率。 ❸话：同“会”。率：循，遵从。 ❹诞：大。用：以。亶：诚。 ❺咸：皆。造：至。 ❻勿亵：双声联绵词，同“杌陧”，也作“忽媟”，不安的样子。王庭：王宫前的院子。 ❼登进：使动用法，使之登堂入室。登，升。 ❽明：清楚。 ❾无：同“毋”。荒：废。失：同“佚”，轻忽。 ❿前后：先君，先王。 ⓫承保：犹言爱护。承，捧。 ⓬胥：同“悉”，皆。戚：忧患。鲜：明。 ⓭浮：同“罚”，受罚。天时：指天灾。 ⓮殷：指商。此后人追记，故言殷。大虐：大灾。 ⓯怀：留恋。攸作：所建造，指都城。 ⓰用：以，而。 ⓱曷：何。念：思。闻：智。 ⓲承：承前指“承保”，爱护。俾：使。 ⓳惟：为。喜康共：犹言“共喜康”。康，安宁。共，共同。 ⓴咎：过。比：相比拟。 ㉑若：如果。吁：呼。怀：归，安。兹新邑：指将迁之殷。 ㉒丕：大。从：遂，顺。厥：其，承上指“汝”。

【原文】

“今予将试以汝迁[1]，安定厥邦。汝不忧朕心之攸困[2]，乃咸大不宣乃心[3]，钦念以忱动予一人[4]，尔惟自鞠自苦[5]，若乘舟，汝弗济[6]，臭厥载[7]。尔忱不属[8]，惟胥以沈[9]。不其或稽[10]，自怒曷瘳[11]？汝不谋长以思乃灾[12]，

【译文】

“现在我将尝试率领你们迁都，来安定我们的国家。你们不理解我的苦衷，都大惑不解。不想着用诚心来打动我，却只是自寻烦恼，自钻死胡同。就好比乘船，你们不设法渡过去，却让船上的东西腐朽。你们的诚信不著，只会全部沉没，一个也不会留下。到时候你们自己怨恨也无法挽救。你们不往长远考虑，

汝诞劝忧[13]。今其有今罔后[14]，汝何生在上[15]？

“今予命汝一无起秽以自臭[16]，恐人倚乃身[17]，迂乃心[18]。予迓续乃命于天[19]。予岂汝威[20]，用奉畜汝众[21]。

想想以后的灾难，却安于忧患。这将会有今天没明天，你们还怎么能活在世上？

“现在我命令你们一概不要扬秽自污，怕人靠你们的身子，迂曲了你们的心。我是从天上迎受并延续你们的性命。我哪里是威胁你们，而是为了奉养你们。

注释

❶试：尝试。 ❷忧：担忧。困：苦。 ❸宣：畅。 ❹忱：诚信。动：感。 ❺尔：一作“乃”，当是。鞠：同“鞫”，穷、止。 ❻济：渡。 ❼臭：朽。 ❽忱：诚信。属：同“著”。 ❾胥：皆。沈：没。 ❿或：有。稽：留。 ⓫怒：怨恨。瘳（chōu）：病愈。 ⓬长：长远。 ⓭诞：大。劝：勉，乐。 ⓮罔：无。 ⓯上：世上。 ⓰一：全。起：犹“生”。秽：污秽。 ⓱恐：恐怕。倚：靠。 ⓲迂：曲。 ⓳迓（yà）：迎。 ⓴威：威胁。 ㉑畜：养。

【原 文】

“予念我先神后之劳尔先[1]，予丕克羞尔[2]，用怀尔[3]。然失于政，陈于兹[4]。高后丕乃崇降罪疾[5]，曰：‘曷虐朕民[6]？’汝万民乃不生生[7]，暨予一人猷同心[8]，先后丕降与汝罪疾[9]，曰：‘曷不暨朕幼孙有比[10]？’故有爽德[11]，自上

【译 文】

“念在我们神圣的先王劳累了你们祖先的分上，所以我不能羞辱你们，而要保护你们。然而由于政事失误，所以才长期滞留在这里。先君这才降下重罪，说：‘为何虐待我的臣民？’而你们万民百姓却不知谋生存，与我同谋出路。先王这才给你们降罪，说：‘为何不与我的小孙子相亲？’所以，一旦有失德，先王就会从上惩罚你们，你们不

其罚汝，汝罔能迪[12]。

“古我先后既劳乃祖乃父，汝共作我畜民[13]。汝有戕则在乃心[14]，我先后绥乃祖乃父[15]，乃祖乃父乃断弃汝[16]，不救乃死。兹予有乱政同位，具乃贝玉[17]。乃祖乃父丕乃告我高后曰[18]：‘作丕刑于朕孙[19]！’迪高后[20]，丕乃崇降弗祥[21]。

能逃脱。

“以前我的先王们已经劳累了你们的先祖先父，你们也同样是我的人民。如果你们有了害君之心，我的先王就会劝阻你们的先祖先父，让他们不再保佑你们。你们的先祖先父就会抛弃你们，不救你们。现在我有乱政之臣在位，他们为自己积聚钱贝金玉。你们的先祖先父这才告诉我先君说：‘给我们的子孙用大刑！’是他们启导我的先君，我先君这才给你们降下重灾。

注释

❶神后：神圣的君主。劳：辛劳。　❷丕：当作“不”。孙星衍云：“一作‘不’。”克：能。羞：羞辱。　❸用：以，而。怀：怀抱，喻保护。　❹陈：久。兹：指都城。　❺高后：先君。丕乃：于是才。崇：重。罪疾：罪，祸。❻曷：何。　❼乃：却。生生：营其生，谋生存。　❽暨：与，和。猷：谋。❾丕：承前指丕乃，于是才。　❿幼孙：指盘庚。比：并，亲。　⓫爽：同“伤”，失。　⓬罔：无。迪：溜掉，逃脱。　⓭共：同。畜：同“蓄”，有。⓮戕则：害君之心。戕（qiāng），残害。则，同“贼”。　⓯绥：止，却。说见《国语》注及《左传·文公十二年》疏引旧说。　⓰断弃：抛弃。　⓱兹：犹今。乱政：指乱政之臣。同位：在位。具：备。贝玉：钱财。　⓲乃父：旧作“先父”，从诸本改。丕乃：于是才。高后：同“圣后”，英明的先王。　⓳丕刑：大刑。　⓴迪：导，启发。　㉑丕乃：这才。崇：重。弗祥：灾祸。

【原文】

“呜呼！今予告汝：不易[1]！永敬大恤[2]，无胥绝远[3]！汝分猷念以相从[4]，各设中于乃心[5]。乃有不吉不迪[6]，颠越不恭[7]，暂遇奸宄[8]，我乃劓殄灭之[7]，无遗育[10]，无俾易种于兹新邑[11]。

“往哉，生生[12]！今予将试以汝迁，永建乃家。”

【译文】

“啊！现在我告诉你们：不迁都，就要永远警惕大患，不得安宁。所以你们应当考虑随我迁移，不要隔绝远离。各人心里都要想着和衷共济。如果有人不善不从，狂傲不恭，或者奸诈不轨，我就会灭绝他，不留后代，不让他的种子延续到新都城。

“走吧，去谋生路吧！现在我准备率领你们迁移，建立你们永久的家园。”

注释

❶易：指易居，即迁都。 ❷敬：同“警”，警惕。恤：忧患。 ❸胥：相。绝远：隔绝远离，即不随迁。 ❹分：当。说见《文选》李善注。猷：谋。按：上二句倒装。 ❺设：犹含、怀。中：和，和衷共济。 ❻乃：若。吉：善。迪：蹈，从。 ❼颠越：狂傲。颠，同“癫”，狂。 ❽暂：同“诈”，声相近。遇：同“偶”，不正。奸宄（guǐ）：作乱。 ❾劓：断。殄（tiǎn）：灭绝。 ❿育：“胄”（zhòu）字之误，后代。 ⓫俾：使。易：同“延”。 ⓬生生：谋生，谋后路。

盘庚（下）

题解

此下篇，记迁殷后盘庚布告、安抚诸侯及百官的话。今文、古文皆有。

【原文】

盘庚既迁，奠厥攸居[1]，乃正厥位[2]，绥爰有众[3]，曰：

“无戏怠[4]，懋建大命[5]！今予其敷心腹肾肠[6]，历告尔百姓于朕志[7]。罔罪尔众[8]，尔无共怒[9]，协比谗言予一人[10]。

“古我先王将多于前功[11]，适于山[12]，用降我凶[13]，德嘉绩于朕邦[14]。今我民用荡析离居[15]，罔有定极[16]。尔谓朕曷震动万民以迁[17]？肆上帝将复我高祖之

【译文】

盘庚迁到殷以后，定下了臣民居住的地方，就辨方向，确定宗庙朝廷的方位。然后安抚众人说：

“从现在起，不要嬉戏懈怠了！要努力建设我们的国家。现在我要推心置腹地把我的心意布告给你们贵族百姓。我不怪罪你们众人，你们也不要恨我，不要勾结在一起说我的坏话。

“以前我们的先王为了建立比前人更多的功业，迁到山区高地，以减轻我们的水害，从而为我们国家立下了值得赞美的功绩。现在我们的百姓又因大水漂荡而分离析居，没有了最终的定居地。而你们却说我为什么要大动万民迁都？因为现在上天要复兴我们高祖的美德，治理好我们的

德[18]，乱越我家[19]。朕及笃敬[20]，恭承民命[21]，用永地于新邑[22]。肆予冲人[23]，非废厥谋[24]，吊由灵各[25]。非敢违卜，用宏兹贲[26]。

国家。所以我及时地笃敬天命，拯救百姓，使他们能永久地住在新都。现在也并非我这个年轻人要废弃你们众人的意见，而且这种迁都的嘉谋来自灵龟。我不敢违背用它所做的占卜，而要用它光大这美好的事业，在新都进一步发展。

注释

❶奠：定。攸：所。居：居处，宅里。❷正：辨正方向。位：宗庙朝廷之位。❸绥：安。爰：于。有：名词词头。众：属众。❹无：同“毋”。戏：嬉戏。❺懋：勉，努力。建：建设。大命：指国家。❻敷：布。心腹肾肠：指内心深处。❼历：遍。于：以。志：心意。❽罔：无，不。罪：致罪。❾无：同“毋”。共：同。怒：当作“怨”，恨。❿协比：勾结一起。谗言：说别人坏话。⓫将：想要。多：超过。前功：前人之功。⓬适：往、去。⓭用：以。降：减。凶：灾。⓮德：升。嘉绩：大功。⓯用：因。荡：漂荡。析：分散。⓰极：终极。⓱曷：何。震动：大动。⓲肆：今。复：复兴。高祖：成汤。⓳乱：治。越：于。⓴及：及时。笃：厚，深。㉑恭：敬。承：奉持，拯救。㉒用：以。地：居住。㉓肆：今。冲：读为“童”。㉔厥谋：其谋，指众人之谋。㉕吊：古“叔”字之误，善。灵：指龟。各：同“格”，来。㉖宏：大。贲（bì）：美。

【原文】

“呜呼！邦伯、师长、百执事之人[①]：尚皆隐哉[②]！予其懋简相尔念

【译文】

“啊呀！各位邦国的君长、民众的长官以及负责具体事务的人员：希望你们都好好想一想！我将认真检查你们是否顾念怜悯我的民众。我不会任用贪财好货之人，但我愿

敬我众[3]。朕不肩好货[4]，敢恭生生[5]。鞠人谋人之保居[6]，叙钦[7]。今我既羞告尔于朕志若否[8]，罔有弗钦！无总于货宝[9]，生生自庸[10]。式敷民德[11]，永肩一心[12]。”

意举用自谋生存的人。所以，凡是能够养护民众、考虑民众安居乐业的人，我都会依次尊重任用他们。现在我已经把我心里所赞成与所反对的全都告诉了你们，希望都能重视。希望你们不要聚敛财宝，要自力更生，生产自用。要向百姓布施恩德，永怀一颗爱民之心。”

注释

❶邦伯：邦国之君长。师：众。执事：负责具体事务。 ❷尚：表示希望的副词。隐：同“意”，思、度。 ❸懋：勉，努力。简：检阅，检查。相：视。念：顾念。敬：同“矜”，怜悯。 ❹肩：任。好货：贪财。 ❺敢：犹“愿”。恭：奉，举用。生生：谋生。 ❻鞠：养。保：安。 ❼叙：依次。钦：敬，指任用。 ❽羞：进。若：顺，指赞成。 ❾总：聚敛。 ❿庸：用。 ⓫式：用。敷：布，施。 ⓬肩：任，存。一心：指爱民之心。

说命（上）

题解

说，读同“悦”，人名。命，任命、诰命。记命说及说受命之事，故曰《说命》。共三篇，此为上篇，记武丁得说经过及始命说之辞。今文无，古文有。

【原 文】

高宗梦得说①，使百工营求诸野②，得诸傅岩③——作《说命》三篇。

（此为序）

【译 文】

高宗梦见得到一个叫说的贤人，让百官们到民间去找，最后在傅岩找到了他——记此事，作了《说命》上、中、下三篇。

注释

❶高宗：指殷高宗，名武丁，汤十一世孙，继小乙（盘庚弟）为商第二十三代君，以德高而被尊为高宗。 ❷百工：百官。营：谋。诸：“之于”合音。野：民间。 ❸傅岩：地名，在今山西平陆。

【原文】

王宅忧[1]，亮阴三祀[2]。既免丧[3]，其惟弗言。群臣咸谏于王曰："呜呼！知之曰明哲[4]，明哲实作则[5]。天子惟君万邦[6]，百官承式[7]。王言，惟作命[8]；不言，臣下罔攸禀令[9]。"

【译文】

商王武丁居丧，在低矮的茅庐里住了三年。除丧以后，因为他不说话，群臣都劝谏他说："啊！知晓事物叫明哲，明哲就能做法则。天子做万国的君主，百官仰承法式。所以，王说话，就是发政令；不说话，臣下将无所听命。"

注释

❶王：指武丁。宅：居，处。忧：父母的丧事。 ❷亮阴：同"梁闇"，古音同。亦作"谅阴""谅闇"，皆借字。本指低矮的茅棚，此作动词，所谓居倚庐。梁，屋梁。闇，不明亮。 ❸免：除。 ❹惟：同"为"，因。知：知晓。明哲：聪明有智慧。 ❺实：实际，就能。则：法则。 ❻惟：同"为"。万邦：万国。 ❼式：法式。 ❽惟：同"为"，是。命：命令，政令。 ❾罔：无。攸：所。禀：受。

【原文】

王庸作书以诰[1]，曰："以台正于四方[2]，台恐德弗类[3]，兹故弗言。恭默思道[4]，梦帝赉予良弼[5]，其代予言。"乃审厥象[6]，俾以形旁求于天下[7]。说

【译文】

武丁于是写书信诏告群臣说："因为我要做四方的表率，我担心德行不佳，所以不说话。我虔敬地默默思考治理天下的方法，梦见上天赐给我一个好辅臣，他将代我说话。"于是就把梦中辅臣的形象仔细描画下来，让人用画像到天下各地广泛寻找。说正在民间一个叫傅岩的地方筑墙，长相与画像

筑傅岩之野[8]，惟肖[9]，爰立作相[10]。王置诸其左右[11]，命之曰：

十分相像。于是武丁就把他立为相，安置在自己身边，并诰命他说：

注释

❶庸：同“用”，因此。作书：写成书面文字。诰：帝王的命令。 ❷以：因。台（yí）：第一人称代词，同“予”，我。正：为正，做表率。 ❸类：善。 ❹道：治天下之道。 ❺帝：上天，天帝。赉（lài）：赏赐。弼：辅臣。 ❻审：详审，仔细弄清楚。象：形象。 ❼俾：使。旁：广。 ❽筑：夯土墙。 ❾肖：相似。 ❿爰：乃，于是就。相：冢宰。 ⓫置：安置。左右：指身边。

【原文】

“朝夕纳诲[1]，以辅台德[2]。若金[3]，用汝作砺[4]；若济巨川[5]，用汝作舟楫[6]；若岁大旱[7]，用汝作霖雨[8]。启乃心[9]，沃朕心[10]。若药，弗瞑眩[11]，厥疾弗瘳[12]；若跣[13]，弗视地，厥足用伤[14]。惟暨乃僚[15]，罔不同心，以匡乃辟[16]。俾率先王[17]，迪我高后[18]，以康兆民[19]。呜呼！钦予时命[20]，其惟有终[21]。”

【译文】

“早晚进谏，以帮助提高我的德行。就像刀器，我要用你做磨刀石；就像渡大河，我要用你做船和船桨；就像久旱不雨，我要用你做连阴雨。打开你的心扉，浇灌我的心灵。就像药，如果不能苦到使人服后两眼紧闭发黑，病就不能治愈。就像光脚走路，如果不看地上，脚就会受伤。希望你与你的同僚齐心协力，来匡正你的君主，使他能遵循先王的遗德，踩着我高祖成汤的足迹，使全体人民得到康乐。啊呀！重视我的这个命令，就会有好的结果。”

注释

❶纳：进。诲：教。 ❷辅：助。台（yí）：我。 ❸金：金属，指刃器。 ❹砺：磨刀石。 ❺济：渡。 ❻楫：船桨。 ❼岁：岁时，天。 ❽霖雨：连阴雨。 ❾启：开启，开动。 ❿沃：浇灌。 ⓫瞑（míng）眩：服苦药以后的面部表情，两眼紧闭。 ⓬瘳（chōu）：愈。 ⓭跣（xiǎn）：赤脚走路。 ⓮用：以。 ⓯惟：希望。暨：及，与。僚：官。 ⓰匡：正。辟：君。 ⓱俾：使。率：循。 ⓲迪：蹈。高后：犹“高祖”，指成汤。 ⓳康：使之康乐。兆：十万为亿，十亿为兆。 ⓴钦：敬，重。时：同“是”，此。 ㉑惟：犹“乃”。终：善终。

【原文】

说复于王曰①：“惟木从绳则正②，后从谏则圣③。后克圣④，臣不命其承⑤，畴敢不祗若王之休命⑥？”

【译文】

傅说回答武丁说：“木材接受绳墨就能平正，君主听从劝谏就会明圣。君主如果明圣，臣下不等命令就能接受命令。那样，谁还敢不敬顺您美好的号令呢？”

注释

❶复：回答。 ❷惟：句首语气词。绳：墨线。 ❸后：君。 ❹克：能。 ❺其：犹“而”。承：接受。 ❻畴：谁。祗：敬。若：顺。休：美。

说命（中）

题解

此中篇，主要记傅说对武丁的进言。今文无，古文有。

【原 文】

惟说命总百官[①]，乃进于王曰[②]："呜呼！明王奉若天道[③]，建邦设都[④]，树后王君公[⑤]，承以大夫师长[⑥]，不惟逸豫[⑦]，惟以乱民[⑧]。

"惟天聪明[⑨]，惟圣时宪[⑩]。惟臣钦若[⑪]，惟民从乂[⑫]。惟口起羞[⑬]，惟甲胄起戎[⑭]。惟衣裳在笥[⑮]，惟干戈省厥躬[⑯]。王惟戒兹[⑰]，允兹克明[⑱]，乃罔不休[⑲]。

【译 文】

傅说受命总理百官，就向武丁进言说："啊呀！英明的君王接受并顺从天命，建邦国，设都城，立诸侯，下设大夫及各级官员，不是为了让他们安逸享乐，而是为了让他们治理百姓。

"上天耳最聪，目最明，圣明的君主效法它。臣子恭敬地顺从君主，百姓便随之得到治理。说话能带来羞辱，甲胄会引起战争。礼服藏在竹箱里，武器藏在武库里，要察看服用他的人能否胜任合适，然后发给他。大王如果能够戒备，并英明地掌握运用这些，就没有不吉祥如意的。

注释

❶惟：句首语气词。命：受命。总：统领。 ❷进：进言。 ❸若：顺。 ❹建：建立。邦：邦国。 ❺树：立。后王君公：泛指各级诸侯。后，君。 ❻师长：泛指各级官吏。师，众。 ❼惟：同“为”。逸豫：安逸。 ❽乱：治。 ❾惟：句首语气词。下同。 ❿时：同“是”，此，指天之聪明。宪：法。 ⓫钦若：敬顺。 ⓬从：随。乂（yì）：治理，安定。 ⓭起：产生，带来。羞：辱。 ⓮甲胄：铠甲头盔。戎：战争。 ⓯衣裳：指官服礼服，代爵位。笥（sì）：竹箱。 ⓰干戈：兵器。省（xǐng）：察。躬：身，本人。 ⓱戒：警戒，戒备。 ⓲允：用。克：能。 ⓳休：美，善。

【原 文】

“惟治乱在庶官①。官不及私昵②，惟其能③；爵罔及恶德④，惟其贤。虑善以动⑤，动惟厥时⑥。有其善⑦，丧厥善；矜其能⑧，丧厥功。惟事事⑨，乃其有备⑩；有备无患⑪。无启宠纳侮⑫，无耻过作非⑬。惟厥攸居⑭，政事惟醇⑮。黩于祭祀⑯，时谓弗钦⑰。礼烦则乱⑱，事神则难⑲。”

【译 文】

“国家的治乱，取决于众官员的好坏。所以，封官不能看他与自己的私人关系是否亲密，只能看他是否有才能；爵位不能赐给品德不好的人，只能赐给贤者。考虑成熟以后再行动，行动还要把握好时机。做了好事老挂在嘴上，最终会变成坏事；夸耀自己的才能，最终会失掉应有的功劳。只有脚踏实地地做事，才会为自己奠定基础，就像事前有了准备。有了准备，就没有后患。不要开宠幸的口子，不要容忍轻慢不敬，不要耻于承认错误耻辱而做不对的事情。对自己的一举一动都加以思考，政事才会纯真。亵渎祭祀，这叫不敬。礼仪烦琐，就会乱套，祭祀鬼神就困难了。”

注释

❶惟：句首语气词。庶：众。 ❷官：封官。及：到。私：个人。昵：亲昵，关系好。 ❸惟：只。 ❹爵：拜爵。罔：无。恶德：品德不好的人。 ❺虑善：考虑成熟。以：而。 ❻惟：于。厥时：恰当的时机。 ❼有：自有，自以为。 ❽矜（jīn）：夸耀。 ❾惟：只有。事事：做事。 ❿备：预备，准备。⓫无：同“毋”，不要。 ⓬启：开。宠：宠幸。纳：接纳，容忍。侮：轻慢。⓭耻：以为耻。意动用法。作：行。 ⓮惟：思。攸居：指举止。攸，所。⓯准：乃。醇（chún）：同“纯”，纯真、美好。 ⓰黩（dú）：轻慢，亵渎。⓱时：此。钦：敬。 ⓲礼：礼仪。 ⓳难：困难。

【原 文】

王曰：“旨哉[①]！说，乃言惟服[②]。乃不良于言[③]，予罔闻于行。”

说拜稽首曰：“非知之艰[④]，行之惟艰。王忱不艰[⑤]，允协于先王成德[⑥]。惟说不言[⑦]，有厥咎[⑧]。”

【译 文】

武丁说：“好啊！傅说，我信服你的话。你不讲这些良言，我真不知道如何去做。”

傅说行叩拜大礼道：“不是知道它难，而是做到它难。大王如果真不以为做到难，那确实是符合了先王的成德。我若不讲，就有罪了。”

注释

❶旨：甜，美。 ❷惟：犹“是”，宾语前置的标志。服：信服，佩服。❸良：嘉，美。 ❹艰：难。 ❺忱：诚，真心。不艰：不以为艰。 ❻允：诚，真实、确实。协：合。成德：已有之德。 ❼惟：犹“若”。 ❽咎：罪过。

说命（下）

题解

此下篇，记武丁、傅说君臣互勉的对话及武丁对傅说的期望，即所谓“命”。今文无，古文有。

【原 文】

王曰：“来！汝说。台小子旧学于甘盘[①]，既乃遁于荒野[②]，入宅于河[③]。自河徂亳[④]，暨厥终罔显[⑤]。尔惟训于朕志[⑥]。若作酒醴[⑦]，尔惟曲糵[⑧]；若作和羹[⑨]，尔惟盐梅[⑩]。尔交修予[⑪]，罔予弃，予惟克迈乃训[⑫]。”

【译 文】

武丁说：“你来！傅说。我小时候跟着甘盘学习，后来逃避到民间，再后来又住进黄河里面的小岛上。又从黄河去到亳都，始终没有开化。是你从思想深处教育了我。好比酿酒，你就是酒曲；好比调汤，你就是盐醋。你从多方面教育、修正我，不抛弃我，我想我能够遵从你的训教。”

注释

❶台（yí）小子：武丁自称。甘盘：殷贤臣名。 ❷遁：逃避。 ❸入宅于河：住在黄河中的小岛上。宅，居。河，黄河。 ❹徂（cú）：往。亳：地名，

在今河南洛阳偃师区。 ❺暨：及。显：明，开化。 ❻训：教。志：心。 ❼醴（lǐ）：甜酒。 ❽曲：酵母。蘖（niè）：酒母。 ❾和：调和。羹（gēng）：肉汤。 ❿梅：酸物，相当于醋。 ⓫交：交互，多方面。修：修整，教育。 ⓬惟：思。克：同，能"堪"。迈：行。

【原 文】

说曰："王：人求多闻，时惟建事[1]，学于古训乃有获[2]。事不师古[3]，以克永世[4]，匪说攸闻[5]。惟学逊志[6]，务时敏[7]，厥修乃来[8]。允怀于兹[9]，道积于厥躬[10]。惟敩学半[11]，念终始典于学[12]，厥德修罔觉[13]。监于先王成宪，其永无愆[14]。惟说式克钦承[15]，旁招俊乂[16]，列于庶位[17]。"

【译 文】

傅说说："大王：人求多闻，是为了成就事业。学习古人的遗训，才能有心得。做事不师法古人而能久立于世的，我还没有听说过。只有学习抑制自己的思想，致力于勤勉努力，好品德才会到来。诚心诚意地想着它，道德就会积累在自己身上。教与学各占一半。心里边始终重视学习，品德修养形成了也未察觉。以先王的成法为镜子，将会永远没有过失。那样，我才能敬受王命，广招俊杰，把他们安排到各个位子上去。"

注 释

❶时：是。惟：为。建：立。 ❷古训：古昔之遗训。获：得。 ❸师：以为师。 ❹克：能。永：久。 ❺匪：同"非"。攸：所。 ❻惟：只有。逊：谦抑。 ❼务：致力。时：此。敏：勉，勤勉。 ❽修：修养。 ❾允：诚。怀：想。兹：同"此"。 ❿道：道德。躬：身。 ⓫惟：句首语气词。敩（xiào）：教。 ⓬念：念头，心思。典：主。 ⓭修：美，善。觉：感觉。 ⓮监：同"鉴"，鉴视、对照。宪：法。愆（qiān）：过。 ⓯式：用，乃。克：

能。钦：敬。承：受。 ⓰旁：广。俊乂：才德出众之人。 ⓱列于：列之于。庶：众。位：官位。

【原 文】

王曰："呜呼！说：四海之内咸仰朕德①，时乃风②。股肱惟人③，良臣惟圣。昔先正保衡作我先王④，乃曰：'予弗克俾厥后惟尧舜⑤，其心愧耻，若挞于市⑥。'一夫不获⑦，则曰：'时予之辜⑧。'佑我烈祖⑨，格于皇天⑩。尔尚明保予⑪，罔俾阿衡专美有商⑫。惟后非贤不乂⑬，惟贤非后不食⑭。其尔克绍乃辟于先王⑮，永绥民⑯。"

说拜稽首曰："敢对扬天子休命⑰！"

【译 文】

武丁说："啊呀！傅说：天下人都景仰我的品德，这是你感化教育的结果。有腿有臂，方为完人；有良臣，始为圣君。从前，先正阿衡保我们的先王成汤，并使之兴起，而他却说：'我不能使我的君主成为尧舜那样的圣君，心里的惭愧与耻辱就像在街市上被人抽打一样。'一个贤人得不到，他就说：'这是我的罪过。'他佑助我的先祖，功齐于天。希望你英明地保我，不要让阿衡一个人在殷商独享美名。君主没有贤臣不能治国，贤臣没有君主便无饭吃。希望你能使你的君主继承先王的美德，永远安抚百姓。"

傅说行跪拜大礼道："我大胆地接受并将弘扬天子的美命！"

注 释

❶咸：皆。仰：景仰。 ❷时：此。乃：汝。风：感化。 ❸股：腿。肱(gōng)：臂。 ❹正：长，长官。保衡：官名，此指汤之保衡伊尹。作：兴。先王：指成汤。 ❺克：能。俾：使。后：君。 ❻挞（tà)：抽打。市：街市。

❼获：得到。 ❽时：此。辜：罪。 ❾佑：佑助。烈祖：功绩显赫之先祖，指成汤。 ❿格：至，齐。 ⓫尔：汝。尚：表示希望。保：守。 ⓬阿衡：即保衡伊尹。专：独。 ⓭后：君。非：犹“无”。贤：贤臣。乂：治。 ⓮不食：犹“无食”。 ⓯其：表示希望的副词。克：能。绍：继承。辟：君。 ⓰绥：安。 ⓱对：答。扬：发扬，弘扬。休：美。

高宗肜日

题解

高宗，指殷高宗武丁。肜，音róng（戎），祭祀名。祭后第二天再祭谓之肜。高宗肜日，指祭高宗之肜日，即肜祭高宗之日。记肜祭高宗日之事，故名。序谓高宗祭成汤，非。此篇主要记祖己训导祖庚之辞，戒其正德、省祭。今文、古文皆有。

【原文】

高宗祭成汤，有飞雉升鼎耳而雊①，祖己训诸王②——作《高宗肜日》《高宗之训》。

（此为序）

【译文】

殷高宗武丁祭祀成汤，一只野鸡飞上了鼎耳并在上面伸长脖子鸣叫，祖己因此而训导于王——记此事，作了《高宗肜日》《高宗之训》两篇。

（按：凡序，皆据正文而作。此序以为高宗祭成汤，属误解正文。甲骨文肜日之上的人名皆指受祭的祖先，故序文应作“高宗肜日，有飞雉升鼎耳”云。）

注释

❶雉：野鸡。升：登。雊（gòu）：同“呴”，鼓翼伸颈而鸣。 ❷祖己：臣名，第二十四代商王祖庚族弟。训：训教。诸：之于。王：指祖庚，高宗武丁子。

【原 文】

高宗肜日，越有雊雉[①]。祖己曰："惟先格王[②]，正厥事。"乃训于王，曰：

"惟天监下民[③]，典厥义[④]。降年有永有不永[⑤]。非天夭民[⑥]，民中绝命[⑦]。民有不若德[⑧]，不听罪[⑨]。天既孚命正厥德[⑩]，乃曰：'其如台[⑪]？'

"呜呼！王司敬民[⑫]，罔非天胤[⑬]。典祀无丰于昵[⑭]。"

【译 文】

祖庚第二天又祭父亲高宗，有一只野鸡从高处飞下来，鼓起翅膀伸长脖子鸣叫。因为野鸡是殷人崇拜的神鸟，所以祖己说："这是为了先格正王身，修正王事。"于是便训诫祖庚说：

"上天监视下民，主管他们的'义'，要他们做应当做的事。上天降赐人同样的命，而有的人活得长，有的人却活得不长。并不是上天使有的人夭折短命，而是这些人做坏事中途自绝其命。有的人做坏事又不认错，上天已经降命正他的德，他却说：'能把我怎么样？'

"啊呀！大王嗣位敬民，无非是上天的安排。所以，举行祭奠，不要对父庙格外丰厚。"

注释

❶越有雊雉：即"有越雊雉"。越，坠，落。按：商人以鸟为图腾，故雉被视为神鸟。 ❷惟：为了。格：正。 ❸惟：句首语气词。监：视。 ❹典：主。义：宜。 ❺降年：赐年寿。永：久，长。 ❻夭：使夭折，短寿。 ❼中绝：中途断绝。 ❽若：善。 ❾听：服。 ❿孚：同"付"，给。熹平石经作"付"。 ⓫如台（yí）：如何。 ⓬司：同"嗣"，嗣位。 ⓭天胤：天所续。胤（yìn），续，继。 ⓮典祀：祭奠。丰：厚。昵（nì）：同"祢"，父庙。

高宗之训亡

题解

按：此篇正文亡，序与《高宗肜日》共。据序及《高宗肜日》，当记祖己述高宗之训以训祖庚事。

西伯戡黎

题解

西伯，周文王姬昌，受封为商西方诸侯之长，曰西伯。戡，音“勘”，杀、战胜。黎，国名，地在今山西壶关西南。事因西伯戡黎而起，故名。今文、古文皆有。

【原文】

殷始咎周①，周人乘黎②。祖伊恐③，奔告于受④——作《西伯戡黎》。

（此为序）

【译文】

殷人刚与周人产生不和而怪罪周人，周人又战胜了黎国。大臣祖伊感到惊恐，跑去报告纣王——记此事，作了《西伯戡黎》。

注释

❶咎：归罪，怪罪。 ❷乘：压服，战胜。 ❸祖伊：商王纣的大臣。 ❹受：即纣，古音同。

【原文】

西伯既戡黎[1]，祖伊恐，奔告于王[2]。曰："天子，天既讫我殷命[3]！格人元龟[4]，罔敢知吉[5]！非先王不相我后人[6]，惟王淫戏用自绝[7]。故天弃我，不有康食[8]。不虞天性[9]，不迪率典[10]。今我民罔弗欲丧[11]，曰：'天曷不降威[12]？大命不挚[13]？'今王其如台[14]？"

【译文】

西伯侯战胜了黎国，祖伊感到惊恐，从自己的封邑跑去，把消息报告了纣王。他对纣王说："天子：上天已经终止了我们殷人的大命！最聪明的人、最大的宝龟，也不能见到吉兆了！并非先王不佑助我们后人，而是因为你荒淫而自绝了天命。所以老天捐弃我们，不让我们安宁地吃饭了。都是因为你不考虑天威，不循常法的缘故。现在我们的百姓没有一个不想让你死的。他们说：'上天为什么不降威严？大命为什么不到？'现在你将怎样办？"

注释

❶既：已。 ❷王：指商王纣。 ❸讫：终止。命：天命。 ❹格人：即"至人"，犹圣人、贤人。格，至。元龟：大龟，卜卦重器。 ❺罔：无。敢：不能。知：犹见。吉：吉兆。 ❻相：佑助。 ❼淫戏：荒淫。用：以。 ❽康：宁。 ❾虞：度，考虑。天性：犹天威。 ❿迪：循。率：同"律"。典：常。 ⓫丧：亡。 ⓬曷：同"何"。 ⓭挚：同"至"。 ⓮如台（yí）：如何。

【原文】

王曰："呜呼！我生不有命在天[1]？"

祖伊反曰[2]："呜呼！乃

【译文】

纣王说："啊哈！我生来不是有命在天吗？"

祖伊反驳说："啊呀！你的罪多，都积累在天上。你能向天去讨命吗？殷

罪多[3]，参在上[4]，乃能责命于天[5]？殷之即丧[6]，指乃功[7]，不无戮于尔邦[8]！”

商走向灭亡，是上天指示你的‘功劳’，而且必定给整个国家带来杀戮之祸。”

注释

❶生：一生，生来。 ❷反：反驳。 ❸乃：汝。 ❹参：古“累”字之误。上：天。 ❺责：求，讨。 ❻即：就，靠近。丧：亡。 ❼指：示。功：指罪，反言之。 ❽不无：肯定，必定。戮：杀。

微子

题解

微子，商王纣庶兄，名启。封于微，故称微子。子，尊称。记微子之辞，故曰《微子》。今文、古文皆有。

【原 文】

殷既错天命[①]，微子作诰父师、少师[②]。

(此为序)

【译 文】

殷人已经失掉天命，微子作诰辞告父师和少师。

注释

❶错：错过，失去。 ❷父师：官名，即太师。少师：官名，太师之佐。“诰”字当重。下又当脱“作《微子》”三字。

【原 文】

微子若曰[①]：“父师、少师：殷其弗或乱正四方[②]！我

【译 文】

微子这样说：“父师、少师：殷人大概不能统治四方了！我们的祖先成就

祖厎遂陈于上[3]，我用沈酗于酒[4]，用乱败厥德于下[5]。殷罔不小大好草窃奸宄[6]。卿士师师非度[7]。凡有辜罪，乃罔恒获[8]。小民方兴[9]，相为敌雠。今殷其沦丧[10]，若涉大水[11]，其无津涯[12]。殷遂丧[13]，越至于今[14]！”

曰：“父师、少师：我其发出狂[15]？吾家耄逊于荒[16]？今尔无指告，予颠隮[17]，若之何其？”

功业于前，而我们却沉湎酒色，败坏他的美德于后。以致殷之大小官员，无不喜欢巧取豪夺，为奸作乱。公卿大夫互相效法，为非作歹。而所有这些有罪孽的人，却都不能得到应有的惩治。百姓正在起来，与之为仇。现在殷商快要灭亡了，就像渡大河，而没有可以上岸的地方，必定沉没在水中。殷商成沦丧之势，竟到了现在这种地步！”

微子又说：“父师、少师：我是出外远行呢，还是退避荒野居家到老？现在你们如果不指点我，等到我们全部丧命，那将怎么办呢？”

注释

❶若：如此。 ❷其：表示推测的副词。弗或：不能。乱：治。 ❸厎(zhǐ)：致。遂：成功。陈：列。上：前。 ❹我：指纣。用：因。沈酗：沉湎。 ❺用：以。下：后。 ❻殷：指殷之官员。罔不小大：即无论大小。草：同“抄”，掠。奸：邪恶。宄：作奸于内。 ❼卿士：指公卿大夫。师师：师法，效法。度：法度。 ❽乃：却。恒：常。获：得，指治罪。 ❾方：正。兴：起。 ❿其：将。沦：沉没，沦丧。 ⓫涉：渡。 ⓬津涯：上岸的地方。 ⓭遂：成。 ⓮越：乃，竟。 ⓯其：表示选择。发：出发。狂：同“逛(guàng)”，远行。 ⓰家：居家。耄：老。逊：退。荒：荒野。 ⓱颠隮：指丧命。颠，颠倒。隮(jī)，坠落。

【原 文】

父师若曰："王子①：天毒降灾荒殷邦②，方兴沈酗于酒③，乃罔畏畏④，咈其耇长旧有位人⑤。今殷民乃攘窃神祇之牺牷牲⑥，用以容⑦，将食无灾⑧。降监殷民⑨，用乂雠敛⑩，召敌雠不怠⑪。罪合于一，多瘠罔诏⑫。

"商今其有灾，我兴受其败⑬；商其沦丧，我罔为臣仆⑭。诏王子出迪⑮。我旧云刻子、王子弗出⑯，我乃颠隮。自靖⑰！人自献于先王⑱，我不顾行遁⑲。"

【译 文】

父师这样说："王子：上天降下重灾要亡殷邦，而咱们的人却兴头正浓地沉湎于酒，不畏天威，而且不听老人、长辈及旧大臣的忠告。现在殷都的百姓竟然偷窃祭祀神灵的牲口，而他却宽容不咎，使他们偷去或养起来，或杀了吃肉，都不受惩治。他派人监视殷都百姓，是为了禁止频繁的赋敛，结果却不松懈地增加赋敛，与民结仇。上下合起来搜括百姓，百姓多困苦贫穷而无处申告。

"现在殷商将要有灾，我要出来承受祸害。殷商如果灭亡，我也将自绝，不做奴仆。我告诉王子，您还是出行吧！我以前曾经说过，如果箕子与王子不出行，我们就会全部丧命。自己决定吧！各人自效于先王，反正我不考虑逃跑。"

注 释

❶王子：指微子启。 ❷毒：同"笃"，厚、重。荒：亡。 ❸方兴：正在。 ❹畏畏：后"畏"同"威"，天威。 ❺咈（fú）：违。耇（gǒu）：老人。长：长辈。 ❻攘：偷。牺牷牲：整体的牲肉，即牲口。 ❼用：行。容：宽容，通融。 ❽将：养。 ❾监：监视。 ❿乂：同"艾"，止。雠：同"稠"，频繁。 ⓫召：招致。怠：懈。 ⓬瘠：贫。诏：告。 ⓭兴：起。败：坏。 ⓮罔为：不做。臣仆：奴隶。 ⓯诏：告。王子：微子启。迪：行。 ⓰旧：前。刻子：人名，或以为即箕子。 ⓱靖：同"定"。 ⓲献：效。 ⓳顾：念。遁：逃。

周书

泰誓（上）

题解

泰，同“太”，大也。誓，约束，此指誓师，约束告诫军队。大会其师而誓，故曰“泰誓”。凡三篇，分记武王的三次誓师辞。此上篇，记渡河以前的一次。今文无，古文有。

【原文】

惟十有一年①，武王伐殷②；一月戊午③，师渡孟津④——作《泰誓》三篇。

（此为《泰誓》上、中、下三篇序）

【译文】

文王受命之十一年，武王第一次伐殷。十三年，武王二次伐殷。一月戊午日，军队渡过了黄河孟津——记此期间三次誓师，作了《泰誓》三篇。

注释

❶十有一年：指文王受命之十一年，武王继位第二年，即公元前 1046 年。《汉书·律历志》引《书序》曰：“惟十有一年，武王伐纣，作《太誓》。” ❷伐殷：“伐”上当有“始”字，即“始伐殷”，指孟津观兵。《新唐书·历志》引《纪年》：“十一年庚寅，周始伐商。” ❸一月：十三年一月，上有脱文。唐兰云：“《泰誓》三篇已佚，从佚文来看，似乎包括十一年始伐商和十三年一月

戊午师渡孟津时事。”按：据张培瑜《中国先秦史历表》，该年（前1044）一月辛卯朔，戊午为二十七日。 ❹孟津：亦作“盟津”，黄河渡口名，在今河南孟津境。

【原 文】

惟十有三年春①，大会于孟津②。

王曰：“嗟③！我友邦冢君越我御事庶士④，明听誓⑤！惟天地万物父母⑥，惟人万物之灵⑦。亶聪明⑧，作元后⑨，元后作民父母。

“今商王受弗敬上天⑩，降灾下民。沈湎冒色⑪，敢行暴虐。罪人以族⑫，官人以世⑬。惟宫室、台榭⑭、陂池⑮、侈服⑯，以残害于尔万姓⑰。焚炙忠良⑱，刳剔孕妇⑲。皇天震怒⑳，命我文考㉑肃将天威㉒，大勋未集㉓。

“肆予小子发㉔以尔友邦冢君㉕，观政于商㉖。惟受罔有悛心㉗，乃夷居㉘，弗事上帝神祇，遗厥先宗庙弗祀㉙。牺牲粢盛㉚，既于凶盗㉛。乃

【译 文】

十三年春，武王的军队在孟津大会师。

武王说：“喂！我友好邻邦的大君及我所有主事的官员们，仔细听我誓师！因为天地是万物的父母，因为人是万物的精灵。所以，真正耳聪目明的人，才能做天子。那样的天子，才能做百姓的父母。

“如今商王纣不敬上天，降灾于下民。他沉湎酒色，肆行暴虐。惩治罪人用灭族的方法，任用官员用世袭的方法。大建宫室台榭池塘，穿戴奢侈华丽的服饰，残害你们万民百姓。他炮烙忠良，剖割孕妇。皇天大怒，命我先父文王敬行天威，诛杀纣王。而大功未能成就。

“上次小子我姬发曾经率领你们友邦大君前来观察商政，想警告商王纣。而商王纣却没有悔改之心，竟安然定居，无事一样。他不侍奉上天神灵，抛弃他的先祖宗庙不祭。祭神的牲口以及粮食，竟然也被盗窃。而他却说：‘我

曰：'吾有民有命！'罔惩其侮[32]。天佑下民[33]，作之君[34]，作之师，惟其克相上帝[35]，宠绥四方[36]。有罪无罪，予曷敢有越厥志[37]？

有百姓，有天命。'不惩戒自己的傲慢。上天佑助下民，为他们立了君主周文王，并建了军队。只有他才能够辅佐上帝，安抚四方。所以，不管有罪无罪，我也不敢违背他的遗志。

注释

❶十有三年：文王受命之十三年，武王继位第四年，即公元前 1044 年。❷会：会师。❸嗟：发语声，犹言"喂"。❹友邦：友好国家，指随武王伐殷的庸、蜀、羌等八国。冢君：大君，尊称。越：与、及。御：治，主。庶：众。❺明：谓认真、仔细。誓：誓辞。❻惟：同"为"，因为。❼灵：精灵。❽亶（dǎn）：诚、真。❾元后：最大的君主，即天子。元，首。❿受：即纣，古音同。⓫沈湎：指沉溺于酒。冒：贪。⓬罪：致罪，惩治。族：灭族。⓭官：任官。世：世袭，父子相继。⓮榭：建在高台上的房子。⓯陂池：池塘。⓰侈服：过于华丽的服饰。⓱万姓：泛指所有的族姓。⓲焚炙：即所谓炮烙。炙（zhì），烤。⓳刳（kū）：剖开。剔（tī）：分解骨肉。⓴皇天：上天。震怒：形容大怒。㉑文考：即文王。父死曰考。㉒肃：敬。将：持，行。㉓勋：功。集：成。㉔肆：故。予小子：武王自称。发：武王名。㉕以：用，率。㉖观政：观其政事。㉗悛（quān）：悔改。㉘夷：平，定。㉙遗：抛弃。《牧誓》："昏弃厥肆祀弗答。"㉚牺牲：祭神的牲口。粢盛（zīchéng）：祭神的粮食。㉛既：同"及"。凶盗：冒犯神灵之盗。㉜惩：惩戒，引起警戒。侮：轻慢。㉝佑：助。㉞作：立，造。㉟克：能。相：辅助。㊱宠：爱。绥：安。㊲曷：同"何"。越：违。厥：其，指文王。

【原 文】

“同力度德[1]，同德度义。受有臣亿万[2]，惟亿万心；予有臣三千，惟一心。商罪贯盈[3]，天命诛之。予弗顺天，厥罪惟钧[4]。予小子夙夜祗惧[5]，受命文考，类于上帝[6]，宜于冢土[7]，以尔有众[8]，厎天之罚[9]。天矜于民[10]，民之所欲，天必从之。尔尚弼予一人[11]，永清四海。时哉[12]，弗可失！”

【译 文】

“力量相同看他的德，德相同看他的义。纣有几十万军队，是几十万条心；我有三千军队，却是一条心。纣恶贯满盈，上天下令诛杀他。我如果不从天命，罪恶就与纣相等。所以我早晚警惕，接受先父文王之命，并专为这事祭祀了上帝，祭祀了土神，而率领你们众人，来完成上天对他的惩罚。上天怜悯百姓，所以百姓的愿望，上天一定顺从。希望你们帮助我伐纣灭商，使四海之内永承清明。这是机会啊，不能失掉！”

注 释

❶度（duó）：量。 ❷臣：指军队、士兵。亿万：几十万。十万为亿。❸贯：串。盈：满。 ❹钧：同“均”，等。 ❺夙夜：早晚。祗：敬。 ❻类：祭名，同“禷”，以事类祭天。 ❼宜：祭名，祭社神。冢土：社神、土神。❽以：用，率。 ❾厎：致。 ❿矜：怜悯。 ⓫尚：同“上”。弼：佐，助。⓬时：时机。

泰誓（中）

题解

此篇记渡河以后的首次誓师辞。今文无，古文有。

【原文】

惟戊午①，王次于河朔②。群后以师毕会③，王乃徇师而誓曰④：

“呜呼！西土有众⑤，咸听朕言：我闻吉人为善⑥，惟日不足⑦；凶人为不善⑧，亦惟日不足。今商王受力行无度⑨，播弃犁老⑩，昵比罪人⑪。淫酗肆虐⑫，臣下化之⑬，朋家作仇⑭，胁权相灭⑮。无辜吁天⑯，秽德彰闻⑰。

【译文】

戊午日，武王驻扎在黄河北岸。诸侯们率军队全部会集，武王就巡视军队，并誓师说：

“啊！西方的兵众，都听我讲：我听说善人做善事，惟恐时间不够；恶人做坏事，也惟恐时间不够。如今商王纣力行无度，捐弃黎老，亲昵罪人，酗酒肆虐。他的臣下效法同化，互结朋党，持权相灭。无辜之人，呼天喊地。他肮脏的品德行为，十分显著地被上天听到看到了。

注释

❶戊午：当即序中之一月戊午，为公元前1044年1月3日。 ❷次：驻扎。

朔：北。 ❸后：君，指诸侯。毕：全。 ❹徇：巡行。 ❺西土：西方。有：名词词头。 ❻吉人：善人。 ❼惟：思。 ❽凶人：恶人。 ❾力：竭力。无度：无法度之事。 ❿播弃：捐弃。犁：同“梨”，老人。老人面有老年斑似梨皮，故曰“梨”。 ⓫昵：亲。比：勾结。 ⓬淫：过。酗：酗酒。肆：放肆。虐：残暴。 ⓭化：感化，同化。之：助词。 ⓮朋家：朋党。作仇：为仇，执仇。 ⓯胁：同“挟”，持。 ⓰吁：呼。 ⓱秽：污。彰：显。

【原 文】

“惟天惠民[1]，惟辟奉天[2]。有夏桀弗克若天[3]，流毒下国[4]。天乃佑命成汤，降黜夏命[5]。惟受罪浮于桀[6]。剥丧元良[7]，贼虐谏辅[8]。谓已有天命，谓敬不足行[9]，谓祭无益，谓暴无伤[10]。厥监惟不远[11]，在彼夏王。天其以予乂民[12]。朕梦协朕卜[13]，袭于休祥[14]。戎商必克[15]。受有亿兆夷人[16]，离心离德；予有乱臣十人[17]，同心同德。虽有周亲[18]，不如仁人。

【译 文】

“上天惠爱百姓，君主应当尊奉上天。夏桀王不能顺从上天，在天下传播灾祸，上天就命令并帮助成汤废止了夏人的国运。商王纣的罪恶比夏桀更大。他剖剥忠良，残杀谏辅；说自己有天命，说天不值得敬；说祭祀没有益处，说残暴没有害处。他的前鉴并不遥远，就是那夏桀王。上天将要用我来治理百姓。我的梦与我的占卜吻合，可见是吉兆相重，所以商朝必定能被打败。纣有夷民百万，与纣离心离德；我有干臣十名，与我同心同德。所以，即使有至亲，也不如有仁人。

注 释

❶惟：句首语气词。惠：爱。 ❷辟：君。奉：尊奉。 ❸桀：夏代最后一位国君。若：顺。 ❹流：谓传播。毒：指灾祸。下国：天下。 ❺降黜：减除，废止。 ❻浮：上，加。 ❼剥丧元良：指剖比干之心。剥，割。丧，杀

死。元，大。 ❽贼虐谏辅：与“剥丧元良”同指。贼，杀。虐，残暴。谏辅，进谏的辅臣。 ❾敬：指敬天。 ❿伤：害。 ⓫监：同“鉴”，镜子。 ⓬以：用。乂（yì）：治。 ⓭协：合。 ⓮袭：相重合。休祥：吉兆。 ⓯戎商：大商。 ⓰亿兆：十万曰亿，十亿曰兆。夷人：东方之人。 ⓱乱臣：能治事之臣，干臣。乱，古“治”字之误。 ⓲周：至。

【原 文】

“天视自我民视①，天听自我民听。百姓有过②，在予一人，今朕必往③。

“我武维扬④，侵于之疆⑤，取彼凶残⑥。我伐用张⑦，于汤有光⑧。

【译 文】

“天的视觉，来自我们人的视觉；天的听觉，来自我们人的听觉。老百姓有责怪，上天自然也有责怪。这都是因为上一次我没有下定决心。所以这一次我一定要去灭商。

“我大举动武，越过疆界，擒那恶贼。我大张挞伐，对成汤也有荣光。

注 释

❶自：来自。 ❷过：以为过，责。 ❸今：这次。往：往伐商。 ❹维：以，用。扬：举。 ❺侵：侵入，进入。于：同“越”，过。之：犹“其”。疆：界。 ❻凶残：指纣。 ❼伐：讨伐。张：开，设。 ❽汤：成汤。光：光彩。

【原 文】

“勖哉①，夫子②！罔或无畏③，宁执非敌④。百姓懔懔⑤，若崩厥角⑥。呜呼！乃

【译 文】

“努力吧，将士们！宁可有不是商兵对手的准备，也不要有轻敌的思想，尽管他们的百姓已经恐惧得如同被打掉

一德一心，立定厥功[7]，惟克永世[8]。”

了犄角的牛。啊！你们一心一意地建立功劳，就能够受用一辈子。”

注释

❶勖（xù）：勉。 ❷夫子：对将士的尊称。 ❸罔：同“毋”，不要。或：有。无畏：指轻敌。 ❹宁：宁可。执：持。非敌：不是对手。 ❺懔懔（lǐnlǐn）：恐惧颤抖的样子。 ❻崩：打掉。角：犄角。 ❼立定：建立。❽惟：乃。克：能。永：终身。

泰誓（下）

题解

此下篇，记渡河后第二次誓师。今文无，古文有。

【原文】

时厥明[①]，王乃大巡六师[②]，明誓众士[③]。

王曰："呜呼！我西土君子：天有显道[④]，厥类惟彰[⑤]。今商王受狎侮五常[⑥]，荒怠弗敬[⑦]；自绝于天，结怨于民；斫朝涉之胫[⑧]，剖贤人之心[⑨]；作威杀戮，毒痡四海[⑩]；崇信奸回[⑪]，放黜师保[⑫]；屏弃典刑[⑬]，囚奴正士[⑭]；郊社不修[⑮]，宗庙不享[⑯]；作奇技淫巧，以悦妇人[⑰]。上帝弗顺[⑱]，祝降时丧[⑲]。尔其孜孜[⑳]，奉予一人恭行天罚[㉑]。"

【译文】

第二天，武王就检阅全军，发布誓师辞，明确约束众将士。

武王说："啊！我们西方的君子们：天有明道，善者彰著。现在商王纣亵慢五常之教，荒废懈怠人伦，不加重视，以自绝于天，结怨于民。他砍下、验看早上涉寒水的人的小腿，剖挖贤人的心脏；作威作福，杀戮百姓，毒害天下。他推崇信任奸邪小人，放逐罢免太师太保；抛弃法典，囚禁正士；郊社之祭不修，宗庙之神不祭；而作奇技淫巧，以取悦妇人。上天不依，断然降此丧亡。希望你们不要松懈，帮助我执行天罚。"

注释

❶明：明日，第二天，即公元前1044年1月4日。 ❷巡：巡视。六师：泛指全军。 ❸明：明确。誓：约束。 ❹显：明。道：规律。 ❺类：善。彰：显，明。 ❻狎：轻忽。侮：轻慢。五常：同五教，即所谓父义、母慈、兄友、弟恭、子孝。 ❼荒：荒废。敬：重。 ❽斫：斩断。胫：小腿。孔氏《传》曰："冬月见朝涉水者，谓其胫耐寒，斩而视之。" ❾贤人：指比干。《史记正义》引《括地志》云：比干强谏，纣怒，曰："吾闻圣人心有七窍，信诸？"遂杀比干视其心。 ❿毒痡（pū）：毒害。 ⓫奸回：奸邪。 ⓬放黜：贬退。师保：太师太保，指箕子。 ⓭屏：同"摈"，抛弃。典刑：法典。 ⓮奴：奴役。⓯郊：祭天。社：祭地。 ⓰享：祭祀。 ⓱妇人：后妃，指妲己等。《列女传》："纣乃为炮烙之法，膏铜柱，下加炭，令有罪者行其上，辄坠炭中，妲己乃笑。" ⓲顺：依从。 ⓳祝：断然。时：此。丧：灭。 ⓴孜孜：不懈的样子。 ㉑奉：犹助。恭行：奉行。天罚：上天的惩罚。

【原文】

"古人有言曰：'抚我则后①，虐我则雠②。'独夫受洪惟作威③，乃汝世雠④。树德务滋⑤，除恶务本⑥，肆予小子诞以尔众士殄歼乃雠⑦。尔众士其尚迪果毅⑧，以登乃辟⑨。功多有厚赏，不迪有显戮⑩！

"呜呼！惟我文考若日月之照临⑪，光于四方⑫，显于西土。惟我有周诞受多方⑬。予

【译文】

"古人有话说：'抚爱我就是君主，虐待我就是仇人。'独夫商纣大作威福，是你们的世代仇人。立德务求滋长，除恶务必除根。所以我大举率领你们去消灭仇人。希望你们众人进言，使我更加果敢坚毅，以成全你们的君主。进言多的有重赏，不进言的有重罚！

"啊呀！因为我先父文王文德在上，如日月照临。他的光辉照耀四方，在西方更为鲜明。所以，我们周人大受多国

克受[14]，非予武[15]，惟朕文考无罪[16]；受克予，非朕文考有罪，惟予小子无良[17]。”

拥戴。如果我战胜了商纣，也不是因为我勇武，而是因为我先父文王无罪；如果商纣战胜了我，也并非我先父文王有罪，而只是因为我小子无良。”

注释

❶抚：爱。后：君。 ❷雠：即“仇”。 ❸独夫：孤立无援的人。洪惟：大为。 ❹世：世代。 ❺树：立。务：务求。滋：长。 ❻本：根本。 ❼肆：故，所以。诞：大。殄歼：消灭。 ❽迪：进。果毅：果敢刚毅。 ❾登：进，成。 ❿显：明显。戮：惩罚。 ⓫惟：同“为”，因为。 ⓬光：照耀。⓭诞：大。受：接受，受到拥戴。多方：众多方国。 ⓮克：胜。受：纣。⓯武：勇武。 ⓰惟：同“为”，是。 ⓱无良：不善。

牧誓

题解

牧，地名，即所谓牧野，在殷都朝歌郊外，今河南淇县南。誓，誓师，即战前约束告诫将士。记牧野之战前的誓师及誓师辞，故名。今文、古文皆有。

【原文】

武王戎车三百两①，虎贲三百人②，与受战于牧野③——作《牧誓》。

（此为序）

【译文】

武王的兵车三百辆，勇士三千人，与纣在牧野交战——记战前的誓师，作了《牧誓》。

注释

❶戎车：兵车。两：同“辆”。 ❷虎贲（bēn）：如虎之奔，指勇士。贲，通“奔”。三百人：当如《史记·周本纪》作“三千人”。 ❸受：即纣。

【原 文】

时甲子昧爽①，王朝至于商郊牧野②，乃誓③。

王左杖黄钺④，右秉白旄以麾⑤，曰："逖矣，西土之人⑥！"

王曰："嗟⑦！我友邦冢君御事⑧，司徒、司马、司空⑨，亚旅、师氏⑩，千夫长、百夫长⑪，及庸⑫，蜀⑬、羌⑭、髳⑮、微⑯、卢⑰、彭⑱、濮人⑲：称尔戈⑳，比尔干㉑，立尔矛，予其誓㉒！"

【译 文】

时间是甲子日黎明，武王到了商都郊外的牧野，就举行誓师。

武王左手拄着黄钺，右手挥动白旄牛尾做的令旗，说："西方的士兵们：大家走得很远了！"

武王接着说："喂！我友邦的大君及我主事的司徒、司马、司空，亚旅、师氏，千夫长、百夫长，以及庸国、蜀国、羌国、髳国、微国、卢国、彭国、濮国的士兵们：举起你们的戈，排好你们的盾，竖好你们的矛，我要誓师了！"

注释

❶甲子：文王受命十三年，殷历二月四日，即公元前1044年1月9日。"甲子"亦见《逸周书·世俘解》及《利簋》。昧爽：黎明，即所谓"朝"。 ❷朝（zhāo）：即昧爽。《礼记·内则》："昧爽而朝（cháo）。"故昧爽亦曰朝（zhāo）时。 ❸誓：誓师。 ❹左：左手。杖：拄着。黄钺：黄铜圆口大斧，王权的象征。 ❺秉：握。旄：旄牛尾。麾：同"挥"。 ❻逖（tì）：远。西土：西方。 ❼嗟：招呼声。 ❽冢君：大君。御：治，主。 ❾司徒、司马、司空：皆官名。司徒，主土地人民；司马，主军事；司空，"空"同"工"，主工程。司，主。 ❿亚旅、师氏：皆军官名。 ⓫千夫长：千夫（人）之长。百夫长：百夫（人）之长。 ⓬庸：国名，地在今湖北竹山西南。 ⓭蜀：国名，地在今陕西汉中东。 ⓮羌：国名，地在今甘肃南部。 ⓯髳（máo）：国名，地在今山西平陆南。 ⓰微：国名，地在今陕西眉县。 ⓱卢：国名，地在今河

南西部。 ⑱彭：国名，地在今湖北房县。 ⑲濮：国名，地在今湖北、重庆交界处的长江北岸。 ⑳称：举。 ㉑比：并，排列。干：盾牌。 ㉒誓：誓师，发布誓师辞。

【原 文】

王曰：“古人有言曰：‘牝鸡无晨[①]。牝鸡之晨[②]，惟家之索[③]。’今商王受惟妇言是用[④]，昏弃厥肆祀弗答[⑤]，昏弃厥遗王父母弟不迪[⑥]，乃惟四方之多罪逋逃是崇是长[⑦]，是信是使[⑧]，是以为大夫卿士。俾暴虐于百姓[⑨]，以奸宄于商邑[⑩]。今予发惟恭行天之罚[⑪]。今日之事[⑫]，不愆于六步、七步[⑬]，乃止，齐焉[⑭]。夫子勖哉[⑮]！不愆于四伐、五伐、六伐、七伐[⑯]，乃止，齐焉。勖哉夫子！尚桓桓[⑰]，如虎如貔[⑱]，如熊如罴[⑲]，于商郊[⑳]。弗迓克奔[㉑]，以役西土[㉒]。勖哉夫子！尔所弗勖[㉓]，其于尔躬有戮[㉔]！”

【译 文】

武王说：“古人有话说：‘母鸡不应叫明。母鸡叫明，是家庭的绞索。’现在商王纣只听女人的话。他轻蔑地抛弃旧有的各种祭祀而不予理会，轻蔑地抛弃惟一健在的祖父的同母弟而不加任用，却只尊崇四方逃亡而来的罪犯，使他们居于上位，信任他们，使用他们，以他们为大夫卿士，使他们残暴百姓，在商都内外为奸作乱。现在我姬发是奉天命执行对他的惩罚。今天的战斗，往前跑上十二三步，就要停下来就地整齐队伍。将士们要认真遵守啊！打上六七个回合，就要停下来就地整齐队伍。要认真遵守啊，将士们！应当威武雄壮地像老虎猎豹、大黑熊一样冲往商郊。不要迎击前来投降的，好让他们将来为周人服务。要认真遵守啊，将士们！如果不认真遵守，我将对你们自身进行惩罚！”

注释

❶牝（pìn）：雌性。无：不。晨：指司晨，叫明。 ❷之：结构助词。❸惟：同“为”，是。索：绞索。 ❹惟：只。妇：指妲己。用：听。 ❺昏：读同“暋（mǐn）”，蔑。肆：故。答：祭享。 ❻遗：谓仅存的。王父：祖父。母弟：同母弟。迪：进用。 ❼逋（bū）：逃亡。崇：尊崇。长：官长。 ❽信：信任。使：用。 ❾俾：使。 ❿奸宄：违法作乱。商邑：指商都朝歌。⓫惟：同“为”，是。 ⓬今日之事：指即将开始的灭商战斗。 ⓭愆（qiān）：过。步：今之两步。 ⓮齐：整齐。 ⓯勖（xù）：勉，这里有认真遵守的意思。⓰伐：击。 ⓱尚：命令副词，犹“当”。桓桓：威武的样子。 ⓲貔（pí）：一种猎豹。 ⓳罴（pí）：一种大熊。 ⓴于：往。 ㉑迓（yà）：同“御”，击。克：能。奔：来奔，前来投降者。 ㉒役：服役。 ㉓所：若。 ㉔躬：身。戮（lù）：惩治，处罚。

武成

题 解

武，武王。成，指成辟（君）。《逸周书·世俘解》（即古《武成》）开篇曰："维四月乙未日，武王成辟。"篇名即取其"武""成"二字。今文无，古文有。

【原 文】

武王伐殷，往伐归兽①。识其政事②——作《武成》。

（此为序）

【译 文】

武王伐商，前往征伐，归途狩猎——记录这些事情，作了《武成》。

（按：此为本来之《武成》义。"伪古文"作者误解"武成"，把它作成了"大告武成"，即武王的一篇诰辞。）

注 释

❶往伐：前去征伐。归：归途。兽：同"狩"。　❷识（zhì）：记。按：正文与此序不符，知正文非旧作。

【原 文】

惟一月壬辰①，旁生魄②。越翼日癸巳③，王朝步自周④，于征伐商⑤。

厥四月哉生明⑥，王来自商，至于丰⑦。乃偃武修文⑧：归马于华山之阳⑨，放牛于桃林之野⑩，示天下弗服⑪。

丁未⑫，祀于周庙，邦甸、侯、卫⑬，骏奔走⑭，执豆、笾⑮。越三日庚戌⑯，柴、望⑰，大告武成⑱。

【译 文】

殷正月壬辰日，傍临新月出显。第二天癸巳日，黎明，武王从周都镐京出发，前去伐商。

周四月新月刚生出那天，武王从商回到丰邑，就决定停息战争，从事文教。他把所有的战马放归到阳华山南坡，把驾车的牛放归到潼关桃林，以向天下表示今后不再使用。

丁未日，祭祀周庙，大小远近的诸侯都跑着拿祭器，端笾豆。第四天庚戌日，烧柴祭天，遥祭山川，向天地山川大告武事成功。

注 释

❶一月：十三年殷历正月。壬辰：二日，公元前 1045 年 12 月 8 日。 ❷旁生魄：傍临月生明。（上承大月）新月生于二日晚，故二日白天即谓旁生魄。旁，同“傍”，傍临。生，自无出有之谓。魄，同“霸”，月中阴影。月中阴影只有月有光明才能看到，故亦指月体、月明。 ❸越：过后的。翼日：同“翌日”，第二天。 ❹朝：即昧爽，黎明。步：行。 ❺于：往。 ❻四月：周四月。哉生明：新月刚出显，即初三四。哉，才、始。 ❼丰：丰邑，文王所都，宗庙所在地，址在今陕西西安沣河西。 ❽偃：息。修：修治。 ❾归：放回。华山：指阳华山，在今陕西洛南。 ❿放：释放。桃林：地名，在今陕西潼关以东。 ⓫示：给人看。服：指服牛、乘马，用于战争。 ⓬丁未：十八日。此月庚寅朔。 ⓭邦：方国。甸、侯、卫：甸服、侯服、卫服，泛指远近诸侯。 ⓮骏：大。 ⓯执：持，拿。豆、笾（biān）：礼器，盛放祭品。豆为陶质高脚

小盘。箈为竹编器皿。 ⑯越三日：当作“越四日”，第四天。作者不明“越”字之用而误。庚戌：二十一日。按《逸周书·世俘解》云：“时四月既旁生魄(望)，越六日，庚戌。” ⑰柴：烧柴祭天。望：遥祭山川。 ⑱武成：武事成功。按：此说系后作者误解“武成”而为。

【原文】

既生魄[1]，庶邦冢君暨百工受命于周[2]。

王若曰：“呜呼！群后[3]：惟先王建邦启土[4]，公刘克笃前烈[5]。至于大王[6]，肇基王迹[7]。王季，其勤王家[8]。我文考文王，克成厥勋[9]，诞膺天命[10]，以抚方夏[11]。大邦畏其力，小邦怀其德[12]。惟九年[13]，大统未集[14]，予小子其承厥志。厎商之罪[15]，告于皇天后土[16]、所过名山大川，曰：‘惟有道曾孙周王发[17]，将有大正于商[18]。今商王受无道，暴殄天物[19]，害虐烝民[20]，为天下逋逃主[21]，萃渊薮[22]。予小子既获仁人[23]，敢祗承上帝[24]，以遏乱略[25]。华夏蛮貊[26]，罔不率俾[27]。恭天成命[28]，肆予东征[29]，绥厥士女[30]。惟其

【译文】

四月初三四，众邦国的国君和百官接受周武王的任命。

武王这样说：“啊！各位君长：我们先王后稷，建国开土；公刘，能够发展扩大前人的事业。到了太王，开始奠定了王业的基础。王季，他为周家勤劳终生。我先父文王，能够成就功勋，大受天命，以安一方。使得大邦畏惧他的威力，小邦怀念他的恩德。受命后只有九年，统一大业尚未完成，就去世了。小子我继承他的遗志，去治商纣的罪，并向皇天后土、所经过的名山大川报告说：‘有道的曾孙周王姬发，将对殷商进行大征伐。如今商王纣无道，暴殄天物，残害百姓，是天下逃犯的宗主，恶人们就像鱼聚在深渊、兽聚在泽薮一样聚集在他那里。小子我已经得到了仁人，所以敢敬承上天之命，来遏止暴乱。华夏蛮夷，没有不遵从的。敬奉上天成命，所以我要去东征，安抚那

士女，篚厥玄黄[31]，昭我周王[32]。天休震动[33]，用附我大邑周[34]。惟尔有神[35]，尚克相予以济兆民[36]，无作神羞[37]！'

里的男男女女，希望那里的男男女女，把各色布帛装在竹筐里来晋见我周王。希望天威震动，使他们归附我大周。希望你们众神能够辅助我来拯救万民，不要使神灵羞愧。'

注释

❶既生魄：本义为月生魄（霸）以后，即新月出显以后，相当于初三四以后。❷庶：众。冢：大。工：同“官”。❸后：君长。❹先王：指后稷弃。启：开。相传后稷始封于邰。❺公刘：周先公，居豳。克：能。笃：厚，增。烈：事业。❻大王：即太王古公亶父，迁岐。❼肇：始。基：奠。❽王季：太王幼子、文王父，继太王为周王。勤：辛劳。王家：周王室。❾成：成就。勋：功。❿诞：大。膺（yīng）：受。⓫抚：安。方夏：一方之夏。三分天下有其二，故曰方夏。⓬怀：怀念。⓭九年：受命之九年。⓮大统：统一大业。集：成。⓯底：致。⓰皇天：上天。后土：主土之君，土神。⓱有道：与无道相对，谓能行君道。曾孙：对先王列祖而言。⓲正：同“征”，征伐。⓳殄：灭。天物：天然物资。⓴烝：同“众”。㉑逋：逃亡。㉒萃：聚集。渊：深水，鱼所聚。薮（sǒu）：草木茂盛的沼泽，兽所聚。㉓仁人：指太公姜尚。㉔祗：敬。㉕遏：止。略：谋。㉖蛮：指南方各少数民族部落。貊（mò）：指北方各少数民族部落。㉗率俾：遵从。㉘恭：敬。成命：已成之命，定命。㉙东征：即伐商。周人在西，故言东征。㉚绥：安。士女：男女。㉛篚（fěi）：竹筐。玄黄：指布帛。玄，黑色。㉜昭：明。㉝天休：上天的美命。休，美。震动：形容声势极大。㉞用：以。附：归附。㉟有：名词词头。㊱克：能。相：佐。济：救。㊲无：同“毋”。作：使。羞：羞惭。

【原 文】

"既戊午[①]，师逾孟津[②]。癸亥[③]，陈于商郊[④]，俟天休命[⑤]。甲子昧爽[⑥]，受率其旅若林[⑦]，会于牧野。罔有敌于我师[⑧]，前徒倒戈攻于后[⑨]，以北[⑩]，血流漂杵[⑪]。

"一戎衣[⑫]，天下大定。乃反商政[⑬]，政由旧[⑭]。释箕子囚，封比干墓[⑮]，式商容闾[⑯]。散鹿台之财[⑰]，发钜桥之粟[⑱]，大赉于四海[⑲]，而万姓悦服。

【译 文】

"到戊午那天，军队过了黄河孟津。第六天癸亥，在商都郊外布好阵势，等待时机发起进攻。第七天甲子日黎明，商王纣率领他的军队，密密麻麻一大片，在牧野与我军交战。而他的士兵没有一个愿意与我军为敌的。前面的士兵掉转戈矛，刺杀身后的士兵。结果纣王的军队大败而逃。杀死的人很多，流的血能把盾牌漂起来。

"灭了戎殷，天下大定。于是改变商政，采用纣以前的旧政。释放了被囚禁的箕子，为比干的坟墓堆上坟丘，给商容的里门上做了标志。又散发鹿台上的钱财，发放钜桥里的粮食，以大赏天下。结果千族万姓，人人悦服。

注 释

❶既：同"及"，至、到。 ❷逾：越，过。 ❸癸亥：戊午第六天，甲子前一天。 ❹陈（zhèn）：同"阵"，布阵。 ❺俟：等待。休：美。 ❻甲子昧爽：见《牧誓》注。 ❼受：纣。旅：师旅。若林：形容盛多。 ❽敌：为敌，敌对。 ❾前徒：前锋士兵。倒戈：掉转兵器。按：此属孟子以来之谬说。 ❿北：败逃。 ⓫杵（chǔ）：大盾牌。 ⓬一：统一，指灭掉。戎衣：即"戎殷"，大殷。衣，同"殷"，音相近。 ⓭反：改变。 ⓮由：用。旧：指纣以前。 ⓯封：聚土为坟。 ⓰式：表，做标志。闾（lǘ）：里巷的大门。 ⓱财：钱财。 ⓲钜桥：仓名。 ⓳赉（lài）：赏。

【原 文】

“列爵惟五①，分土惟三②。建官惟贤③，位事惟能④。重民五教⑤，惟食丧祭⑥。惇信明义⑦，崇德报功⑧。垂拱而天下治⑨。”

【译 文】

“现在我把爵位分成公、侯、伯、子、男五等，把国土分为大、中、小三等。你们选官要选贤人，办事人员要安排有能力的人。要重视对百姓的五种人伦道德教育以及饮食、丧葬、祭祀三件大事。要推崇诚信，表彰义举，崇尚道德，有功必赏。这样，不必事必躬亲，天下就可以大治。”

注释

❶列：分，排。爵：爵位。惟：同“为”。五：指公、侯、伯、子、男五等。❷土：土地，国土。三：指百里、七十里、五十里三等。❸建：立。惟：只。❹位：安置。事：办事人员。❺五教：指父义、母慈、兄友、弟恭、子孝五种道德教育。❻惟：同“与”。❼惇（dūn）：厚，注重、推崇。❽崇：尚。❾垂拱：垂衣拱手，形容不烦辛劳。

洪范

题解

洪，大；范，法。记“洪范九畴”，故曰《洪范》。今文、古文皆有。

【原 文】

武王胜殷，杀受[1]，立武庚[2]，以箕子归[3]——作《洪范》。

（此为序）

【译 文】

武王战胜殷人，杀了纣王，立纣王的儿子武庚为殷人君主，把箕子带回了镐京——记此事，作了《洪范》。

注释

❶受：即纣，古音同。 ❷武庚：纣王子。 ❸箕子：纣叔父，封于箕。归：归周。

【原 文】

惟十有三祀[1]，王访于箕子[2]。王乃言曰：“呜呼！箕子：惟天阴骘下民[3]，相协厥

【译 文】

十三年，武王向箕子进行咨询。武王说：“啊！箕子：上天暗中安定下民，帮助并和谐他们的日常生活。我不知道

居④，我不知其彝伦攸叙⑤。”

箕子乃言曰：“我闻在昔，鲧堙洪水⑥，汩陈其五行⑦。帝乃震怒⑧，不畀洪范九畴⑨，彝伦攸斁⑩。鲧则殛死⑪，禹乃嗣兴⑫。天乃锡禹洪范九畴⑬，彝伦攸叙。

“初一曰五行⑭，次二曰敬用五事⑮，次三曰农用八政⑯，次四曰协用五纪⑰，次五曰建用皇极⑱，次六曰乂用三德⑲，次七曰明用稽疑⑳，次八曰念用庶征㉑，次九曰向用五福、威用六极㉒。

其法度的顺序如何排列，请您告诉我。”

箕子回答说：“我听说从前鲧堵塞洪水，扰乱了地上五行中水、火、木、金、土的陈列。上天大怒，不教给他九类大法，日常法度的顺序因此败坏，鲧也因此被杀了。他的儿子禹继起，治好了洪水，上天就赐给他九类大法，日常法度的顺序就依次排列好了。

“这次序为：第一是五行，第二是慎重地行用五事，第三是厚重地行用八政，第四是协和地运用五纪，第五是立君用皇极，第六是治民用三德，第七是明事用稽疑，第八是思用庶征，第九是飨用五福和威用六极。

注释

❶十有三祀：文王受命之十三年，武王四年，即灭商之年，公元前1044年。❷王：武王。访：询问。❸阴：暗。骘（zhì）：定，古音同。❹相：助。协：和。居：日常生活。❺彝：常道，法度。伦：条理、顺序。攸：用，以。叙：依次排列。❻鲧（gǔn）：人名，相传为大禹的父亲。堙（yīn）：堵塞。❼汩（gǔ）：扰乱。陈：列。五行：指水、火、木、金、土五种物质。❽帝：上天，天命。❾畀（bì）：给。洪范：大法。畴：类。❿斁（dù）：败坏。⓫殛（jí）：杀。⓬嗣：继。兴：起。⓭锡：同“赐”。⓮初一：第一。⓯敬：慎，认真对待。用：行用，采用，运用。五事：详见下文。事，为，从事。⓰农：同“浓”，厚。八政：详见下文。⓱协：和，指和时辰。五纪：详见下文。纪，记。⓲建：立，立君。皇极：见下文。⓳乂：治，治民。三德：详

见下文。 ⑳明：明理，明事。稽疑：详见下文。稽，考。 ㉑念：常思。庶征：详见下文。庶，众。征，征兆。 ㉒向：同“飨”，招待。威：威胁。五福、六极：俱详见下文。

【原 文】

“一，五行：一曰水，二曰火，三曰木，四曰金，五曰土。水曰润下[1]，火曰炎上[2]，木曰曲直[3]，金曰从革[4]，土爰稼穑[5]。润下作咸[6]，炎上作苦，曲直作酸，从革作辛，稼穑作甘。

【译 文】

“一，所谓五行：一是水，二是火，三是木，四是金，五是土。水的性质是润泽而向下，火的性质是炎热而向上，木的性质是可曲可直，金的性质是随人变形，土的性质是可种可收。润泽而向下，所以味道就咸；炎热而向上，所以味道就苦；可曲可直，所以味道就酸；随人变形，所以味道就辛辣；可种可收，所以味道就甘甜。

注 释

①曰：指性质。润：润降。下：向下。 ②炎：热。上：向上。 ③曲直：可曲可直。 ④从：随。革：改变。 ⑤爰（yuán）：同“曰”。稼：种。穑：收获。 ⑥作：同“则”，就。下同。咸：指味言。下苦、酸、辛、甘同。

【原 文】

“二，五事[1]：一曰貌[2]，二曰言，三曰视，四曰听，五曰思[3]。貌曰恭[4]，言曰从[5]，视曰明，听曰聪[6]，思曰睿[7]。

【译 文】

“二，所谓五事：一是表情，二是说话，三是看，四是听，五是思。表情要恭，说话要正，看要看明，听要听清，思要深远。表情谦恭就显得严肃，

恭作肃[8]，从作乂[9]，明作哲[10]，聪作谋[11]，睿作圣[12]。

说话正就能治事，看得明就能明事，听得清就能谋事，思虑深远就通达事理。

注释

❶事：为。 ❷貌：容貌，表情。此言为貌，故属言"事"。下视、听、思同。 ❸思：思虑。 ❹曰：犹"欲"，要。 ❺从：正。 ❻聪：听清楚。 ❼睿：深远。 ❽作：同"则"，就。肃：严肃。 ❾乂：治。 ❿哲：明。 ⓫谋：指能谋。 ⓬圣：通达事理。

【原文】

"三，八政[1]：一曰食[2]，二曰货[3]，三曰祀，四曰司空[4]，五曰司徒[5]，六曰司寇[6]，七曰宾[7]，八曰师[8]。

【译文】

"三，所谓八政：一是吃饭，二是财用，三是祭祀，四是工程，五是教化，六是治安，七是礼宾，八是军旅。

注释

❶政：政事。 ❷食：吃饭，指农业。 ❸货：财货，指工商业。 ❹司空：官名，主工程。 ❺司徒：官名，主教化。 ❻司寇：官名，主缉盗寇。 ❼宾：宾客，指礼宾之事。 ❽师：军队，指军旅之事。

【原文】

"四，五纪：一曰岁[1]，

【译文】

"四，所谓五纪：一是纪年，二是

二曰月，三曰日，四曰星辰[2]，五曰历数[3]。

纪月，三是纪日，四是纪星辰，五是纪王年。

注释

❶岁：年，指纪年。下月、日等同。 ❷星辰：众星，包括北斗、金、木、水、火、土星及二十八宿等。 ❸历数：指君主的纪年。

【原文】

“五，皇极[1]：皇建其有极[2]。敛时五福[3]，用敷锡厥庶民[4]。惟时厥庶民于汝极[5]。锡汝保极[6]：凡厥庶民，无有淫朋[7]，人无有比德[8]，惟皇作极[9]。凡厥庶民，有猷有为有守[10]，汝则念之[11]。不协于极[12]，不罹于咎[13]，皇则受之[14]。而康而色[15]，曰：‘予攸好德[16]。’汝则锡之福。时人斯其惟皇之极[17]。无虐茕独而畏高明[18]。人之有能有为[19]，使羞其行[20]，而邦其昌[21]。凡厥正人[22]，既富方谷[23]，汝弗能使有好于而家[24]，时人斯其辜[25]。于其无好德[26]，汝虽锡

【译文】

“五，所谓皇极，即君主的行为标准。君主做事，有其标准。聚合五福，以广赐他的臣民。只有这样，臣民才会重视你的标准。现在我赐给你保国的标准：要想使臣民没有朋党、官员不相勾结，只有君主做事持中。凡人民有谋略、有作为、有操守的，你就要常想着他。尽管他行为不合标准，但又没有犯罪，君主就要宽容他。如果他和颜悦色地说：‘我喜欢德。’你就赐给他福。那样，这些人就会考虑君主的标准。不要虐待孤独无依的人，不要害怕地位高的人。一个人有才能有作为，使他奉献出来，国家就会昌盛。官员已经富有固定的俸禄，如果你不能使他对国家有所贡献，这些人就会怪罪你；对于那些没有贡献的，即使你赐给他幸福，他还会责

之福，其作汝用咎[27]。

“无偏无陂[28]，遵王之义[29]；无有作好[30]，遵王之道；无有作恶[31]，遵王之路。无偏无党[32]，王道荡荡[33]；无党无偏，王道平平；无反无侧[34]，王道正直。会其有极[35]，归其有极。曰：皇极之敷言[36]，是彝是训[37]，于帝其训[38]。凡厥庶民[39]，极之敷言是训是行[40]，以近天子之光[41]。曰：天子作民父母，以为天下王。

怪你。

“不要偏袒倾侧，要遵守王义；不要偏爱，要遵守王道；不要偏恨，要遵守王路。不偏袒不结党，王道平荡荡；不结党不偏袒，王道荡平平；不反常不倾斜，王道正又直。一切会于中极，一切归于中极。所以说：以我所讲有关皇极的原则为常法并遵从它，天帝也会顺从。凡庶民百姓遵从并实行我所讲有关皇极的原则，就可以接近天子的光辉。所以说：天子做百姓的父母，就可以统治天下。

注释

❶皇：君。极：中，标准。❷建：立，指立事。有：名词词头。❸敛：聚。时：是，此。五福：见下文。❹用：以。敷：布。锡：同“赐”。庶：众。❺惟：只。时：此。于：大，重。❻保：保守，保国守位。❼淫朋：朋党。❽人：指官员。比：勾结。❾惟：只。❿猷（yóu）：谋。为：作为。守：操守。⓫念：常思。⓬协：合。⓭罹（lí）：遭受。咎：归罪。⓮受：接受，宽容。⓯而：若。康：平。而：其。色：容。⓰予：我。攸：句中助词。⓱时：此。斯：则。惟：思。⓲无：同“毋”，不要。茕（qióng）独：指孤独无靠之人。茕，没有弟兄的人。独，老而无子的人。高明：位高而显者。⓳之：结构助词。能：才能。为：作为。⓴羞：进。行：指上句之“能”与“为”。㉑而：则。邦：国。昌：昌盛。㉒正人：正长，官员。㉓富：多。方：犹“常”。谷：指俸禄。㉔好：善，贡献。而：你。家：国家。㉕斯：则。辜：罪。㉖无好：与前“有好”相对。好，善。“德”字

当为后人所增。㉗作：为，行。汝用咎：即“咎汝”，宾语前置。咎，责怪。㉘无：同“毋”。偏：偏袒，不正。陂（pō）：本作“颇”，偏差，唐玄宗所改。从顾炎武说。㉙遵：遵守。义：宜。㉚好（hào）：私好，偏爱。㉛恶（wù）：厌恶，偏恶。㉜党：结朋党。㉝荡荡：平坦的样子。㉞反：反常。侧：倾侧。㉟会：合。有：词头。极：正中，标准。㊱皇极之敷言：即所讲陈有关皇极的话。皇，君。敷，布、陈。㊲彝：常法。训：同“顺”。下同。㊳帝：天帝。㊴庶：众。㊵极：指皇极。㊶以：可以。

【原 文】

“六，三德[①]：一曰正直[②]，二曰刚克[③]，三曰柔克。平康正直[④]，强弗友刚克[⑤]，燮友柔克[⑥]。沈潜刚克[⑦]，高明柔克[⑧]。惟辟作福[⑨]，惟辟作威，惟辟玉食[⑩]。臣无有作福、作威、玉食。臣之有作福、作威、玉食，其害于而家，凶于而国。人用侧颇僻[⑪]，民用僭忒[⑫]。

【译 文】

“六，所谓三德：一是正直，二是刚克，三是柔克。性情平和而安静叫中正，强暴而不友善叫刚克，和顺而友善叫柔克。要抑制减少刚克的一面，提高加强柔克的一面。只有君主才有权给人造福，只有君主才有权给人施威，只有君主才有权美食。臣下不能造福，不能施威，不能美食。臣下如果造福、施威、美食，将会对国家产生危害，使国家遭受凶险。官员会因此变得奸邪不正，百姓将因此而僭越作恶。

注 释

❶德：德行，品性。❷正直：中正平直。正，中。❸刚克：以刚克。克，克服、战胜。❹平：平和。康：安静。❺强：强力。友：友善。❻燮（xiè）：和。❼沈潜：下沉，潜伏。使动用法。❽高：抬高。明：显，使之明。❾惟：只。辟：君。作：造。❿玉食：美食。⓫人：指官员。用：因

此。侧颇：倾斜不正。僻：斜僻。⑫僭（jiàn）：超越本分。忒（tè）：同“慝”，邪恶。

【原 文】

“七，稽疑[1]：择建立卜筮人[2]，乃命卜筮。曰雨，曰霁[3]，曰蒙，曰驿[4]，曰克[5]，曰贞[6]，曰悔[7]，凡七[8]。卜五，占用二[9]，衍忒[10]。立时人作卜筮[11]。三人占，则从二人之言[12]。汝则有大疑[13]，谋及乃心，谋及卿士，谋及庶人，谋及卜筮。汝则从，龟从，筮从，卿士从，庶民从，是之谓大同[14]。身其康强[15]，子孙其逢[16]，吉。汝则从，龟从[17]，筮从，卿士逆，庶民逆：吉。卿士从，龟从，筮从，汝则逆，庶民逆：吉。庶民从，龟从，筮从，汝则逆，卿士逆：吉。汝则从，龟从，筮逆，卿士逆，庶民逆：作内吉[18]，作外凶。龟筮共违于人[19]：用静吉[20]，用作凶[21]。

【译 文】

“七，所谓稽疑，是指选择并设立卜人、筮人，让他们进行占卜、占筮。占卜、占筮的内容，包括天气的雨、晴、雾、阴以及武事是否能够取胜，做事是否不正，是否会有灾害，共七个方面。其中五个方面用占卜，两个方面用占筮。如果能够用龟甲蓍草进行推演变化，就立他为卜人、筮人。如果三个人同时占筮，听从两个人说的。你如果有重大疑难，既要自己心里想，还要问卿士，问民众，问卜人筮人。如果你赞同，龟赞同，蓍赞同，卿士赞同，民众赞同，这叫作大同。大同而行，自身康健，子孙繁盛，吉。如果你赞同，龟赞同，蓍赞同，即使卿士反对，民众反对，也吉。如果卿士赞同，龟赞同，蓍赞同，即使你不赞同，民众不赞同，也吉。民众赞同，龟赞同，蓍赞同，即使你不赞同，卿士不赞同，也吉。如果你赞同，龟赞同，而蓍不赞同，卿士不赞同，民众不赞同，这种情况下在内做事吉，在外做事凶。如果龟、蓍都违人意，这时候则宜静不宜动，静则吉，动则凶。

注释

❶稽：考。❷建：亦立。卜：占卜，用龟占。筮：占筮，用蓍（shī）占。❸霁（jì）：晴。蒙：同"濛"，雾。❹驿：同"圛"，半阴半晴。❺克：胜，指战事。❻贞：正，正当。❼悔：咎，灾。❽凡七：按上七事指卜筮的范围、内容。❾占：占筮。❿衍：演。忒（tè）：变。⓫时：此。⓬从：顺从，赞同。⓭则：若。⓮同：赞同。⓯康强：健康。⓰逢：同"繁"，盛。⓱龟：指占卜的兆纹。⓲作内：做于内，在内部做事。⓳共：同。违：逆，不合。⓴用：以，来。静：静止，不做事。㉑作：动作，做事。

【原 文】

"八，庶征：曰雨，曰旸[①]，曰燠[②]，曰寒，曰风。曰时五者来备[③]，各以其叙[④]，庶草蕃庑[⑤]。一极备[⑥]，凶；一极无，凶。曰休征[⑦]：曰肃[⑧]，时寒若[⑨]；曰乂[⑩]，时旸若；曰哲[⑪]，时燠若；曰谋，时寒若；曰圣[⑫]，时风若。曰咎征[⑬]，曰狂[⑭]，恒雨若；曰僭[⑮]，恒旸若；曰豫[⑯]，恒燠若；曰急[⑰]，恒寒若；曰蒙[⑱]，恒风若。曰王省惟岁[⑲]，卿士惟月，师尹惟日。岁月日时无易[⑳]，百谷用成[㉑]，乂用明，

【译 文】

"八，所谓庶征，指下雨、天晴、温暖、寒冷、刮风。这五种天气按时序发生，就草木丰芜。其中一种过多，就凶；一种过少，也凶。美好的征兆：严肃恭敬，这像天冷；国政治理，这像天晴；英明智慧，这像温暖；深谋远虑，这像寒冷；通达事理，这像刮风。不祥的征兆：狂傲放荡，就像久雨不晴；政事差失，就像久晴不雨；逸豫安乐，就像久暖不寒；急促自用，就像久寒不暖；暗昧不明，就像长期刮风。王省视的是年，卿士省视的是月，百官省视的是日，百姓省视的是时辰。年、月、日、时没有异常，五谷就丰登，政治就清明，俊才就出现，家庭就平安。日、月、岁、时有了异常，五谷就不成，政

俊民用章[22]，家用平康。日月岁时既易，百谷用不成，乂用昏不明，俊民用微[23]，家用不宁。庶民惟星[24]，星有好风[25]，星有好雨。日月之行[26]，则有冬有夏[27]。月之从星[28]，则以风雨[29]。

治就不明，俊才就不出，家庭就不宁。百姓就像星宿。星宿有好风的，有喜雨的。所以君主要区别对待，随其所好。日月运行，就有冬夏；卿士百官正常工作，就成就君主。月亮跟随星宿，就用风雨投其所好；君主接近百姓，也要投其所好。

注释

❶旸（yáng）：日出，晴。 ❷燠（yù）：暖。 ❸时：此。备：具备。按："时"上"曰"字疑涉上文衍，不当有。 ❹其：此。叙：同"序"，次序。 ❺庶：众。蕃：茂。庑：同"芜"，丰、繁茂。 ❻一：五者之一。极：极其，过度。 ❼曰：亦疑衍。休：美。征：征兆。 ❽肃：敬。 ❾时：此。若：如。 ❿乂：治。 ⓫哲（zhé）：明亮。 ⓬圣：通达。 ⓭咎：灾。 ⓮狂：放荡。 ⓯僭（jiàn）：差错。 ⓰豫：逸豫，安乐。 ⓱急：与"谋"相对，指不知谋略、急促自用。 ⓲蒙：暗，不明。 ⓳曰：亦当衍。省：视。惟：同"为"，是。 ⓴时：时辰。易：同"异"。 ㉑用：因。 ㉒俊：杰出。章：同"彰"，显。 ㉓微：不显。 ㉔惟：同"为"，是。 ㉕好：喜好。马融曰："箕星好风，毕星好雨。" ㉖日月：比卿士、师尹。 ㉗冬、夏：代岁、君。 ㉘从：随，指入其星域。 ㉙以：用。

【原 文】

"九，五福：一曰寿，二曰富，三曰康宁，四曰攸好德[1]，五曰考终命[2]。六极：一曰凶、短、

【译 文】

"九，所谓五福：一是长寿，二是富贵，三是康宁，四是有美德，五是善终。所谓六极：一是短

折[3]，二曰疾[4]，三曰忧[5]，四曰贫，五曰恶[6]，六曰弱[7]。”

命，二是疾病，三是忧虑，四是贫穷，五是邪恶，六是懦弱。”

注释

❶攸：所。好：喜好，崇尚。德：美德。 ❷考终命：指自然死亡，善终。考，老。 ❸凶、短、折：皆不寿之名。未龀（chèn）（儿童换牙）曰凶，未冠（成年）曰短，未婚曰折。从郑玄说。 ❹疾：有疾病。 ❺忧：有忧患。 ❻恶：邪恶。 ❼弱：懦弱。

分器亡

题解

分，分发。器，礼器，指宗彝。此篇正文佚，仅存序。据序知为记武王向诸侯分发宗彝之事，故名。

【原 文】

武王既胜殷，邦诸侯①，班宗彝②——作《分器》。

（此为序）

【译 文】

武王灭商以后，分封诸侯，分发宗庙祭祀用的酒器——记此事，作了《分器》。

注释

❶邦：国，此作动词，指立国，即分封。 ❷班：分。宗彝：宗庙祭礼用的酒器。

旅獒

题解

旅，国名。獒（áo），大狗。《尔雅·释畜》："狗四尺（高）为獒。"因旅国献獒而起事，故名。此篇主要记太保召公奭对武王的训辞。今文无，古文有。

【原 文】

西旅献獒[1]，太保作《旅獒》[2]。（此为序）

【译 文】

西方旅国献来獒狗，太保召公奭因此作了《旅獒》。

注 释

❶西旅：西方旅国。 ❷太保：官名，指召公奭，武王庶兄。

【原 文】

惟克商[1]，遂通道于九夷八蛮[2]。西旅底贡厥獒[3]，太保乃作《旅獒》，用训于王[4]。

【译 文】

因为灭了商，周人便打通了通往四方各部族的道路。西方的旅国因此献上了他们的獒。太保奭于是就作了《旅獒》，以训诫武王。

注释

❶惟：同“为”，因为。克：胜、灭。 ❷通：开通。九夷八蛮：泛指四方各部族。 ❸厎：同“致”。贡：献。 ❹用：以。训：教。王：武王。

【原文】

曰：“呜呼！明王慎德[1]，四夷咸宾[2]。无有远迩[3]，毕献方物[4]，惟服食器用[5]。王乃昭德之致于异姓之邦[6]，无替厥服[7]；分宝玉于伯叔之国[8]，时庸展亲[9]。

【译文】

太保说：“啊！英明的君主谨慎道德，四夷都会归顺。不分远近，都会进献方物，但只限于穿的、吃的、用的。献来以后，君主就把它昭示给异姓国家，使他们不荒废进贡的职事；把宝玉分给同姓国家，用以显示亲近。

注释

❶慎：谨慎。 ❷四夷：四方少数民族部落。咸：皆。宾：宾服，归顺。 ❸无有：不论，不分。迩：近。 ❹毕：全。方物：地方特产。 ❺惟：只。器：容器。用：日常用物。 ❻昭：昭示。德之致：因德而致达之物。 ❼替：废。服：事。 ❽伯叔之国：同姓诸侯国。 ❾时：是。庸：用，以。展：展示，表现。

【原文】

“人不易物[1]，惟德其物[2]！德盛不狎侮[3]。狎侮君

【译文】

“人不以物为珍奇，只以德为珍奇！德行盛的人，不轻侮人。因为轻

子④，罔以尽人心⑤；狎侮小人⑥，罔以尽其力。不役耳目⑦，百度惟贞⑧。玩人丧德⑨，玩物丧志⑩。志以道宁⑪，言以道接⑫。不作无益害有益⑬，功乃成；不贵异物贱用物⑭，民乃足⑮。犬马非其土性不畜⑯，珍禽奇兽不育于国。不宝远物⑰，则远人格⑱；所宝惟贤⑲，则迩人安⑳。

侮了君子，就不能使他尽心；轻侮了小人，就不能使他尽力。人不被耳目役使而放纵声色，就事事皆正。玩人丧德，玩物丧志。志因正道而宁，言因正道而合。不做没用的而损害有用的，功业才能成就。不看重奇异的而看重常用的，百姓才能丰足。狗马不是当地土生的不畜养，珍禽奇兽不养于国内。不以远方之物为宝，远方之人就来到；只以贤良之人为宝，近处的人就安宁。

注释

❶易：同“异”，以为异。❷惟：只。其物：指异物。❸狎侮：轻侮，轻慢。❹君子：指贵族。❺尽：使之尽。❻小人：指平民。❼役耳目：役于耳目，指放纵声色。❽度：事。贞：正。❾玩：玩弄。丧：失。❿志：心志，指抱负。⓫志：心志，思想。道：正道。宁：安。⓬接：合，不差错。⓭无益、有益：指无益、有益之事。⓮贵、贱：皆意动用法。异物：奇异之物。⓯足：丰足。⓰性：生。⓱宝：珍爱，以为宝。⓲格：至。⓳惟：只。⓴迩（ěr）人：近处的人。

【原文】

“呜呼！夙夜罔或不勤①，不矜细行②，终累大德③。为山九仞④，功亏一

【译文】

“啊呀！从早到晚，不能有不勤奋的时候。小事不慎重，最终会牵累大德。譬如堆九仞高的山，差最后一筐土，还是不算成功。如果真能遵循这

篑[5]。允迪兹[6]，生民保厥居[7]，惟乃世王[8]。”

些，百姓就会安居乐业，子孙就能世代为王。”

注释

❶夙夜：早晚。或：有。 ❷矜：慎重。细行：小事。 ❸累：连累。 ❹仞：一人高。 ❺亏：欠，缺。篑（kuì）：竹筐。 ❻允：诚。迪：遵循。兹：此。 ❼生民：百姓。保：安。 ❽惟：句首语气词。世王（wàng）：世代为王。

旅巢命亡

题解

旅，陈。巢，国名，或即汤放桀于南巢之巢。巢命，诰命巢伯。旅巢命，陈（列）命巢之辞。武王所命，芮伯所书，故曰“旅”。正文佚，仅存序。

【原文】

巢伯来朝[1]，芮伯作《旅巢命》[2]。

（此为序）

【译文】

巢国的国君来朝见武王，武王册命他为伯爵诸侯。芮伯记此事，作了《旅巢命》。

注释

❶巢伯：孔氏《传》曰：“殷之诸侯，伯，爵也。南方远国。武王克商，慕义来朝。”朝：朝见武王。 ❷芮：国名，伯爵，周同姓，地在今陕西大荔境。

金縢

题解

金，指金丝。縢（téng），缄封。二字取自篇中“金縢之匮”“金縢之中”之语，所记与“金縢”之书有关，故取以为名。今文，古文皆有。

【原 文】

武王有疾，周公作《金縢》[1]。

（此为序）

【译 文】

武王有病，周公作了“金縢”书。后人记此事，作了《金縢》篇。

注释

❶周公：姬旦，武王庶兄。按：《金縢》篇乃后人所作，记周公作金縢书之事，此言周公作金縢，实指作金縢之书，非《金縢》篇。

【原 文】

既克商二年[1]，王有疾，弗豫[2]。二公曰[3]：“我其为

【译 文】

灭商以后第二年，武王得了病，身体很不舒服。召公和太公说：“我们还是替

王穆卜[4]！”周公曰：“未可以戚我先王[5]！”公乃自以为功[6]，为三坛同墠[7]。为坛于南方，北面，周公立焉。植璧秉珪[8]，乃告大王、王季、文王[9]。

史乃册[10]，祝曰[11]：“惟尔元孙某[12]，遘厉虐疾[13]。若尔三王是有丕子之责于天[14]，以旦代某之身[15]。予仁若考能[16]，多材多艺[17]，能事鬼神。乃元孙不若旦多材多艺[18]，不能事鬼神。乃命于帝庭[19]，敷佑四方[20]，用能定尔子孙于下地[21]。四方之民，罔不祗畏[22]。呜呼！无坠天之降宝命[23]，我先王亦永有依归。今我即命于元龟[24]，尔之许我[25]，我其以璧与珪归俟尔命[26]；尔不许我，我乃屏璧与珪[27]。”

乃卜三龟，一习吉[28]，启籥见书[29]，乃并是吉[30]。公曰：“体[31]，王其罔害[32]。予小子新命于三王[33]，惟永终是图[34]；兹攸俟[35]，能念

王占卜一下吧！”周公说：“对，不能使王走近我们的先王，要让他活下去！”于是周公便以自身为抵押，准备替王去死。他在同一坛场分别为太王、王季和文王设了三个祭坛。又在三坛南边另设一坛，面朝三坛站在上面，身边放着玉璧，手里拿着玉圭，向太王、王季、文王进行祷告。

内史把祝辞写在简册上，代周公向三王祝告说：“你们的长孙姬发，身患严重的疾病。如果你们三王是欠了上天一个子孙的债，就用我去代替姬发。因为我仁义又能巧，多才多艺，而且会侍奉鬼神。而你们的姬发不如我多才多艺，不会侍奉鬼神。但他受命于天帝之庭，拥有全天下。所以，他能在人间安定你们的子孙。而且四方百姓，没有不尊敬畏服他的。噫！不要毁失上天所降赐的美命。那样，我们的先王们自己也会永有归依。现在我用大宝龟进行占卜，将听命于它。你们如果答应我，我将把璧和圭送给你们，等候你们命令；你们如果不答应我，我就把璧和圭收回去。”

就用三只龟同时占卜，结果全部重复吉兆。接着又进行占筮。占筮完了，打开锁查看藏在柜子里的卦书，竟然全与占卜的吉兆相同。于是周公说：“根据卜筮的兆体，王将无事。我刚从三王那里接到命令，叫我们只考虑国运的永久延续。现在

予一人[36]。”公归，乃纳册于金縢之匮中[37]。王翼日乃瘳[38]。

所等候的，是三王顾念我本人，让我不死。”后来周公平安而归，就把写祝辞的简册收在匣子里用金丝缄封了起来。第二天，武王病就好了。

注释

❶既克商二年：克商后的第二年，武王五年，文王受命十四年，即公元前1043年。既，已，以后。 ❷弗豫：不爽，对天子得病、疾重的婉称。 ❸二公：召公奭和太公望姜尚。 ❹穆：敬。 ❺戚我先王：谓走向死亡。戚，近。 ❻自以为功：谓把自身作为成事的抵押品。自，自身。功，成。 ❼坛：祭坛。墠（shàn）：祭祀的场地。 ❽植：置。秉：持。珪：举行祭礼时持的一种玉器，上圆（或尖）下方。 ❾大王：古公亶父，文王祖父。王季：文王父。 ❿史：史官。册：书写简册。 ⓫祝：向鬼神祝祷。 ⓬元孙：长孙。某：指武王姬发。 ⓭遘：遇，患。厉：严重。虐疾：使人痛苦的疾病。 ⓮若：假若。丕：读为“负”，从郑玄说。子：子孙。责：同“债”。 ⓯旦：周公名。 ⓰若：又。考：同“巧”。 ⓱材：同“才”。 ⓲乃：你们的。 ⓳乃：却。命：受命。帝庭：天庭。 ⓴敷：遍。佑：同“有”。《大盂鼎》：“匍有四方。” ㉑用：因此。定：安定。 ㉒祗：敬。 ㉓无：同“毋”。坠：毁失。 ㉔即命：犹听命。即，就。元龟：大龟，指占卜。 ㉕之：若。 ㉖归：送。俟：待。 ㉗屏（bǐng）：除去，撤去。 ㉘一：全部。习：同“袭”，重。 ㉙启：开。籥：同“钥”，锁。见：查看。书：卦书，《周易》之类。此指卜筮言。 ㉚并：同。是：此，指占卜。 ㉛体：形，指卜筮之兆形。 ㉜罔：无。 ㉝命：受命。三王：太王、王季、文王。 ㉞惟：只。永：久。终：与始相对，指延续国运。是：宾语前置的标志。图：谋。 ㉟兹：今。攸：所。俟：待。 ㊱念：顾念。予一人：本周王自称专语，武王死后，周公摄政称王，故亦称予一人。 ㊲金縢之匮：用金丝缄封的匣子。匮，同“柜”，匣子。 ㊳翼日：即“翌日”，第二天。翼，同“翌”。瘳：愈。

【原 文】

武王既丧[①]，管叔及其群弟乃流言于国[②]，曰："公将不利于孺子[③]。"周公乃告二公曰[④]："我之弗辟[⑤]，我无以告我先王[⑥]。"周公居东二年[⑦]，则罪人斯得[⑧]。于后，公乃为诗以贻王[⑨]，名之曰《鸱鸮》[⑩]。王亦未敢诮公[⑪]。

【译 文】

安葬了武王以后，周公摄政，辅佐成王。管叔鲜及几个弟弟在国内散布流言，说："周公将取代年幼的成王为天子。"周公就告诉召公和太公望说："如果不摄政，我将无法告慰我的先王。"后来三监造反，周公东征两年，才把罪人抓到了。事后，周公就作了一首诗送给成王，并起名为《鸱鸮》。成王也没有敢责备周公。

注 释

❶丧：安葬。 ❷管叔：姬鲜，武王弟，封于管（今河南郑州），故称管叔。流言：谓散布流言。 ❸孺子：指成王。当时成王年幼，周公摄政，故有此语。 ❹二公：召公、太公。 ❺之：若。辟：君，为君，指摄政称王。 ❻告：告慰。 ❼居东：在东方，指东征。 ❽罪人：指管叔、蔡叔、武庚等。斯：同"始"，乃。 ❾贻：送。 ❿《鸱鸮》（chīxiāo）：即今《诗经·豳风》之《鸱鸮》篇。 ⓫诮（qiào）：责备。

【原 文】

秋，大熟[①]，未获。天大雷电以风[②]，禾尽偃[③]，大木斯拔[④]，邦人大恐[⑤]。王与大夫尽弁以启金縢之

【译 文】

秋天，庄稼成熟，丰收在望，还没有收割。有一天，突然雷电交加，刮起了大风，庄稼全部倒伏，大树被连根拔起。都城里的人大为恐惧。成王与大夫们全穿上礼服，戴上礼帽，开启用金丝缄封着的册

书[6]，乃得周公所自以为功代武王之说[7]。二公及王乃问诸史与百执事[8]。对曰："信[9]。噫！公命我勿敢言。"

王执书以泣，曰："其勿穆卜[10]！昔公勤劳王家，惟予冲人弗及知[11]。今天动威以彰周公之德[12]，惟朕小子其新逆[13]，我国家礼亦宜之。"王出郊，天乃雨，反风，禾则尽起。二公命邦人凡大木所偃，尽起而筑之[14]。岁则大熟。

书，才得到了周公以自身为牺牲请求替武王死的祝辞。二公和成王就向史官及当时的办事人员问那件事。史官和办事人员回答说："是真的。唉！因为周公当时不让我们说。"

成王手持册书哭着说："不用占卜了！过去周公为了王家而辛勤劳累，只有我年纪小不了解他。现在上天动了威严，来显明周公的美德，只有我小子亲自出去迎风，风才能停息。而且按国家的礼法，也应该这样。"成王出城到了城郊，天就下起了雨，同时风向逆转，倒伏了的庄稼又全立了起来。二公又命令人把被风吹倒的大树全扶起来用土夯实。结果，这一年庄稼大丰收。

注释

❶大熟：丰收在望。 ❷以：而。 ❸偃：倒伏。 ❹斯：同"是"，宾语前置的标志。 ❺邦人：指国都里的人。邦，国。 ❻尽：皆。弁：皮帽子。此指礼服。 ❼说：指祝辞。 ❽诸："之于"合音。百：犹众。执事：办事人员。 ❾信：诚，真。 ❿穆：敬。 ⓫冲（tóng）：同"童"。 ⓬彰：显。 ⓭新：同"亲"。逆：迎，指迎风。 ⓮起：扶起。筑：用土夯实。

大诰

题解

大，有广、遍、重的意思。诰，上告下之辞。此篇记周公大诰多邦诸侯及其官员之诰辞，篇名取开篇“大诰尔多邦越尔御事”之“大诰”二字。今文、古文皆有。

【原文】

武王崩[1]，三监及淮夷叛[2]。周公相成王[3]，将黜殷[4]，作《大诰》。

（此为序）

【译文】

武王去世后，三监及淮夷叛乱，殷民复反。周公辅佑成王，即将平叛灭殷，作了《大诰》。

注释

❶崩：死。天子死曰崩。 ❷监：监视、监理。武王灭商后，立纣王的儿子武庚为殷人宗主，命管叔、蔡叔与霍叔共同监视之，为“三监”。此盖以武庚、管叔、蔡叔为三监，误。淮夷：淮河下游一带的部族。 ❸相：辅佐。 ❹黜：消除，灭掉。

【原文】

王若曰[①]："猷大诰尔多邦越尔御事[②]：弗吊天降割于我家[③]，不少延[④]。洪惟我幼冲人[⑤]，嗣无疆大历服[⑥]。弗造哲[⑦]，迪民康[⑧]，矧曰其有能格知天命[⑨]？已[⑩]！予惟小子[⑪]，若涉渊水[⑫]，予惟往求朕攸济[⑬]。敷贲敷前人受命[⑭]，兹不忘大功[⑮]。予不敢闭于天降威[⑯]，用宁王遗我大宝龟[⑰]，绍天明[⑱]。即命曰[⑲]：'有大艰于西土[⑳]，西土人亦不静，越兹蠢[㉑]。殷小腆诞敢纪其叙[㉒]。天降威[㉓]，知我国有疵[㉔]，民不康，曰：予复[㉕]！反鄙我周邦[㉖]。今蠢[㉗]。今翼日[㉘]，民献有十夫予翼[㉙]，以于敉宁武图功[㉚]。我有大事[㉛]，休？'朕卜并吉。

【译文】

摄政王这样说："我大诰你们多国诸侯及你们主事的大臣们：不友好的上天，给我们国家降下灾难，一点儿也不宽延，使我们的武王过早地去世。现在是我们的年轻人继承了远大无疆而符合历数的职位做天子。他没有遇上哲人能够把百姓引向康宁，何况说他能感知天命？唉！我是个年轻人，现在就好像在蹚深水，我只能去找上岸的地方，设法渡过去。灵验的三足龟曾经帮助我先人受天命，至今我忘不了它的大功。因为我不敢隐瞒天降的灾难，所以用文王留给我们的大宝龟来昭明天命。我问它：'西方有大难，西方的人也不安定，在这里蠢蠢欲动。殷人的小主武庚，竟敢延续他们的帝统，要做天子。因为现在武王去了，他知道我们国内有矛盾，民心不稳，就说：我要恢复殷人的江山！反过来鄙视我们周国，现在已经蠢动。明天，有十位贤才将辅佐我去完成文王、武王所谋的功业，扫平殷邦。我有大事，吉利吗？'我占卜的结果全部吉利。

注释

❶王：指周公，周公摄政行王权，故称王。当时成王为天子，不称王。若：如此。

❷猷：语助词。多邦：众诸侯。越：与。御：治、理。 ❸吊：古“叔”字之讹。叔，同“淑”，美、善。割：同“害”，灾害。《经典释文》云：马（融）本作“害”。 ❹不少延：武王刚死就降临。延，拖延。 ❺洪：大，敬词。惟：同“为”，是。我：第一人称复数，我们的。幼冲人：即幼童人，指成王。冲，同“童”。 ❻嗣：继承。无疆：没有止境，形容极大。历服：符合历数的、自然而然的职事，指承父位做天子。历，过，逐次经过。服，职事。 ❼造：同“遭”，遇。哲：智，指智慧的人。 ❽迪：导。 ❾矧：何况。格知：感知、了解。格，至。 ❿已：叹声，同“噫”。 ⓫惟：同“为”，是。小子：年轻人。⓬渊：深。 ⓭惟：只。攸济：上岸处。攸，所。济，渡。 ⓮前“敷”：大。贲：三足龟。《尔雅·释鱼》：“龟三足，贲。”后“敷”：同“辅”，帮助。前人：指文王、武王。受命：所受命。 ⓯兹：今。 ⓰闭：遮掩，隐瞒。天降威：天所降之灾。 ⓱宁王：即文王。宁，古“文”字之讹。遗：遗留。⓲绍：同“昭”，明。天明：同“天命”，天意。 ⓳即命：用它问事，即用大宝龟占卜。即，就。命，问。 ⓴艰：难。 ㉑越：于。蠢：欲动的样子。㉒殷小腆：指武庚。腆（tiǎn），同“敟”，主。诞：大。纪：理。叙：同“绪”，帝统。 ㉓天降威：指使武王死。 ㉔疵：毛病。 ㉕康：宁。予：武庚自称。复：恢复。 ㉖鄙：鄙视。 ㉗蠢：动。 ㉘翼日：即“翌日”，明天。翼，同“翌”。 ㉙献：同“贤”。十夫：十人。予翼：即“翼予”，辅佑我。翼，辅佑。 ㉚于：往。敉：终，完成。宁：文。图功：所图功。图，谋。㉛大事：武事。休：美，吉。

【原 文】

“肆予告我友邦君越尹氏、庶士、御事曰[①]：‘予得吉卜，予惟以尔庶邦于伐殷逋播臣[②]。’尔庶邦君越庶士、御事罔不反

【译 文】

“所以我告诉我们众位友邦国君及你们的长官、士人和治事人员们说：‘我得了吉卜，我打算率领你们各国去讨伐那些殷商罪犯。’而你们众人无不反对，说：‘困难大，百姓不安

曰[3]：'艰大[4]，民不静，亦惟在王宫邦君室[5]。越予小子考[6]，翼不可征[7]。王害不违卜[8]？'

"肆予冲人永思艰，曰[9]：'呜呼！允蠢鳏寡，哀哉！'予造天役遗[10]，大投艰于朕身越予冲人[11]，不卬自恤[12]。义尔邦君越尔多士、尹氏、御事绥予曰[13]：'无毖于恤[14]，不可不成乃宁考图功[15]！'

"已！予惟小子[16]，不敢替上帝命[17]。天休于宁王[18]，兴我小邦周[19]。宁王惟卜用[20]，克绥受兹命[21]。今天其相民[22]，矧亦惟卜用[23]？呜呼！天明畏[24]，弼我丕丕基[25]！"

定，而且罪犯出在王室和诸侯。依我们看，不能征伐。大王为何不违卜呢？'

"现在我们年幼的天子也长时间想着这场灾难，他说：'啊，实在扰动寡人。可怜啊！'我遭受了上天役遣，因为上天把这灾难重重地抛给了我和我们年幼的天子，使我们不能顾恤我们自己。你们大家应当劝慰我说：'不要劳于自恤！不能不完成你先父文王所谋的大业！'

"唉！我是个年轻人，不敢荒废上帝之命。当年上天嘉美文王，要使我们小国周兴旺发达。文王是用了占卜，才得以安然地接受了这天命。如今上天将帮助周人，何况也是用了占卜，怎么能违背呢？啊！上天已经显明它的威严，要辅助我们伟大的基业。"

注释

❶肆：故。尹：百官之长。 ❷惟：思，打算。以：率。于：往。逋播臣：尚未惩治的罪犯。逋（bū），逃亡。播，散。 ❸罔：无。反：反对。 ❹艰：难。 ❺惟：同"为"，因为。在：指罪人在。王宫：王室，指管、蔡。邦君：诸侯，指武庚。 ❻越：于，以。予小子：诸侯等自称。考：察。 ❼翼：同"意"，想。 ❽害：同"何"。违：背。 ❾予冲人：指成王。冲，同"童"。永：长。 ❿允：诚。蠢：扰动。鳏寡：单身男女。此为成王自称，犹言寡人。造：同"遭"。役：使。遗：当作"遣"。 ⓫投：扔，掷。越：与。 ⓬卬

(áng)：我们。恤：顾恤。 ⑬义：当。绥：同“妥”，止、劝。 ⑭无：同“毋”。毖(bì)：劳。恤：承前指自恤。 ⑮宁考：文考。图：所图。 ⑯惟：同“为”，是。 ⑰替：废。 ⑱休：嘉美。 ⑲兴：使之兴旺。 ⑳惟：同“为”，只。卜用：用占卜。 ㉑克：能。绥：安。 ㉒相：助。民：人，指周人。 ㉓矧：何况。 ㉔明：显。畏：同“威”。 ㉕弼：辅。丕丕：大的样子。

【原文】

王曰：“尔惟旧人[①]，尔丕克远省[②]，尔知宁王若勤哉[③]！天閟毖我成功所[④]，予不敢不极卒宁王图事[⑤]，肆予大化诱我友邦君[⑥]。天棐忱辞[⑦]，其考我民[⑧]，予曷其不于前宁人图功攸终[⑨]？天亦惟用勤毖我民[⑩]。若有疾，予曷敢不于前宁人攸受休毕[⑪]？”

【译文】

摄政王说：“你们是旧臣，你们太能远思往事了。你们知道文王是如何辛勤吧！上天秘密地赐给了我成功的方法，我不敢不彻底完成文王所谋的事业，所以我大加教育诱导你们。上天以诚恳的言辞辅导我们，将要成全我们周人，我怎能不把先父文王所谋的功业完成？上天也是用辛苦来劳累我们周人，就像有病在身，必须医治。我怎敢不把文王所受的美命实现？”

注释

①惟：同“为”，是。旧人：老人，旧臣。 ②丕：大。克：能。省：反省，追忆。 ③若：如何。 ④閟(bì)：同“秘”，秘密。毖(bì)：同“畀”，赐、给。所：所在，此指方法。 ⑤极卒：终极，彻底完成。 ⑥肆：故。化诱：教育、诱导。 ⑦棐：同“辅”。忱：诚。 ⑧考：成。 ⑨攸：用，以。 ⑩惟：同“为”，是。用：以。勤：辛劳。毖：劳。 ⑪攸：所。休：指天休。毕：完成。

【原文】

王曰："若昔朕其逝[1]，朕言艰[2]，日思[3]：若考作室[4]，既厎法[5]，厥子乃弗肯堂[6]，矧肯构[7]？厥父菑[8]，厥子乃弗肯播，矧肯获？厥考翼其肯[9]，曰：'予有后，弗弃基[10]。'肆予曷敢不越卬敉宁王大命[11]？若兄考[12]，乃有友伐厥子[13]，民养其劝弗救[14]？"

【译文】

摄政王说："像以前一样，我出发前说话艰难，只是天天在想：好比一个父亲要盖房子，已经确定了位置与大小，他的儿子却不肯平地基，何况肯构筑？他的父亲已经开好了田地，儿子却不愿意播种，何况愿意收获？他的父亲希望他愿意，说：'我有后人，不会抛弃我的基业。'所以我怎敢不在我身上完成文王所受的天命？现在的形势，就像一个哥哥死后，却有人来打他的儿子。负责抚养他儿子的人，难道能眼看着而不去救助吗？"

注释

❶若：如。昔：过去，指伐纣之时。其：将。逝：往。 ❷言：说。艰：难。 ❸日：日日。 ❹考：父。 ❺厎：定。法：度，大小。 ❻乃：却。堂：堂基，此指筑堂基，平地基。 ❼矧：况。构：架木，构筑。 ❽菑（zī）：开垦土地。 ❾翼：同"冀"，望。 ❿基：基业。 ⓫越：同"于"。卬（áng）：我。敉（mǐ）：给，完成。大命：所受天命。 ⓬考：终。 ⓭有：有人。"友"字衍，从曾运乾说。伐：打击。 ⓮民养：负责长养人之人，即摄政王。民，人。其：岂。劝："观"字之误，从于省吾说。

【原文】

王曰："呜呼！肆哉[1]，尔庶邦君越尔御事。爽邦由

【译文】

摄政王说："啊！要尽力呀，你们各位国君及你们的理事们！国政是否清明，

哲[2]。亦惟十人，迪知上帝命越天棐忱[3]。尔时罔敢易法[4]，矧今天降戾于周邦[5]？惟大艰人诞邻胥伐于厥室[6]，尔亦不知天命不易？予永念曰[7]：天惟丧殷[8]，若穑夫[9]，予曷敢不终朕亩[10]？天亦惟休于前宁人[11]，予曷其极卜[12]？敢弗于从率宁人有指疆土[13]？矧今卜并吉？肆朕诞以尔东征[14]。天命不僭[15]，卜陈惟若兹[16]。"

由哲人决定，所以我用了十位贤才。同时也因为这十位贤才，引导我得知了上天之命及其辅助我们的真心话。你们因此也不敢改变旧行，何况现在上天不是已降定命给周邦吗？只有那些制造大难的人，勾结殷人，相伐于自己的王室。难道你们也不知道天命不会改变吗？我经常想：是上天使殷人丧亡，我就像种地的农夫，怎敢不种完我的土地，完成我的工作？也是上天嘉休前文王，我怎能不相信占卜？怎敢不去巡行文王美好的疆土？何况现在占卜全都吉利呢？所以我要率领你们大举东征。天命不会出差错，占卜所陈示的就是这样。"

注释

❶肆：力，尽力。 ❷爽：明，使动用法。邦：国。哲：智人。 ❸惟：同"为"，因为。十人：即前文"民献有十夫"之十夫。迪：导。越：与。棐（fěi）：同"辅"，所辅。忱：忱辞，真心话。 ❹尔：你们。时：是，是以，因此。易：改变。法：行。 ❺矧：况。戾：定，指定命。 ❻大艰人：指制造大艰之人，即作乱之三监。诞：同"延"，引、勾结。邻：指殷人。胥：相。 ❼永：长。念：思。 ❽天惟：惟天，是天。丧：亡。 ❾穑夫：农夫。 ❿终朕亩：种完我的地。 ⓫天亦惟：即"亦惟天"，也是天。 ⓬曷其：怎能。曷，同"何"。极：终，止。 ⓭于：往。率：循，巡。有指：即"有旨"，美好。指，同"旨"。 ⓮肆：故。诞：大。以：率。 ⓯僭：差。陈：示。 ⓰惟：同"为"，是。若兹：如此。

微子之命

题解

微子，即前《商书·微子》之微子，名启，商纣庶兄。因商纣酗酒乱德，不听劝谏，而隐遁荒野；武王灭商后，归服于周。此篇记周公东征杀武庚以后，命微子代武庚为殷后裔之辞，故名。今文无，古文有。

【原 文】

成王既黜殷命①，杀武庚②，命微子启代殷后③——作《微子之命》。

（此为序）

【译 文】

成王（摄政王周公）平息了殷人叛乱，杀了武庚以后，册命微子代替武庚做殷王室的继承人——记此命辞，作《微子之命》。

注释

❶成王：当是摄政王周公，序误。既：已，以后。黜殷命：指平息殷人叛乱，彻底灭殷。黜，消除。命，天命。 ❷武庚：纣王子，又名禄父，武王灭商后以之为商宗主。 ❸后：后裔，继承人。

【原 文】

王若曰①："猷②！殷王元子③：惟稽古崇德象贤④，统承先王⑤，修其礼物⑥，作宾于王家⑦，与国咸休⑧，永世无穷⑨。呜呼！乃祖成汤，克齐、圣、广、渊⑩。皇天眷佑⑪，诞受厥命⑫。抚民以宽⑬，除其邪虐⑭，功加于时⑮，德垂后裔⑯。尔惟践修厥猷⑰，旧有令闻⑱，恪慎克孝⑲，肃恭神人⑳。予嘉乃德㉑，曰笃不忘㉒。上帝时歆㉓，下民祗协㉔。庸建尔于上公㉕，尹兹东夏㉖。

【译 文】

摄政王周公这样说："喂！殷王的长子：只有稽考古史，崇尚道德，效法贤人，全面继承你们的先王，遵循他们的礼法，做周家的客人，与周国共同繁荣，你们的统绪才能永久，才不会断。啊呀！你先祖成汤，能够整齐殷人，圣明通达，志意宏大，识见精深。皇天关怀佑助他，大授其命。他以宽政抚民，除其邪恶，功劳施加于当时，美德垂传于后世。你实践履行他的思想，久有美名，而且谦恭孝敬，敬奉神灵。我赞美你的品德，日益加深，不能忘怀。上帝因此而感到欣喜，下民因此而恭敬协和。所以我立你为上公，来治理这东夏地区。

注释

❶王：摄政王周公。 ❷猷：发语声。按：此晚书作者误解"猷诰"之"猷"而仿之。 ❸元子：长子，微子启，为殷王帝乙的长子。 ❹惟：只。稽：迫考。崇：尚。象：效法，学习。 ❺统：总，全面。 ❻修：行、用。礼物：指礼法。 ❼宾：客。王家：周王室。 ❽国：周国。休：美。 ❾永：久，长。 ❿克：能。齐：指整齐殷人。圣：圣明，通达事理。广：大，指志意宏大。渊：深，指识见精深。 ⓫皇天：大天。眷：顾，关怀。佑：助。 ⓬诞：大。受：同"授"。 ⓭抚：安抚。宽：宽政。 ⓮虐：暴。 ⓯加：施。时：当时。 ⓰垂：流传。 ⓱惟：同"为"，是。践修：履行，实行。猷：道。

⓲旧：久。令：美，善。 ⓳恪：谨慎。 ⓴肃：严。恭：敬。 ㉑嘉：赞美。 ㉒曰：当作“日”。笃：厚。 ㉓时：是，是以。歆：欣喜。 ㉔祗：敬。协：和。 ㉕庸：用，因此。建：立。于：为。 ㉖尹：治。兹：此。东夏：周朝东部。

【原 文】

“钦哉①！往敷乃训②，慎乃服命③。率由典常④，以蕃王室⑤。弘乃烈祖⑥，律乃有民⑦，永绥厥位⑧，毗予一人⑨。世世享德，万邦作式⑩，俾我有周无斁⑪。

“呜呼！往哉，惟休。无替朕命⑫！”

【译 文】

“慎重啊！前去发布你的训令，要谨慎你所受之命。要遵从常法，来藩护王室。要弘扬你先祖的美德，管好你的百姓，永远安于你的地位，辅助我一人。要使后人世代享受你的美德，诸侯万国永远以你为法式，使我们周人永不厌弃啊！

“去吧，没有什么不好。不要荒废我的命令！”

注释

❶钦：敬，重。 ❷敷：布。训：教。 ❸慎：谨慎。服命：所受之命。 ❹率由：遵从。典常：常法。 ❺蕃：同“藩”，藩蔽、保护。 ❻弘：大。烈祖：有功业之祖。 ❼律：齐，使之平齐，合乎法度。有：词头。 ❽绥：安。 ❾毗（pí）：辅助。 ❿式：法式，榜样。 ⓫俾：使。斁（yì）：厌。 ⓬替：废。

归禾亡

题解

归，同“馈”，送。禾，谷，指异亩同颖之谷。记馈禾之事，故名。正文佚，仅存序。

【原 文】

唐叔得禾①，异亩同颖②，献诸天子③。王命唐叔归周公于东④——作《归禾》。

（此为序）

【译 文】

唐叔虞得了一株谷子，根隔垄长在相邻的两块地里，而穗长在一起，就把它献给了成王。成王命令唐叔去把它送给住在东都的周公——记此事，作了《归禾》篇。

注释

❶唐叔：名虞，成王弟，封于唐，故称唐叔。 ❷亩：方块田，田间有垄。颖：谷穗。 ❸天子：成王。 ❹东：东都洛阳。当时周公居洛。

嘉禾亡

题解

嘉，美好的。嘉禾，即上篇唐叔所送之禾。异根同穗，意味着同心同德，故曰嘉禾。因得嘉禾而作，故名。正文佚，仅存序。

【原 文】

周公既得命禾①，旅天子之命②——作《嘉禾》。

（此为序）

【译 文】

周公得到成王命令唐叔送来的异亩同穗的谷子以后，陈述成王的命令——记此事，作了《嘉禾》篇。

注释

❶命禾：成王命唐叔所送之禾。 ❷旅：陈。

康诰

题解

康，本周王畿内国名，此指康叔。康叔名封，武王、周公少弟，初封于康，故称康叔。诰，上告下之辞。诰康叔之辞，故曰《康诰》。此篇记周公封康叔于卫之诰辞。今文、古文皆有。

【原 文】

成王既伐管叔、蔡叔①，以殷余民封康叔②——作《康诰》《酒诰》《梓材》③。

（此为序）

【译 文】

周公诛伐管叔、蔡叔以后，把剩余的殷人分封给了康叔——记此事，分别作了《康诰》《酒诰》《梓材》三篇。

注释

❶成王：当作周公，序误。伐：讨伐，诛杀。 ❷殷余民：杀伐之后所剩余的殷人。封：分封。 ❸《酒诰》《梓材》：并见后。

【原文】

惟三月哉生魄[①]，周公初基作新大邑于东国洛[②]。四方民大和会[③]。侯、甸、男邦，采、卫[④]。百工播民和见[⑤]，士于周[⑥]。周公咸勤[⑦]，乃洪大诰治[⑧]。

【译文】

三月新月初生，摄政王周公开始在东方洛邑营建新都。四方百姓很多都来集会，包括侯服、甸服、男服和采服、卫服等国家的人。他们是接到百官的布告通知，来为周服役筑城的。周公一一慰劳了他们，接着就大诰康叔以治民的方法。

注释

❶三月：周公摄政四年，亦即成王四年（前1039）之三月。哉生魄：新月初生。哉，才。魄，同“霸”，指新月。 ❷初：始。基：亦“始”。新大邑：指成周。 ❸民：人。和：同“合”。 ❹侯、甸、男：九服之三。邦：国。采、卫：九服之二。周有九服之制，依次为侯、甸、男、采、卫、蛮、夷、镇、藩。见《周礼·职方氏》。 ❺百工：百官。播：布，布告。民：承上指“四方之民”。和：同“合”。 ❻士：同“事”，劳动、服役。 ❼咸：皆。勤：劳，慰劳。 ❽洪大：即大，同义词复用。洪，大。治：指治民之道。

【原文】

王若曰：“孟侯[①]，朕其弟[②]，小子封：惟乃丕显考文王[③]，克明德慎罚[④]，不敢侮鳏寡[⑤]，庸庸[⑥]，祗祗[⑦]，威威[⑧]，显民[⑨]，用肇造我区

【译文】

摄政王这样说：“孟侯，我的弟弟，姬封：是你伟大英明的父亲文王，能够重视德教，慎用刑罚，不轻侮孤寡，用当用之人，敬当敬之人，威当威之人，使人各尽其才，来缔造我华夏一方以及我们周邦，以治理我们西方。因为他的

夏[10]，越我一二邦[11]，以修我西土[12]。惟时怙冒闻于上帝[13]，帝休[14]，天乃大命文王殪戎殷[15]。诞受厥命越厥邦厥民[16]。惟时叙[17]，乃寡兄勖[18]。肆汝小子封在兹东土[19]。”

这些功劳被天上的上天听到了，上天高兴，就大命我们文王诛杀殷纣。你那当天子的哥哥武王，延续接受了文王所受的天命以及他的国家和他的人民。为了这个事业，他勤勉努力，完成了天命。所以你姬封才能在这东土之上。”

注释

❶孟侯：康叔的号。　❷其：犹“之”。　❸惟：同“为”，是。丕：大。显：明。　❹克：能。明：彰明，重视。　❺侮：轻慢。　❻庸庸：用当用之人。庸，同“用”。　❼祇祇：敬当敬之人。祇，敬。　❽威威：威慑当威慑之人。威，威慑。　❾显：明大。使动用法。民：人才。　❿用：以。肇造：缔造。肇，始。区夏：华夏之一方、西方。区，一方。　⓫越：与。一二邦：指周。　⓬修：治。　⓭惟：同“为”，因为。时：同“是”，此。怙：恃，所凭靠，指功绩。冒：上。　⓮休：同“喜”。　⓯殪（yì）：杀。戎殷：指纣。《逸周书·商哲解》：“上帝弗显，乃命朕文考曰：‘殪商之多罪纣！’”　⓰诞：延，继。越：与。　⓱惟时：同“为此”。叙：同“绪”，业。　⓲寡兄：指武王。为天子，故称寡。勖：勉。　⓳肆：故。封：分封。东土：指卫。

【原　文】

王曰：“呜呼！封：汝念哉[1]！今民将在祗遹乃文考[2]，绍闻衣德言[3]。往敷求于殷先哲王用保乂民[4]。汝

【译　文】

摄政王说：“啊！姬封：你要经常想着呀！现在百姓正看着你如何遵守你父亲文王的遗德，并希望继续听到殷先人的有德之言。你去遍求殷人先贤王用来安民治民的有德之言吧！你要经常想着

丕远惟商耇成人[5]，宅心知训[6]；别求闻由古先哲王[7]，用康保民[8]，弘于天[9]。若德裕乃身[10]，不废在王命[11]！”

年长有德的殷人，虚心听取他们的教训。另外还要听取古代明君圣主的遗教，来安定百姓，使他们大受上天庇护。如果你自身能富于德，王命就不会被荒废！”

注释

❶念：常思。 ❷在：察。祗：敬。遹（yù）：循。 ❸绍：继。衣：同“殷”。德言：德教之言。 ❹敷：遍，广。哲：智贤。用保乂民：指用来保民治民的德言。保，安。乂，治。 ❺丕：大。惟：思。耇（gǒu）：老。成人：年高有德之人。 ❻宅：安。知：了解。 ❼别：另。由：同“于”。 ❽用：以。康保：安定。 ❾弘：大。“弘”下脱“覆”字，《荀子·富国》引有。弘覆于天：承上指使民大受上天庇护。覆，盖、蔽。 ❿若：如若。裕：富。 ⓫废：荒废。在：于。

【原 文】

王曰：“呜呼！小子封：恫瘝乃身[1]，敬哉！天畏棐忱[2]；民情大可见，小人难保[3]。往尽乃心，无康好逸豫[4]，乃其乂民[5]。我闻曰：‘怨不在大[6]，亦不在小。惠不惠[7]，懋不懋[8]。’已[9]！汝惟小子，乃服惟弘王应保殷民[10]，亦惟助王宅天命[11]，作新民[12]。”

【译 文】

摄政王说：“啊！年轻的姬封：你要忍受劳苦，犹如病痛。要重视啊！天威辅助诚实的人。民情大体可以看到，小民很难安抚。你去尽心尽力，不要贪图安逸，才能治理好百姓。我听说：‘怨不在大，也不在小。’要使不顺从的顺从，使不勤勉的勤勉。唉！你很年轻，但你的责任是辅弼王。我顺天命安抚殷民，你也帮助我完成天命，培养新人。”

注释

❶恫：痛。瘝（guān）：病。皆作使动词。 ❷畏：同"威"。棐（fěi）忱：同"辅诚"。 ❸保：安。 ❹无：同"毋"，不要。康：安乐。逸豫：安逸。 ❺其：语助词。乂：治。 ❻在：在于。 ❼惠：顺，使动用法。 ❽懋：勉，使动用法。 ❾已：同"噫"，叹词。 ❿服：职事。惟：同"于"。弘："弜（弼）"字之讹。王：周公自称。应：受，受命。保：安。 ⓫宅：安，完成。 ⓬作：造。

【原 文】

王曰："呜呼！封：敬明乃罚①。人有小罪，非眚②，乃惟终③，自作不典④，式尔⑤，有厥罪小⑥，乃不可不杀。乃有大罪，非终⑦，乃惟眚灾⑧，适尔⑨，既道极厥辜⑩，时乃不可杀⑪。"

【译 文】

摄政王说："啊！姬封：要认真严明你的刑法。比如一个人犯了小罪，既不是过失造成的，又不思悔改，而自为不法，这是存心犯罪，尽管他的罪小，却不能不杀。如果犯了大罪，但不坚持，就是过失造成的灾祸，属于偶然犯罪，他如果全部交待了自己的罪行，这就不能杀。"

注释

❶敬：认真。明：严明。 ❷非眚：故意。眚（shěng），过失。 ❸乃：却，而是。惟终：不思悔改。惟，思。 ❹典：法。 ❺式：用，用心、存心。 ❻有：犹犯。 ❼终：坚持。 ❽眚灾：过失造成的灾祸。 ❾适：偶然。 ❿道：说，交待。极：尽。辜：罪。 ⓫时：此。

【原文】

王曰："呜呼！封：有叙时[1]，乃大明服，惟民其敕懋和[2]。若有疾[3]，惟民其毕弃咎[4]。若保赤子[5]，惟民其康乂[6]。

"非汝封刑人杀人[7]，无或刑人杀人[8]。非汝封又曰劓刵人[9]，无或劓刵人。"

【译文】

摄政王说："啊！姬封：刑法有纲领，才能大明而服人，老百姓就会以勤勉和睦相劝诫。老百姓犯了罪，就像你自己得了病而务求治好，那么老百姓就会尽弃其恶，不再犯罪。对待老百姓像养护婴儿一样，老百姓就能安定而得到治理。

"要做到：除非你姬封施刑与人，杀害他人，没有人敢刑人杀人；除非你说让割人鼻子和耳朵，没有人敢随便割人的鼻子和耳朵。"

注释

❶叙：同"绪"，统绪、纲领。时：此，指刑法。 ❷惟：同"于"，在。其：将。敕（chì）：诫。懋：勉。和：和睦，不争。 ❸若有疾：就民之罪言。❹毕：全。咎：罪过。 ❺保：养护。赤子：婴儿。 ❻康：安定。乂：治理。❼刑人：给人用刑。 ❽或：有。下同。 ❾又：同"有"。劓（yì）：刑名，割鼻。刵（ěr）：刑名，割耳。

【原文】

王曰："外事[1]，汝陈时臬司师[2]，兹殷罚有伦[3]。"

又曰："要囚[4]，服念五、六日至于旬时[5]，丕蔽

【译文】

摄政王说："处理刑狱之事，你要设立这个标准来管理众人。这样，对殷民的刑法就有了条理。"

又说："捆绑囚禁犯人，要仔细考虑五六天甚至十天时间，最后作出决定。"

要囚[6]。”

王曰：“汝陈时臬事罚[7]。蔽殷彝[8]，用其义刑义杀[9]，勿庸以次汝封[10]。乃汝尽逊[11]，曰时叙[12]，惟曰未有逊事[13]。已！汝惟小子，未其有若汝封之心[14]。朕心朕德[15]，惟乃知[16]。

“凡民自得罪：寇攘奸宄[17]、杀越人于货[18]、暋不畏死[19]，罔弗憝[20]。”

摄政王说：“你要设立这个标准来执法。决定对殷民的法律，要用适当的刑法、合宜的惩戒，不要只顾顺遂你姬封的意愿。如果全顺遂你个人意愿，说这样才有秩序，那只能说没有一件顺事。噫！你是年轻人，我讲的也许不能合你的心，但我的心意、我的目的，希望你能了解。

“凡是百姓自找的罪，包括入室杀人、攘窃财物、内外作乱、杀人越货、强悍不怕死，没有人不怨恨的，所以应该严加打击。”

注释

❶外事：外朝之事，指处理刑狱。 ❷陈：设。时：此。臬（niè）：本为射箭的靶子，此指目标、标准。司：主。师：众。 ❸殷罚：治殷民之刑法。伦：条理。 ❹要：同“约”，捆缚。 ❺服念：仔细考虑。服，同“伏”。旬时：十天。 ❻丕：乃。蔽：断。下同。 ❼事：从事。 ❽殷彝：对殷民之法。 ❾义：宜。 ❿勿庸：不要。次：从。 ⓫乃：若。逊：同“顺”。 ⓬时：此。叙：有序。 ⓭惟：只。 ⓮未其：也许不。有：犹“能”。若：顺。 ⓯德：同“得”，指目的。 ⓰惟：望。 ⓱寇：入室打劫。攘：窃。奸：在内作乱。宄：在外作乱。 ⓲杀越人于货：即杀人越货。越，抢劫。 ⓳暋（mǐn）：强悍。 ⓴憝（duì）：怨恨。

【原文】

王曰："封：元恶大憝[1]，矧惟不孝不友[2]？子弗祇服厥父事[3]，大伤厥考心[4]；于父不能字厥子[5]，乃疾厥子[6]；于弟弗念天显[7]，乃弗克恭厥兄[8]；兄亦不念鞠子哀[9]，大不友于弟。惟吊兹[10]，不于我政人得罪[11]，天惟与我民彝大泯乱[12]。曰：乃其速由文王作罚[13]，刑兹无赦。

"不率大戛[14]，矧惟外庶子、训人、惟厥正人越小臣、诸节[15]，乃别播敷[16]，造民大誉[17]，弗念弗庸[18]，瘝厥君[19]？时乃引恶[20]，惟朕憝[21]。已！汝乃其速由兹义率杀[22]。

"亦惟君惟长[23]，不能厥家人越厥小臣、外正[24]，惟威惟虐[25]，大放王命[26]，乃非德用乂[27]。

"汝亦罔不克敬典[28]。乃由裕民[29]，惟文王之敬忌[30]。乃裕民曰[31]：'我惟有及[32]。'则予一人以怿[33]。"

【译文】

摄政王说："姬封：首恶尚为大憝，何况不孝不友之人？做儿子的不恭敬地为父亲做事，大伤他父亲的心；做父亲的不能爱养他的儿子，却憎恶他的儿子；做弟弟的不思天伦，竟然不尊敬他的哥哥；做哥哥的也不念幼儿可怜，对弟弟大不友好。如果到了这种地步，还不被我们执政的人治罪，那么上天所赐给我们人的纲常就会大为泯灭而混乱。所以说：对这些人，你要迅速用文王所制定的刑法制裁他们，不要宽恕。

"不遵守政令的人尚且要大加敲打，何况做外庶子、训人、官长及小臣的和各持有符节印信的办事人员，却另散布一套，在百姓中为自己制造声誉，不念其职，不负其责，危害他的君主？这是引导作恶，让百姓只怨恨我。噫！你应当迅速遵从文王之法捕杀他们。

"还有做君长的，如果他们不亲善他的家人及小臣、官员，作威作福，大失王命，这就不是用德所能教育的，而必须用刑法进行惩治。

"你也不能不重视法典。你引导百姓，要只以文王之敬忌为敬忌。如果你对百姓说：'我想赶上文王。'那我就高兴了。"

注释

❶元：首。憝（duì）：怨恨，可恶。❷矧：何况。❸祗：敬。服：从事，做。❹考：父。❺字：养育。❻疾：憎恶。❼念：思。天显：犹天伦。❽克：能。恭：敬。❾鞠子：幼弟。鞠，同"稚"。哀：可怜。❿惟：同"为"，若。吊：至。兹：此。⓫于：在。政人：执政之人。⓬惟：犹"所"。彝：常法，纲常。泯：灭。⓭乃其：犹言应当。由：用。作：所作。⓮率：循。戛（jiá）：击，敲打。⓯矧（shěn）：何况。惟：为。外：指诸侯国。庶子、训人：皆官名。正人：官长。诸：众。节：有符节之人，亦官。⓰别：另。播敷：散布。⓱造：制造。⓲念：念其职。庸：同"用"，行，指负其责。⓳瘝（guān）：病。⓴引：引导。㉑惟：只。憝：怨恨。㉒由：遵。兹义：指文王之法。率：捕。㉓亦：亦有。长：指诸侯。㉔能：善。外正：诸侯国之正长。㉕惟：为，作。㉖放：弃，失。㉗乃：就。德：用德教。乂：治，惩。㉘罔不克：不能不。罔，无。敬：重。典：法。㉙由裕：引导。㉚惟：只。敬忌：所敬所忌。㉛裕：导。㉜惟：思。有及：有所及。及，追上，赶上。㉝怿：悦，高兴。

【原 文】

王曰："封：爽惟民迪吉康①。我时其惟殷先哲王德②，用康乂民作求③。矧今民罔迪④，不适⑤。不迪，则罔政在厥邦⑥。"

王曰："封：予惟不可不监⑦，告汝德之说于罚之行⑧。今惟民不静⑨，未戾

【译 文】

摄政王说："姬封：要把使百姓走向富裕安康作为重点来考虑。我因此而想着殷先哲王的德政，以老百姓的康宁安定为最终目标。何况现在老百姓还没有走向富裕安康，这不合适。如果老百姓不走向富裕安康，他的国家就谈不上有善政。"

摄政王说："姬封：因为我觉得你不能不有所借鉴，所以我给你讲了德政的道理和行刑的方法。现在因为老百姓不安定，

厥心[10]，迪屡未同[11]。爽惟天其罚殛我[12]，我其不怨[13]。惟厥罪无在大[14]，亦无在多，矧曰其尚显闻于天[15]？”

王曰：“呜呼！封：敬哉！无作怨[16]，勿用非谋非彝蔽时忱[17]。丕则敏德[18]，用康乃心[19]。顾乃德[20]，远乃猷[21]，裕乃以[22]。民宁，不汝瑕殄[23]。”

还没有使他们定下心。虽已多次开导，但还没有顺服。我想如果上天诛罚我，我也不会怨恨。因为他们的罪不管有多大，不论有多少，原因都是我没有及时治理好。何况现在他们的罪已经被上天清楚地知道了，能不赶紧治理吗？”

摄政王说：“啊！姬封：重视呀！不要制造怨恨，不要以不正当的想法与不合常法的行为来遮蔽我的这一片诚心。要放大标准，黾勉德行，来安定你的心。要反省你的德行，深远你的谋略，宽裕你的财用。百姓安定了，就不会去殄灭你了。”

注释

❶爽：明。惟：思。迪：导。吉：善，富。康：宁。 ❷时：同“是”，是以、因此。其：语助词。惟：思。 ❸用：以。作：作为。求：追求，目标。 ❹罔：无，未。迪：导，向。 ❺适：合适，应该。 ❻政：指善政。 ❼惟：因。监：同“鉴”，鉴视、借鉴。 ❽于：同“与”。 ❾惟：因。 ❿戾：定。 ⓫迪：导。屡：多次。同：同心。 ⓬爽惟：明思。其：如果。殛（jí）：诛。 ⓭其：将。怨：恨。 ⓮惟：因为。无：无论。 ⓯尚：还。闻：知。 ⓰作：造。 ⓱彝：法。蔽：遮蔽。时忱：此诚。 ⓲丕：大。则：法，标准。敏：勉。 ⓳用：以。康：安。乃：你的。 ⓴顾：回顾，反省。 ㉑猷：谋。 ㉒裕：宽，富。以：用。 ㉓瑕：同“暇”。殄（tiǎn）：灭。

【原 文】

王曰："呜呼！肆，汝小子封①。惟命不于常②。汝念哉！无我殄享③。明乃服命④，高乃听⑤，用康乂民。"

王若曰："往哉！封：勿替敬⑥。典听朕告⑦，汝乃以殷民世享⑧。"

【译 文】

摄政王说："啊！要尽力，姬封。天命不是固定不变的。你要经常想着呀！不要绝了我们所享有的天命。要明确你的职责与使命，扩大你的听闻，来安定治理百姓。"

摄政王最后这样说："去吧！姬封：你不要放松警惕。常记我的忠告，你就会世代享有殷民。"

注 释

❶肆：力，尽力。 ❷命：天命。于：同"有"。常：恒久不变。 ❸无：同"毋"。我殄享：即"殄我享"。我，我们的。殄，断绝。享，享有。 ❹明：明确。服：职责。 ❺高：犹大，广。 ❻替：废。敬：重，警惕。 ❼典：常。❽世：世代。

酒诰

题解

诰，上诰下之辞。关乎戒酒，故曰《酒诰》。此篇亦周公（摄政王）诰康叔之辞，与《大诰》《梓材》为姊妹篇。今文、古文皆有。

【原 文】

王若曰[①]：“明大命于妹邦[②]。乃穆考文王[③]，肇国在西土[④]。厥诰毖庶邦庶士越少正御事朝夕曰[⑤]：‘祀兹酒[⑥]。’惟天降命[⑦]，肇我民[⑧]，惟元祀[⑨]。天降威[⑩]，我民用大乱丧德[⑪]，亦罔非酒惟行[⑫]；越小大邦用丧[⑬]，亦罔非酒惟辜[⑭]。

“文王诰教小子有正有事[⑮]：无彝酒[⑯]。越庶国[⑰]：饮惟祀，德将无醉[⑱]。惟曰我民[⑲]，迪小子惟土物爱[⑳]。

【译 文】

摄政王这样说：“我要向沬邦颁布重大法令。姬封，你先父文王，在西方建立国家伊始，就早晚告诫各邦国的卿士、官员及治事人员说：‘只有祭祀的时候才能喝酒。’因为是上天赐命，才教给人们酿酒的方法，它本来就是为了举行大祭。上天降威惩罚人，是因为人淫乱失德。淫乱失德的原因，无非是酒；以致大大小小的国家灭亡，也无非是酒的罪过。

“所以文王告诫子孙、官员及办事人员：不要经常饮酒。告诫各国诸侯：喝酒只能在祭祀的时候，而且要以不醉为度。他还教导我们的百姓，要引导子孙，使他们只喜爱土里面长出来的东西。他的用心

厥心臧[21]。聪听祖考之彝训[22]，越小大德[23]。

“小子惟一妹土[24]，嗣尔股肱[25]，纯其艺黍稷[26]，奔走事厥考厥长[27]。肇牵车牛[28]，远服贾[29]，用孝养厥父母。厥父母庆[30]，自洗腆[31]，致用酒[32]。

“庶士有正越庶伯君子[33]，其尔典听朕教[34]！尔大克羞耇惟君[35]，尔乃饮食醉饱[36]。丕惟曰尔克永观省[37]，作稽中德[38]，尔尚克羞馈祀[39]，尔乃自介用逸[40]。兹乃允惟王正事之臣[41]。兹亦惟天若元德[42]，永不忘在王家[43]。”

实在良苦。我们应当牢记他那堪为法度的训教以及他大大小小的美德。

“小子你只有这一方沬土，你要尽你四肢之力，使百姓专精他们种植庄稼的技艺，恭敬地侍奉他们的父母及君长，让他们牵着牛、赶着车，到远处去经商，来孝养他的父母。他们的父母一旦高兴而亲自备办丰盛的食物，那时候就会让他们喝酒。

“列位卿士、官员及各地方长官：希望你们常记我的教诲！如果你们能够向老人及君长进献食物，你们自己就吃就喝。我想：你们如果能够永远观察反省自己，举止行为符合道德规范，又能向上进献食物，帮助祭祀，那么你就可以自求安逸。这样，就能真正成为替王办事的臣子。这也是因为上天嘉美有大德的人，能使他永远不被王室遗忘。”

注释

❶王：摄政王周公。 ❷明：昭，宣布。大命：重大法令。妹：同“沬”(mèi)，水名。邦：妹水所在之邦，即后世所称之卫国。 ❸穆：敬。 ❹肇：始。下同。 ❺毖：慎诫。庶：众。士：卿士。越：同“与”，下同。少正：小官。御事：治事之臣。御，治。 ❻祀：祭。兹：同“哉”，才。 ❼惟：同“为”，因。 ❽肇：同“教”。 ❾惟：同“为”，为了。元：大。 ❿威：罚。⓫用：因。丧：失。 ⓬罔：无。惟：同“为”，是。 ⓭用：以。 ⓮辜：罪。⓯小子：指子孙。有事：指有事之人，即“御事”。 ⓰彝：常。 ⓱越：同

"于"。 ⑱德：指酒德。将：要。 ⑲惟：语助词。曰：犹"告"。 ⑳迪：导。土物：土中所生之物，指农产品。 ㉑臧：善。 ㉒聪：明。彝：法，法度。㉓越：扬。小大：大大小小，所有。 ㉔小子：指康叔。惟：只。 ㉕嗣：同"肆"，力。股：大腿。肱：上臂。此指体力。 ㉖纯：专，使动用法。其：指卫国百姓。艺：种植。 ㉗奔走：形容勤谨。走，跑。考：先父。长：长官。㉘肇：敏。 ㉙服：事。贾：商。 ㉚庆：喜。 ㉛自：亲自。洗：治。腆：丰盛的酒食。 ㉜致：送，让。 ㉝有正：即"正"，"有"为词头。伯：一方之长，地方长官。君子：在上位者。 ㉞其：命令副词。尔：你们。典：常。㉟克：能。羞：进。耇：老。惟：与。 ㊱乃：就。 ㊲丕：大。惟：思。观：察。省（xǐng）：反省。 ㊳作稽：行为举止。作，动。稽，停。中（zhòng）：合。 ㊴尚：还，又。馈（kuì）：送。祀：祭祀。 ㊵介：同"丐"，求。用：行。 ㊶允：诚。正：主，治。 ㊷惟：同"为"，因为。若：善，嘉。元：大。㊸永不忘：言天使其永不忘。在：于。

【原 文】

王曰："封：我西土棐徂邦君御事小子，尚克用文王教[①]，不腆于酒[②]，故我至于今，克受殷之命。"

王曰："封，我闻惟曰[③]：在昔殷先哲王迪畏天显小民[④]，经德秉哲[⑤]。自成汤咸至于帝乙[⑥]，成王畏相[⑦]。惟御事[⑧]，厥棐有恭[⑨]，不敢自暇自逸[⑩]，矧曰其敢崇饮[⑪]？越在外服[⑫]，侯、甸、男、卫邦伯[⑬]；越在

【译 文】

摄政王说："姬封：在我们西方，帮助各邦国国君治事的大臣及其子孙，尚能听从文王的教导，不沉湎于酒，所以到了现在，我们能够接受本属殷人的天命。"

摄政王说："姬封，我听说：从前殷人的先哲王引导百姓敬畏天威，自己明智修德。从成汤到帝乙，都能成就王业，敬畏辅相。做执事的，辅佐之恭有加。他们不敢自图安逸，何况敢贪杯多饮？王畿以外，侯服、甸服、男服、卫服的邦伯；王畿以内，百官众长、副职

内服[14]，百僚、庶尹、惟亚、惟服、宗工[15]，越百姓里居[16]，罔敢湎于酒[17]。不惟不敢[18]，亦不暇。惟助成王德显[19]，越尹人祗辟[20]。

“我闻亦惟曰[21]：在今后嗣王酣身[22]，厥命罔显于民[23]，祗保越怨[24]，不易[25]。诞惟厥纵淫佚于非彝[26]，用燕丧威仪[27]，民罔不衋伤心[28]。惟荒腆于酒[29]，不惟自息乃逸[30]。厥心疾很[31]，不克畏死[32]。辜在商邑越殷[33]，国灭，无罹[34]。弗惟德馨、香祀登闻于天[35]；诞惟民怨[36]，庶群自酒[37]，腥闻在上。故天降丧于殷[38]，罔爱于殷，惟逸[39]。天非虐[40]，惟民自速辜[41]。”

副手、办事人员、宗族干事以及所有大户人家、乡官里长，没有敢沉湎于酒的。不仅仅是不敢，也是没有时间。他们一心只帮助成就王德，使之彰著，并帮助执法人员维护禁酒的法令。

“我还听说：到了纣王，他本人只图饮酒畅快。政令不被百姓接受，而他只能安受民怨，不能改变。正是因为他放纵淫佚，不守常法，以致丧失了自己的威仪，百姓无不痛心。而他只想着放纵于酒，不想自息其过。他的心变得恶毒凶狠，甚至不怕死。他的罪孽害了整个商都与殷国，而他却不担忧亡国。在殷国，没有美德的馨香和祭祀的香气升天，只有沸腾的民怨与群徒纵酒的腥气冲天。所以上天给它降下丧亡之灾，不再惠爱殷国。这都是因为纣王的淫逸，并非上天残酷，而是殷人自己召罪。”

注释

❶棐（fěi）：同“辅”。徂：同“助”。克：能。用：听。 ❷腆：厚。 ❸惟：有。 ❹迪：导。畏：使之畏。天显：天威。小民：谓于小民。 ❺经：修，行。秉：持。哲：智。 ❻咸：皆。帝乙：第三十代商王，纣王父。 ❼成王：成就王业。畏：敬畏。相：辅相。 ❽惟：为。 ❾棐：辅。 ❿暇：闲。 ⓫崇：多。 ⓬越：过。所在不同，故曰越。外服：王畿之外事王者。 ⓭侯、甸、男、卫：九服中之四服，指近地诸侯。邦伯：国君。 ⓮内服：王畿之内。

⑮僚：官。尹：正，长。惟：同“为”。亚：次，副职。服：任事者。工：官。⑯越：与。百姓：众有姓氏者，即各家族。里：乡里。居：同“君”。⑰湎：沉湎。⑱惟：只。⑲成：成全，成就。显：明。⑳越：与。尹人：指司法人员。尹，治，司。祇：教。辟：法。㉑惟：有。㉒后嗣王：指纣。嗣，继。酣：畅饮。身：自身。㉓命：令。显：明。㉔祇：只。保：安。越：于。㉕易：改。㉖诞：大。惟：为。纵：放纵。佚：放荡。“佚”字旧作“泆”，涉上字误偏旁，今改正。彝：法。㉗用：以。燕：同“宴”，安逸。丧：失。㉘罔：无。衋（xì）：痛。㉙惟：思。荒：放纵。腆：犹“湎”。㉚息：止。乃：其。逸：过。㉛疾：恶毒。很：同“狠”，凶狠。㉜克：能。畏死：怕死。㉝辜：罪。在：犹“及”。越：与。㉞罹：忧。㉟惟：有。馨：香气。登：升。㊱诞：大。惟：有。㊲庶：众。自：尽情。㊳丧：灭亡之祸。㊴惟：为，因。逸：淫逸。㊵虐：暴。㊶惟：为，是。速：召。

【原 文】

王曰：“封：予不惟若兹多诰①。古人有言曰：‘人无于水监②，当于民监。’今惟殷坠厥命③，我其可不大监抚于时④！予惟曰⑤：汝劼毖殷献臣⑥，侯、甸、男、卫，矧太史友、内史友⑦，越献臣百宗工⑧，矧惟尔事⑨。服休服采⑩，矧惟若畴⑪。圻父薄违⑫，农父若保⑬，宏父定辟⑭。

“矧汝刚制于酒⑮。厥或

【译 文】

摄政王说：“姬封：我本不想如此告诫，可因为古人说过：‘人不要用水做镜子，应当用人做镜子。’现在因为殷人自毁了他们的天命，我们难道能不以此为镜子认真吸取教训吗！所以我说：你要力诫殷国的旧贤臣，侯服、甸服、男服、卫服诸侯以及他们的太史、内史，与殷贤臣的百官、宗亲，让他们认真为你做事；服侍你休息、做事的人，要让他们认真做你的助手。要让管地界的负起责任，纠正侵界；管农耕的不违农时，安定民心；管刑法的制定法律，打击犯罪。

“你要认真而强行戒酒。如果有人报

诰曰[16]：‘群饮[17]。’汝勿佚[18]。尽执拘以归于周，予其杀[19]。又惟殷之迪诸臣惟工乃湎于酒[20]，勿庸杀之[21]，姑惟教之[22]。有斯明享[23]，乃不用我教辞[24]，惟我一人弗恤[25]，弗蠲乃事[26]，时同于杀[27]。”

王曰：“封：汝典听朕毖[28]，勿辩乃司民湎于酒[29]。”

告说：‘有人聚饮！’你不要放过，要把他们全抓起来送回宗周，我将杀死他们。另外，如果是留任的殷旧臣或官员沉迷于酒，你不要杀他们，先姑且教育他们。有了如此明显的优待，而他们却仍然不听我的教诲，坚持不改，那我将不再可怜他们，不再赦免他们的罪过，而要把他们一律杀掉。”

摄政王说：“姬封：你要常记我的告诫，不要使你所管辖的百姓沉湎于酒。”

注释

❶惟：想。　❷无：同“毋”，不要。于：以。监：同“鉴”，照影子。❸惟：为。坠：毁失。命：有天下之命、国运。　❹其：同“岂”。监抚：谓仔细鉴视。抚，摸。时：此。　❺惟：为，因此。　❻劼（jié）：用力。毖（bì）：诫。献：同“贤”。　❼矧：当是衍文。太史：史官，主记事。友：不止一人之称。内史：亦史官，主记言。　❽越：与。献：同“贤”。宗工：宗族之官。❾矧：同“慎”。惟：为，作。　❿服：服事。休：息。采：事。　⓫矧：同“慎”。惟：为。若：汝。畴：同“俦”，匹。　⓬圻父：主界之官。圻，地界。父，尊称。薄：同“迫”。违：谓违界。　⓭农父：主农之官。若：顺。保：养。　⓮宏父：主法之官。宏，大。辟：法。　⓯矧：同“慎”，认真。刚：强。⓰厥或：若有人。诰：同“告”，报告。　⓱群：聚。　⓲佚：失，放。按：自“勿”以下原刻脱，从诸本补。　⓳其：将。　⓴惟：为是。迪：进，继用。惟：为。工：官。乃：若。　㉑勿庸：不用，不要。　㉒姑：姑且。惟：为，助动词。　㉓斯：此。享：谓优待。　㉔乃：却。用：听。　㉕惟：于。恤：悯。㉖蠲：免除。乃：犹“其”。　㉗时：则。　㉘典：常。毖：诫。　㉙辩：同“俾”，使。司：主。湎：沉迷于酒。

梓材

题解

梓，木名，质轻耐朽，古人多用以制作器具。材，木材。此取篇中“若作梓材”之二字名篇，实亦为摄政王周公诰康叔之辞。与《康诰》《酒诰》共序。今文、古文皆有。

【原文】

王曰[1]：“封：以厥庶民暨厥臣达大家[2]，以厥臣达王惟邦君[3]。汝若恒[4]，越曰我有师师[5]。司徒、司马、司空尹旅曰[6]：‘予罔厉杀人[7]。’亦厥君先敬劳[8]。肆徂[9]，厥敬劳[10]。

“肆往奸宄、杀人、历人[11]，宥[12]；肆亦见厥君事[13]、戕败人[14]，宥。

“王启监[15]，厥乱为民[16]。曰：‘无胥戕[17]，无胥虐。’

【译文】

摄政王说：“姬封：要让民情从庶民百姓及他们的臣妾那里传达到乡里大户，从大臣那里传达到国君与诸侯。你如果能经常这样做，就可以说：我有老师了。司徒、司马、司空治理民众，要说：‘我不会残暴地杀人。’还要首先慰劳他们的尊长。现在你去卫国，就要先事慰劳。

“以前曾经作过乱、杀过人、残暴过人的，要赦免；以前曾经出仕为纣做过事，或残毁过人肢体的，也要赦免。

“国君设立监国，是为了治理好百姓。他应该对百姓说：‘不要互相残杀，不要互相强暴。’甚至于鳏寡、贱妇，都

至于敬寡⑱，至于属妇⑲，合由以容⑳。王其效邦君越御事㉑，厥命曷以㉒？‘引养引恬㉓’。自古王若兹，监罔攸辟㉔。

要使他们有容身之处。国君教育诸侯及治事大臣，用什么政令呢？用‘长养长安’。就是长期养育百姓，使国家长治久安。自古以来的王者都是这样，所以监国不需另行制法。

注释

❶王：摄政王周公旦。 ❷以：由。暨：及。臣：臣仆。达：通。大家：乡里有地位、势力之人。按："达"以上原刻脱，从诸本补。 ❸惟：与。 ❹若：如若。桓：常。 ❺越：于是。有师师：言有师可师。师师，前"师"为名词，后"师"为动词。 ❻尹：治理。旅：众。 ❼罔：无，不。厉：残暴。 ❽亦：又，还。君：尊者。劳：慰劳。 ❾肆：今。徂：往。 ❿厥：其，承上指其君。 ⓫肆：故。奸宄：内外作乱。历：同"厉"，残暴。 ⓬宥：宽恕。 ⓭肆：故。亦：又。见：同"现"，谓出仕。 ⓮戕：残杀。败：毁。 ⓯启：立。监：监国。 ⓰乱为民：即为治民。乱，治。 ⓱胥：相。 ⓲敬：同"矜"，读为"鳏"。 ⓳属妇：妾妇之贱者，说见《小尔雅·广义》。 ⓴合：全。由：用。容：宽。 ㉑效：同"教"。越：与。 ㉒曷：何。以：用。 ㉓引：长。恬：安。 ㉔攸：用。辟：法。

【原文】

“惟曰①：若稽田②，既勤敷菑③，惟其陈修④，为厥疆畎⑤。若作室家⑥，既勤垣墉⑦，惟其涂塈茨⑧。若作梓材⑨，既勤朴斫⑩，惟其涂

【译文】

“你要想着：好比种田，既辛勤地开垦了大片土地，就要进行整修，给它筑田界，挖排水沟；好比盖房子，既辛勤地打好了围墙，就要给它刷白土，盖屋顶；好比做梓木器具，既辛

丹雘[11]。

“今王惟曰[12]：先王既勤用明德怀为夹[13]，庶邦享作[14]，兄弟方来[15]。亦既用明德[16]，后式典集[17]，庶邦丕享[18]。

“皇天既付中国民越厥疆土于先王[19]，肆王惟德用[20]，和怿先后迷民[21]，用怿先王受命[22]。

“已[23]！若兹监[24]。惟曰[25]：欲至于万年，惟王子子孙孙永保民[26]。”

勤地加工砍削好了，就要给它上红颜色。

“现在我想：先王已经辛勤地用明德安抚了远方，使之归附亲近，使众邦国进贡服役，兄弟之国一起来朝。又用明德使君主法式成就固定，各国大受其惠。

“上天既然把天地中央的人及疆土交给了有明德的先王，后继王就只能用德来帮助迷途之民，使之和悦，使他们悦服先王所受之命。

“噫！要这样来监理殷民。要想着：我们要统治天下到一万年，要让周王的子孙世世代代保有殷民。”

注释

❶惟：思。 ❷稽：治。 ❸敷：普，广。菑：开垦土地。 ❹惟：思。陈修：修整。 ❺为：作。疆：界。畎：田间排水的小沟。 ❻作：筑，盖。室家：房子。 ❼垣墉：墙。 ❽涂塈：用白土化水涂墙。茨：用茅草芦苇盖屋顶。 ❾梓材：梓木器具。 ❿朴斫：加工砍削。 ⓫丹雘（huò）：红色颜料。 ⓬今王：周公自称。 ⓭怀：安抚。夹：近。 ⓮庶：众。享：献。作：做事。 ⓯兄弟：指兄弟之国。方：并、齐。 ⓰亦：又。 ⓱后：君。式：法。典：定。集：成。 ⓲丕：大。享：爱。 ⓳付：交。中国：今中原地区。居天下之中，故曰中国。 ⓴肆：同“嗣”。 ㉑怿：悦。先后：帮助。迷民：迷津之民，指殷民。 ㉒怿：悦服。 ㉓已：同“噫”。 ㉔监：监视、监理，做监国。 ㉕惟：思。 ㉖保：有。

召诰

题解

召，音“绍”，地名，本字作“邵”，在今陕西岐山西南，这里指召公奭。诰，同“告”。召公托周公转告之辞，故名。今文、古文皆有。

【原 文】

成王在丰[1]，欲宅洛邑[2]，使召公先相宅[3]——作《召诰》。

（此为序）

【译 文】

成王在丰邑，准备在洛邑修建宫室，派召公先去勘察地形——记此事，作了《召诰》。

注释

❶丰：丰邑，周文王所都，在今陕西西安境。 ❷宅：《说文解字》：“人所托也。”即房子、宫室，此作动词。 ❸相宅：勘察选定宫室位置地址。相（xiàng），视，察。

【原 文】

惟二月既望越六日乙

【译 文】

二月月圆后第六天乙未日，王一大早

未[1]，王朝步自周[2]，则至于丰。惟太保先周公相宅[3]。

越若来三月[4]，惟丙午朏[5]。越三日戊申，太保朝至于洛，卜宅[6]。厥既得卜[7]，则经营[8]。越三日庚戌，太保乃以庶殷攻位于洛汭[9]。越五日甲寅，位成[10]。

若翼日乙卯[11]，周公朝至于洛，则达观于新邑营[12]。越三日丁巳，用牲于郊[13]，牛二。

越翼日戊午，乃社于新邑[14]，牛一，羊一，豕一。越七日甲子，周公乃朝用书命庶殷侯甸男邦伯[15]。厥既命殷庶，庶殷丕作[16]。

从宗周镐京出发，就到了丰邑，命令太保在周公去以前先去勘察选址。

顺延下来的三月丙午日，新月初生。第三天戊申日，太保一大早到达洛邑。选好城址以后，进行占卜。他占卜得了吉兆以后，就开始着手营建。第三天庚戌日，太保率众殷民在洛水大拐弯处的北岸规划各主要建筑的具体位置。第五天甲寅日，各主要建筑所在的位置就确定了。

再第二天乙卯日，周公一大早到了洛邑，就把新城邑的建筑工地整个视察了一遍。第三天丁巳日，在南郊杀牲祭天。共杀了两头牛。

再第二天戊午日，在新城内杀牲祭祀土神，杀了一头牛、一只羊、一口猪。第七天甲子日，周公一大早就用册书向以前的殷人及其侯服、甸服、男服诸侯发布命令，让他们参加修城。命令发布以后，殷民及诸侯们就大干起来了。

注释

❶惟：于。二月：成王七年之二月。前二年失闰，该月乙亥朔。既望：月相词，月圆以后，十七日。越：过。越六日，即第六天，二十二日。乙未：公元前1036年2月27日。 ❷王：成王。朝：本指日出以前，与“昧爽”同，此泛指早晨。步：行。周：镐京，在丰东，武王所都。 ❸惟：当作“命”。太保：即召公奭，当时为成王太保。 ❹越：过：在后，故曰越。若：顺。来：接下来的。 ❺朏：即月出，新月初生。 ❻卜宅：卜问所选地址是否合适。 ❼得

卜：指占卜吉兆。 ❽经营：开始营建。 ❾以：率。攻：治。位：指城内主要建筑所在的位置。汭：河流拐弯处的北岸。 ❿成：确定。 ⓫若：顺。翼：同“翌”，第二天。 ⓬达：通。营：指工地。 ⓭用牲：杀牲祭祀。郊：邑外。周人祭天在南郊。 ⓮社：祭祀土神。 ⓯书：册书。命：命之营洛。 ⓰丕：大。

【原 文】

大保乃以庶邦冢君出取币①，乃复入锡周公②，曰③：“拜手稽首旅王④：若公诰⑤，告庶殷越自乃御事⑥。

“呜呼！皇天上帝改厥元子⑦，兹大国殷之命⑧。惟王受命⑨，无疆惟休⑩，亦无疆惟恤⑪。呜呼！曷其奈何弗敬⑫？

“天既遐终大邦殷之命⑬，兹殷多先哲王在天⑭，越厥后王后民⑮，兹服厥命⑯。厥终⑰，智藏瘝在⑱。夫知保抱携持厥妇子⑲，以哀吁天⑳；徂厥亡㉑，出执㉒。呜呼！天亦哀于四方民㉓，其眷命用懋㉔。王其疾敬德㉕！

“相古先民有夏㉖，天迪

【译 文】

太保带领诸侯出去取了成王托周公带来的礼品，又进来把它交给了周公，说：“请您向王转达我行跪拜大礼向王禀告：遵照周公的指示，我已经把王的美意转达给了殷诸侯及他们的治事人员以上了。

“啊呀！皇天上帝更换了他的儿子，终止了殷人的福命。是我王接受了这福命。这福命有无尽的喜，也有无尽的忧。啊！怎么能不谨慎呢？

“上天已经永远结束了殷人的福命，现在殷人在天的各位先贤王以及他们的后王、后民，也已经认命。他们失去福命以后，智者隐藏，愚者犹在。他们或者想带着妻子儿子哀呼上天，以求保佑；或者准备出外逃亡，以免拘捕。啊呀！上天也可怜他们，用勉励的方式关怀他们。君王您要赶紧实行德政！

“看看古代的先民夏人，上天启导他们实行爱民如子的政策，他们也能积极

从子保[27]，面稽天若[28]，今时既坠厥命[29]。今相有殷[30]，天迪格保[31]，面稽天若，今时既坠厥命。今冲子嗣[32]，则无遗寿耇[33]，曰其稽我古人之德[34]，矧曰其有能稽谋自天[35]？

稽考上天所示，而后来却坠失了福命。现在看看殷人，上天启导他们按法式养护百姓，他们也能积极稽考上天所示，后来却也坠失了福命。现在一个年轻人继位，而且朝中没有留下一位寿考老人，不能稽考我们先人的德政，何况说能稽考上天的智谋？

注释

❶以：率。庶邦冢君：即侯、甸、男邦伯。冢：大。币：礼品，成王托周公所带来慰劳召公的礼品。❷锡：同“赐”。❸曰：召公曰。以下为召公托周公转告成王之辞。❹拜手稽首：行跪拜礼。旅：陈，告。❺若：顺，遵。公：周公。诰：命。❻告：转达。越：与。自乃御事：从其治事官员以上。自，从、乃，犹“其”。❼改：更。元子：即天子。元，首。❽兹：同“止”，终止。命：性命、福命。❾惟：为，是。王：成王。❿无疆：无止境。惟：为。休：喜，美。⓫恤：忧。⓬曷其奈何：同义词复用。曷，何。敬：慎重。⓭遐终：二次东征平叛。遐，远，永远。⓮兹：今。多：犹“诸”。⓯越：与。⓰兹：同“则”。服厥命：谓不会再次叛乱。服，犹“认”。⓱终：指亡国以后。⓲藏：隐。瘝：病。在：存。⓳夫：犹“其”，他们。知：犹“欲”，说见《礼记·乐记》注。保：保全。携持：牵，托。妇：妻妾。⓴以：而。吁：呼。㉑徂：往，去。亡：逃亡。㉒出：逃脱。执：拘捕。㉓哀：怜。㉔眷命：关怀性命。眷，顾、关怀。懋：勉。㉕疾：速。敬：行。德：德政。㉖相：视。有夏：夏人。㉗迪：导。从：行。子保：像儿子般地养护。保，抚养。㉘面：向，近。稽：考。若：示，说见《尔雅·释言》。㉙坠：失。㉚相：视，观。㉛格：法式。㉜冲子：指成王。冲，同“童”，古音同。㉝寿耇：老人。㉞曰：说。古人：谓先祖。㉟矧：况。

【原 文】

“呜呼！有王虽小[1]，元子哉。其丕能諴于小民[2]，今休[3]。王不敢后[4]，用顾畏于民碞[5]。王来绍上帝[6]，自服于土中[7]。

“旦曰：‘其作大邑[8]，其自时配皇天[9]。毖祀于上下[10]，其自时中乂[11]。’王厥有成命治民[12]，今休。王先服殷御事[13]，比介于我有周御事[14]。节性[15]，惟日其迈[16]。

【译 文】

“啊呀！王虽然年纪小，但他是天子。既是天子，他就一定会大受小民拥戴。所以，前途是美好的。可现在王也不敢迟缓，要看到并畏惧民情的险峻。所以王要到这里来接受天命，亲自在这居天下之中的土地上供职。

“姬旦说：‘要建一座大城，从这里参配皇天。谨慎地祭祀上下神灵，从这中央地区统治天下。’王有上天的成命而治理百姓，前途是美好的。王首先要任用以前殷商的治事人员，使他们逐渐转变为我们周人的治事人员。节制改造其品性，要与日俱进，慢慢进行。

注 释

❶有：语助词。 ❷丕：大。諴（xián）：和。 ❸今：犹将。休：善，美。 ❹后：缓。 ❺用：以。顾：回视。碞：同“岩”，险。 ❻绍：接受。 ❼服：事。 ❽其：命令副词。 ❾时：此，指洛。配：配合。 ❿毖：慎。上下：天地。 ⓫中：天下之中。乂：治。 ⓬成命：天命。 ⓭服：事用。 ⓮比：并，挨。介：近。 ⓯节：节制。 ⓰惟：同“与”。迈：进。

【原 文】

“王敬作[1]，所不可不敬德[2]。我不可不监于有夏[3]，

【译 文】

“王既要认真做事，也不能不敬德。因为我们不能不以夏人为鉴，也不

亦不可不监于有殷。我不敢知曰：有夏服天命[4]，惟有历年[5]；我不敢知曰：不其延[6]，惟不敬厥德[7]，乃早坠厥命[8]。我不敢知曰：有殷受天命，惟有历年；我不敢知曰：不其延，惟不敬厥德，乃早坠厥命。今王嗣受厥命[9]，我亦惟兹二国命[10]，嗣若功[11]。

“王乃初服[12]。呜呼！若生子[13]，罔不在厥初生，自贻哲命[14]。今天其命哲[15]，命吉凶，命历年；知今我初服，宅新邑[16]。肆惟王其疾敬德[17]。王其德之用[18]，祈天永命[19]。

“其惟王勿以小民淫用非彝[20]，亦敢殄戮用乂民[21]，若有功。其惟王位在德元[22]，小民乃惟刑用于天下[23]，越王显[24]。上下勤恤[25]，其曰：我受天命丕若有夏历年[26]，式勿替有殷历年[27]。欲王以小民受天永命[28]。

能不以殷人为鉴。我不敢说自己知道：夏人受天命，本来会更长，但不延长，是因为他们不敬德，才提早丢失了福命；我也不敢说自己知道：殷人受天命本来要更长，但不延长，也是因为他们不敬德，才过早地丢失了福命。如今我王接受了他们的福命，我们就应当以他们为鉴，想想这二国失命的原因，而继承他们成功的经验。

“我王是初服其职。啊！就好像抚养孩子，父母没有不是在他初生的时候就开始亲自传授他智慧的。现在上天已经命定了智慧，命定了吉凶，命定了年数，知道现在我们是初服其职，并且要居于新城，所以希望我王能赶紧敬德。王如果能够敬德，就能求得长久的天命。

“希望我王不要因为小民过行非法，就敢行杀灭，如此来治理百姓，好像这样才会有功。希望王置身德首，以身作则。这样，小民百姓就会效法学习，传行天下，使王显赫。君臣上下都要勤勉，要说：我们所受的天命正像夏人那样长，不要让它像殷人那样短。希望我王依靠小民百姓来接受永久的天命。

注释

❶敬：认真。作：工作，做事。　❷所：犹“且”。敬：重，慎。　❸监：同“鉴”，视。　❹服：犹“受”。　❺惟：同“为”，是。历：久。　❻其：指“历年”。延：延长。　❼惟：同“为”，因。　❽乃：才。　❾嗣：继。　❿惟：思。兹：此。命：指坠命。　⓫若：犹“其”。功：成功。　⓬初：始。服：服职，任事。　⓭生：生养，养育。　⓮自：亲自。贻：传。哲：智。命：教。⓯命：犹赐、定。　⓰宅：居。　⓱肆：故，所以。惟：望。　⓲其：若。德之用：即用德。　⓳祈：求。永：长。　⓴其惟：犹“希望”。其，命令副词。以：因。淫：过。用：行。彝：法。　㉑亦：犹“而”。殄：灭。戮：杀。用：以。乂：治。　㉒位：立。元：首。　㉓惟：同“为”。刑：同“型”，以为典型而效法。　㉔越：于。显：明。　㉕上下：指君臣。恤：忧。　㉖丕：不。若：如，像。　㉗式：语助词。替：废，止。　㉘欲：望。以：用，凭。永：长。

【原文】

“拜手稽首曰：予小臣敢以王之雠民百君子越友民[1]，保受王威命明德[2]。王末有成命[3]，王亦显。我非敢勤[4]，惟恭奉币[5]，用供王能祈天永命[6]。”

【译文】

“我行跪拜大礼说：小臣我敢用我王仇民中的众邦君及王的友民，接受王的威严大命与明德。我王最终会有不变的天命，也一定会显赫。我不敢接受慰劳，只想恭敬地奉还礼品，以供我王能求得永久的天命！”

注释

❶雠民：指殷遗民。越：与。百君子：即前文之“庶邦冢君”。　❷保：安。❸末：终。成命：已定之天命。　❹勤：劳，此指慰劳。　❺惟：只。奉：奉上。币：礼品，即前文回赠周公之“币”。　❻用：以。祈：求。

洛诰

题解

洛，成周洛邑。诰，上告下之辞。此篇记成王、周公君臣的三次对话。第一次为成王使者自洛转达周公之言给成王而成王答之；第二次是周公回镐以后；第三次是在洛邑。事皆与洛有关，而篇末有“作册逸诰”，故名《洛诰》。今文、古文皆有。

【原文】

召公既相宅，周公往营成周①，使来告卜——作《洛诰》②。

（此为序）

【译文】

召公勘察选定城址后，周公去营建成周，并派人回来向成王报告占卜的结果——记此事，作了《洛诰》。

注释

❶营：营建。 ❷使：使人，派人。来：回来。告：报告。卜：指占卜的结果。

【原 文】

周公拜手稽首曰[1]："朕复子明辟[2]。王如弗敢及天基命定命[3]，予乃胤保[4]，大相东土[5]。其基作民明辟[6]。

"予惟乙卯[7]，朝至于洛师[8]。我卜河朔黎水[9]，我乃卜涧水东、瀍水西[10]，惟洛食[11]；我又卜瀍水东，亦惟洛食。伻来以图及献卜[12]。"

王拜手稽首曰："公不敢不敬天之休[13]，来相宅，其作周匹[14]，休！公既定宅，伻来来[15]，视予卜[16]，休，恒吉[17]。我二人共贞[18]。公其以予万亿年敬天之休[19]。拜手稽首诲言[20]。"

【译 文】

使者向王转达周公的话说："周公行跪拜大礼对王说：我决定把明君之位交还给你。你如果不敢承受上天的本命及定命的话，我就继续保你，承担治理东土的重任来辅佐你。你还是做百姓的明君吧！

"我是乙卯日早上到的洛邑。我先占卜了黄河北岸黎水一带，又占卜了涧水以东、瀍水以西，只有洛邑的兆纹顺。我占卜了瀍水以东，也只有洛邑兆顺。现在派人回来把图和占卜的结果献给你。"

王接过图及龟甲看完以后，行跪拜大礼说："您不敢不敬重上天的嘉佑来勘察选定新城，用它做宗周的匹配，非常好！您已经选定了城址，派人回来，把占卜的结果拿给我看，也很好，将会永远吉祥。让我二人共同享有这吉祥吧！希望您能以我们万代江山为重，敬重上天的嘉佑。我谨行跪拜大礼接受您的教诲。"

注 释

❶曰：按此为使者转达周公之言。　❷复：还。子：指成王。明辟：明君之位。辟，君。　❸如：若。及：涉及，接受。基命：本来之命。基，始、本。　❹胤：继。保：抚养，保护。　❺大相东土：谓帮助成王治理东土。相，辅。　❻其：祈使副词。基：始。　❼惟：为，是。乙卯：即《召诰》"若翼日乙卯"，三月乙卯日，即公元前1036年3月19日。　❽洛师：即洛邑。　❾河朔：黄河

北岸。黎水：河名，古卫河、淇河合流后的一段，在今河南浚县东北。⑩乃：又。涧水东、瀍水西：即今河南洛阳一带。涧水，洛水支流，从河南洛阳西南入洛水。瀍（chán）水，洛水支流，从洛阳东入洛水。⑪惟：只。洛：洛水。食：兆纹食墨。孔氏《传》："卜必先墨画龟，然后灼之，兆顺食墨。"兆顺即吉，故食指吉兆。⑫伻（bēng）：使。图：城址规划图。⑬休：美，善。⑭周：指宗周。匹：匹配。⑮来来：回来。⑯视：示，使人看。⑰恒：常。⑱贞：同"正"，当。⑲其：命令副词，望。以：用。万亿年：极言久远。⑳诲：教。

【原 文】

周公曰①："王肇称殷礼祀于新邑②，咸秩无文③。予齐百工④，伻从王于周⑤。予惟曰⑥：'庶有事⑦。'今王即命曰⑧：'记功⑨，宗以功作元祀⑩。'惟命曰⑪：'汝受命笃弼⑫，丕视功载⑬。'乃汝其悉自教工⑭。孺子其朋⑮？孺子其朋⑯，其往⑰，无若火始焰焰⑱。厥攸灼叙⑲，弗其绝。厥若彝⑳，及抚事如予㉑，惟以在周工往新邑㉒。伻向即有僚㉓，明作有功㉔。惇大成裕㉕，汝永有辞㉖。"

【译 文】

周公返回镐京后，对王说："王第一次按殷人的礼仪在新都举行祭祀，要全部用质实的礼仪，不要行过多的仪节。我将整齐百官，让他们从宗周随王前去。我只对他们说：'或许会有事做。'然后王就下令，说：'记录他们的功绩，将来礼官按功行大赏。'王又给我下令，说：'你受命忠诚地辅佐天子，要仔细查阅他们的功劳簿。'然后你就亲自教导所有的官员。那样，小人还敢结党吗？小人如果结党，就让他们滚蛋，不要让他们像火刚燃烧一样慢慢蔓延。一旦蔓延开来，其烧灼就无法熄灭。要让他们顺从常法，做事都像我一样。只有率领在宗周的官员前往新都，使他们接近当地同僚，明白地做事立功。他们的功劳如果厚重广大而丰裕，你就会永远有后嗣继位。"

注释

❶周公曰：按此周公自洛回镐后对成王亲言。 ❷肇：始。称：举。 ❸秩：同“质”。按殷尚质，周尚文，行殷礼，故曰。郑玄《王制》注曰：“春秋变周之文，从殷之质。” ❹齐：整齐。工：同“官”。 ❺从：随。周：宗周。 ❻惟：只。 ❼庶：庶几，或许。 ❽即：就。 ❾功：营建洛邑之功。 ❿宗：礼官。作：行。元：大。祀：谓赏。《周礼·司勋》：“凡有功者，铭书于王之大常，祭于烝，司勋诏之。” ⓫惟：又。 ⓬笃：忠厚。弼：辅。 ⓭丕：大。载：记载。 ⓮乃：然后。悉：尽，全。自：亲自。工：官。 ⓯孺子：幼子，指百官中的小人。其：同“岂”。朋：朋比，结党。 ⓰其：若。 ⓱其：祈使副词。往：出，废。 ⓲若：如。焰焰：火势微弱的样子。 ⓳攸：所。叙：同“绪”，延。 ⓴若：顺。彝：常法。 ㉑及：赶上。抚：用，行。 ㉒惟：只。以：率。 ㉓向：近。即：就。有：词头。 ㉔明：明白。 ㉕惇（dūn）：厚。裕：宽。 ㉖辞：同“嗣”，后继。

【原 文】

公曰：“已[①]！汝惟冲子[②]，惟终[③]。汝其敬识百辟享[④]，亦识其有不享。享多仪[⑤]；仪不及物[⑥]，惟曰不享[⑦]。惟不役志于享[⑧]，凡民惟曰不享，惟事其爽侮[⑨]。乃惟孺子颁[⑩]，朕不暇听[⑪]。

“朕教汝于棐民彝[⑫]，汝乃是不蘉[⑬]，乃时惟不永

【译 文】

周公说：“唉！你还年轻，要想着将来。你应当认真了解诸侯们的进献，也要了解其中有不进献的。诸侯进献，要注重礼仪。如果礼仪赶不上礼品，等于不进献。如果你从心里不重视诸侯的进献，所有的人都会说不必进献。那样，你的政事就会出现差错，就会被轻慢。所以你要向他们颁布进献的法令，我没有工夫过问这事。

“我把富民常法教给你，你如果在这方面不努力，你就不会长久。你要大力约

哉[14]！笃叙乃正父罔不若予[15]，不敢废乃命[16]。汝往，敬哉！兹予其明农哉[17]！彼裕我民[18]，无远用戾[19]。”

束你的官员，要他们都像我一样，不敢荒废你的政令。你前往新邑，要谨慎呀！我在这里将劝勉农事。农事如能使我们的百姓富裕，不管多远的人，他们都会到来。”

注释

❶已：同“噫”，叹词。 ❷惟：为。冲：同“童”。 ❸惟：思。终：将来。 ❹敬：认真。识：知，了解。百辟：指诸侯。辟，君。享：献。 ❺仪：仪节，礼仪。 ❻及：赶上。 ❼惟曰：犹言“叫作”。惟，同“为”。 ❽惟：犹“若”。役：用。志：心。 ❾惟：犹“则”。事：政事。爽：差错。侮：慢。 ❿乃：汝。惟：为。孺子：指诸侯。颁：颁布政令。 ⓫暇：空闲。听：处理，过问。 ⓬于：以。棐：读为“富”。彝：常法。 ⓭乃：若。是：此。蘉(máng)：勉。 ⓮乃：就会。惟不永：即不永。惟，为。永，长。 ⓯笃：厚，重。叙：述，教。正父：指官员。正，长。 ⓰废：荒废。 ⓱兹：此，这里指在宗周。明：勉。 ⓲彼：指农。裕：宽，富。 ⓳无远：没有远近，不分远近。用：而。戾：至。

【原文】

王若曰[1]：“公：明保予冲子[2]。公称丕显德[3]，以予小子扬文、武烈[4]，奉答天命[5]，和恒四方民[6]，居师[7]；惇宗将礼[8]，称秩元祀[9]，咸秩无文[10]。惟公德明光于上

【译文】

王这样说：“周公：请您就在我身边保佑我，不要留在镐京。您举扬伟大光明的美德，让我弘扬文王、武王的功业，答复天命，居住在洛邑，以和洽沟通四方百姓。还能让我注重所行的礼仪，大祭时举行质实之礼，全部用质不用文。我希望您的美德能照耀天地，措

下[11]，勤施于四方[12]，旁作穆穆[13]，迓衡不迷[14]。文、武勤教[15]，予冲子夙夜毖祀[16]。”

王曰：“公功棐迪[17]，笃罔不若时[18]。”

施行于四方，使全天下变得穆然美好，人人横竖不迷。对于文王、武王的遗教，年轻尚轻的我将早晚谨记。”

王又说：“您的工作，就是忠诚地辅佐启导我，请不要不这样。”于是周公答应了成王，就陪他一起去了洛邑。

注释

❶若：如此。按：以下为成王答辞。 ❷明：谓直接。保：保护，保佑。按：成王不愿周公留在镐京，求他陪自己去洛邑，故曰明保。 ❸称：举。丕：大。显：明。 ❹以：使，让。扬：发扬。烈：功业。 ❺奉：敬词。答：报。❻和：和洽。恒：同“亘”，横贯、贯通。 ❼师：京师，洛邑。 ❽惇(dūn)：厚，注重。宗：同“尊”。将：行。 ❾称：举。秩：同“质”。❿咸：皆。秩：同“质”。 ⓫惟：望。明光：犹照耀。 ⓬勤：劳，所勤劳，指治民措施。 ⓭旁：广。作：成。穆穆：美好的样子。 ⓮迓衡：犹言横竖。迓，逆。衡，横。 ⓯勤：尽力。教：谓遗言。 ⓰夙夜：早晚。毖：谨慎。祀：谓记。 ⓱棐：同“辅”。迪：导。 ⓲笃：忠诚。罔：无，毋。时：是，此。

【原文】

王曰[1]：“公：予小子其退[2]，即辟于周[3]。命公后[4]。四方迪乱未定[5]，于宗礼亦未克敉[6]。公功[7]，迪将其后[8]，监我士师工[9]，诞保文

【译文】

王说：“公：我将要离开洛邑，回到宗周的君位上去了。现在叫您暂时留下，因为对洛邑四周的引导与治理还没有结束，礼法方面也还没有能够抚定。您的工作，就是留下引导治理他们，让他们执行礼法，并且监督我们的士大夫、军队与官

武受民[10]，乱为四辅[11]。”

王曰：“公定[12]，予往已[13]。公功，肃将、祗欢[14]。公无困哉[15]，我惟无斁其康事[16]。公勿替刑[17]，四方其世享[18]。”

员，继续安抚文王、武王所受的殷民，把他们治理成为洛邑的四个支辅。”

成王说：“您住下，我就回去了。您要做的事，一是严格执法，一是恭敬和欢。您不要强留我，我是不会把宗周的事搞坏的。您不要废弃刑法，洛邑四周将世代沿用它。”

注释

❶王曰：按以下为成王、周公君臣在成周洛邑的对话。 ❷退：指离开洛邑。 ❸辟：君。 ❹后：后归，暂时留下。 ❺四方：指洛邑周围。迪：道。乱：治。 ❻宗：尊，大。救：抚，定。 ❼功：事，工作。 ❽迪：承前指迪乱四方。将：行，承前指行宗礼。 ❾监：监督，监察。士：士大夫。师：军队。工：官。 ❿诞：同“延”。保：安。 ⓫乱：治。四辅：四方之辅。 ⓬定：谓居。 ⓭已：同“矣”。 ⓮肃将：指严格执法。肃，严。将：行。祗：敬。欢：悦。 ⓯困：围困。此指强留。哉：“我”字之误。 ⓰惟：为，是。斁（dù）：败坏。康事：指镐京之事。康，安。 ⓱替：废。刑：刑法。 ⓲享：受，用。

【原 文】

周公拜手稽首曰：“王命予来[1]，承保乃文祖受命民[2]，越乃光烈考武王弘[3]，朕恭[4]。孺子来相宅[5]，其大惇典殷献民[6]，乱为四方新

【译 文】

周公行叩拜大礼说：“王命令我来洛邑，继续安抚保全王文德祖父受天命而拥有的百姓以及王那建立光明业绩的父亲武王的功绩，我恭敬地答应了。现在王来视察新都城，应当向殷贤民大颁典章，使它成为洛邑周围的新法。兴周，要以恭敬为

辟[7]。作周，恭先[8]。曰[9]：其自时中乂[10]，万邦咸休[11]，惟王有成绩[12]。予旦以多子越御事笃前人成烈[13]，答其师[14]。作周，孚先[15]。考朕昭子刑[16]，乃单文祖德[17]。

“伻来毖殷[18]，乃命宁予以秬鬯二卣[19]。曰：‘明禋[20]，拜手稽首休享[21]。’予不敢宿[22]，则禋于文王、武王。

“惠笃叙[23]，无有遘自疾[24]，万年厌于乃德[25]，殷乃引考[26]。王伻殷乃承叙万年[27]，其永观朕子怀德[28]。”

先。我说过：如果从这天地之中治理天下，万国都会和美，对王来说也会有成绩。我姬旦率众大夫及治事人员忠诚前人已经成就的功业，而答报洛邑周围的民众。因为兴周，要以信用为先。参考我明示给王的榜样，就能光王文德祖父的美德。

“上次使者来慰劳殷民，王让他们带了两卣黑米香酒向我问安，并说：‘举行烟祭，行大礼把它献给先王。’我不敢留下，就用它祭祀了文王、武王。

“如果以惠爱之心重视殷民的存续，使他们没有人遭受疾苦，他们就会永远饱享大王的恩德，殷国也就能延长祚命。王如果能使殷国千秋万代继续存在下去，殷民就会永远看到王的关怀之德。”

注释

❶来：来洛。 ❷承：继承，接续。保：安。 ❸越：与。光：明。烈：业。弘：同“功”，指灭商。 ❹恭：敬。 ❺孺子：指成王。 ❻其：祈使副词。惇：厚，重。典：典章，典制。献：同“贤”。 ❼乱：治。四方：指殷四方。辟：法。 ❽作：兴。 ❾曰：按此周公引自己以前的话。 ❿时：此。中：天下之中。乂：治。 ⓫休：美。 ⓬惟：于。 ⓭以：率。多子：犹言各位大人。多，众。子，对人的尊称。越：与。笃：忠诚。烈：业。 ⓮答：报。其：指洛。师：众。 ⓯孚：信。 ⓰考：察。昭：示。 ⓱单：大。 ⓲伻（bēng）：使。毖：劳。 ⓳宁：问安。秬：黑米。鬯（chàng）：香酒。卣（yǒu）：酒器名。 ⓴明：显。禋（yīn）：祭名，烧柴浇酒升烟而祭。 ㉑休：

美。享：祭献。 ㉒宿：留。 ㉓惠：爱。笃：厚。叙：同“续”。 ㉔遘(gòu)：遭遇。自：于。疾：苦。 ㉕厌：饱。 ㉖引：延长。考：寿命。 ㉗乃：同“能”。承：继。叙：次。 ㉘观：见。朕子：对成王的亲切称谓。怀：关怀。

【原文】

戊辰[1]，王在新邑烝[2]，祭岁[3]。文王骍牛一[4]，武王骍牛一。王命作册逸祝册[5]，惟告周公其后[6]。王宾杀禋咸格[7]。王入太室[8]，祼[9]。王命周公后，作册逸诰[10]，在十有二月。惟周公诞保文武受命[11]，惟七年[12]。

【译文】

戊辰日，王在新城举行冬祭，祭新年。给文王、武王各祭献了一头红牛。王命史佚向文王、武王的神灵宣读册书，是报告周公将暂时留在洛邑的事。王的宾客——殷商的诸侯们在王杀牲祭祀的时候都到了。王进入正殿的大堂，把酒浇在地上祭先王。王命令周公留在洛邑。史佚把这项决定告诉了诸侯。事在十二月，是周公延续并保守文王、武王所受天命而有殷国的第七年。

注释

❶戊辰：十二月三十日，周公致政之日。 ❷烝：冬祭名。 ❸岁：年。 ❹骍（xīn）：红色牛，此指红色。 ❺作册逸：即史佚。作册，史官。逸，作册人的名字。祝：向上天宣读。册：简册，册书。 ❻惟：为，是。后：晚，留下。 ❼宾：宾客，诸侯。杀：杀牲。格：至。 ❽太室：正殿大堂。 ❾祼(guān)：祭名，灌酒于地。 ❿诰：告诸侯。 ⓫诞：延。保：保守。受命：受命有天下。 ⓬七年：成王七年、周公摄政七年，公元前1036年。

多士

题解

多，众多。士，任事之人，指殷旧臣。此篇记周公在洛邑诰殷旧臣的一篇诰辞，篇名二字取自开篇“王若曰尔殷遗多士”句。今文、古文皆有。

【原 文】

成周既成[1]，迁殷顽民[2]，周公以王命诰——作《多士》[3]。(此为序)

【译 文】

成周建成以后，把不服周人统治的殷遗民迁了进来，周公以王的口气训告他们——记此事，作了《多士》。

注 释

❶成周：即所谓“新大邑洛”。孔氏《传》云：“迁殷顽民以成周道，故名此邑为成周。” ❷顽民：不奉服周人的殷遗民。顽，顽固，不驯服。 ❸王：成王。

【原 文】

惟三月[1]，周公初于新邑洛[2]，用告商王士[3]：

【译 文】

三月，周公第一次在新城洛邑施政，所以代成王向殷商的旧大臣们大发诰命：

王若曰[4]："尔殷遗多士，弗吊旻天[5]，大降丧于殷[6]。我有周佑命[7]，将天明威[8]，致王罚[9]，敕殷命[10]，终于帝[11]。肆尔多士[12]，非我小国敢弋殷命[13]，惟天不畀允罔固乱[14]，弼我[15]。我其敢求位[16]？惟帝不畀，惟我下民秉为[17]，惟天明畏[18]。

"我闻曰，上帝引逸[19]。有夏不适逸[20]，则惟帝降格[21]，向于时夏[22]。弗克庸帝[23]，大淫泆[24]，有辞[25]。惟时天罔念闻[26]，厥惟废元命[27]，降致罚[28]；乃命尔先祖成汤革夏[29]，俊民甸四方[30]。

"自成汤至于帝乙[31]，罔不明德恤祀[32]。亦惟天丕建保乂有殷[33]，殷王亦罔敢失帝[34]，罔不配天其泽[35]。在今后嗣王[36]，诞罔显于天[37]，矧曰其有听念于先王勤家[38]？诞淫厥泆，罔顾于天显民祗[39]，惟时上帝不保[40]，降若兹大丧。

"惟天不畀不明厥德。凡四方小大邦丧，罔非有辞于罚[41]。"

王这样说："你们众位殷商的旧臣们，不友善的上天给殷人降下了亡国之祸。我们周人受天命，奉行上天的明威，施行王者之罚，贬退殷命，把它还给了上天。所以，你们多士应当知道：不是我们小国胆敢猎取殷命，而是上天不帮助诬罔久乱，才辅助我们。我们怎么敢自求王位？是上天不助殷人，是我们下界的人承意而行。这是上天的明威。

"我听说，上天也收敛安逸。夏人的安逸不当，是上天降下教令，本想挽救夏人，而夏人不能听从上天，大肆淫佚，天下有非议之辞。因此，上天不再眷念，废了夏人的天命，降下惩罚，命令你们的先祖成汤革除夏命，让俊杰之民治理四方。

"从成汤到帝乙，商王没有不明德忧祀的。也是上天要大立并且安治殷商，商王也没有敢违失帝命的，所以他们无不恭受天泽。而到如今继位的纣王，大不以天为明，何况会听从先王、思念先王为国家而勤劳？他大淫其逸，不顾天威、民病，因此上天不保佑他，降下如此大祸。

"上天从不佑助不明德的人。四方所有大大小小的已经灭亡的国家，没有一个不是有当受天罚之辞于天下的。"

注释

❶三月：成王亲政二年（前1034）三月。❷初：始。于：在。❸用：因此。王士：大臣。❹若：如此。❺弔：古“叔”字之误，善。旻天：上天。❻丧：失，亡。❼佑：同“有”，犹奉受。❽将：奉行。❾致：达。❿敕：同“黜”，退、除。命：指国运。⓫终：止，归。⓬肆：故。⓭弋：猎取。⓮惟：为，是。畀（bì）：同“裨”，助。允：诚。罔：诬罔。固：故，久。⓯弼：辅，助。⓰其：岂。位：王位。⓱下民：下界之人，指周王自己。秉：秉承。为：行。⓲明：显明。畏：同“威”。⓳引：敛。说见《素问·五常政大论》注。逸：安逸。⓴适：适宜。㉑惟：是。格：教，令。㉒向：偏向，挽救。时：此。㉓弗克：不能。庸：同“用”，听从。㉔泆：同“佚”。㉕辞：指非议之辞。㉖惟时：因此。罔：无。念闻：眷念。㉗厥：其，指天。惟：是。元命：指领有天下之命。元，大。㉘致：达，行。㉙革：改，更。㉚俊民：才德杰出之人。甸：治。㉛帝乙：商王名，帝辛（纣）之父。㉜恤：忧。祀：指享国。㉝丕：大。建：立。保：安。乂：治。㉞失：违失。㉟配：同“被”，受。其：犹“之”。㊱后嗣王：指纣。㊲诞：大。罔：无。显：明显。㊳矧：何况。勤家：为国家而辛勤。㊴天显：天威。祇：同“疷”，病。㊵惟：语助词。㊶有辞于罚：有当罚之辞。

【原 文】

王若曰：“尔殷多士：今惟我周王丕灵①，承帝事②。有命曰：‘割殷③，告敕于帝④。’惟我事不贰适⑤，惟尔王家我适⑥。予其曰惟尔洪无度⑦。我不尔动⑧，自乃邑⑨。予亦念天

【译 文】

王这样说：“你们殷商的大臣们：如今我们周王大善，接受了上天的使役。上天有命说：‘夺取殷国，把结果上告于帝。’因此我们的征伐不去别处，只到你们殷王朝。照我说，这都是因为你们大无法度所致。可见我并没有扰动你们，而是动乱来自你们自

即于殷大戾[10]，肆不正[11]。”

王曰：“猷告尔多士[12]：予惟时其迁居西尔[13]。非我一人奉德不康宁[14]，时惟天命[15]。无违[16]！朕不敢有后[17]，无我怨。

“惟尔知[18]，惟殷先人有册有典[19]，殷革夏命[20]。今尔又曰：‘夏迪简在王庭[21]，有服在百僚[22]。’予一人惟听用德[23]，肆予敢求尔于天邑商[24]，予惟率肆矜尔[25]。非予罪，时惟天命。”

己的居邑。我念在上天已经给殷人降下大祸，所以不再给你们治罪。”

王说：“啊，告诉你们大家：我因此把你们迁到了西方。这并非我秉性不安静，这是天命。不要违背！我不敢迟延，你们不要怨恨我。

“你们知道，只有殷先人有简册有典籍，记载着殷革夏命。现在你们背后又说：‘当年夏遗民也被选进商王朝廷，在百官中供职任事。’我不管这些，我只任用有德之人。所以，我不敢从大邑商选拔你们，我只能对你们一律表示同情而已。这不是我的罪过，这是天命！”

注释

❶惟：是。周王：武王。丕：大。灵：善。 ❷承：受。事：使。 ❸割：收。 ❹敕：正。 ❺惟：是。事：指征伐。适：往。 ❻惟：只。尔王家：殷王朝。适：往。 ❼洪：大。度：法度。 ❽动：扰动。 ❾自：来自。 ❿念：思。即：就。戾：罪。 ⓫肆：故。正：治罪。 ⓬猷告：即告、诰，“猷”为语助词。《诗经》作“告犹”，同。 ⓭惟时：因此。其：将。西：指洛邑。洛邑在殷都朝歌西，故言。 ⓮奉德：秉性。康宁：安宁。 ⓯时：此。惟：为。 ⓰无：同“毋”，不要。 ⓱后：迟延。 ⓲惟：是。 ⓳惟：只。册：简册。典：大册，典籍。 ⓴革：更，除。命：国运。 ㉑迪：进。简：择。 ㉒服：事。僚：官。 ㉓惟：只。听：相信。用：信用。 ㉔肆：故。敢：“不敢”之省。天：大。 ㉕率肆：全部，全列。率，全、皆。肆，列。矜：怜悯，同情。

【原 文】

王曰："多士：昔朕来自奄[1]，予大降尔四国民命[2]，我乃明致天罚[3]，移尔遐逖[4]，比事臣我宗多逊[5]。"

王曰："告尔殷多士：今予惟不尔杀[6]，予惟时命有申[7]。今朕作大邑于兹洛，予惟四方罔攸宾[8]，亦惟尔多士攸服奔走臣我多逊。尔乃尚有尔土[9]，尔乃尚宁干止[10]。尔克敬[11]，天惟畀矜尔[12]；尔不克敬，尔不啻不有尔土[13]，予亦致天之罚于尔躬[14]！今尔惟时宅尔邑[15]，继尔居；尔厥有干有年于兹洛[16]。尔小子乃兴[17]，从尔迁[18]。"

王曰："又曰时予[19]，乃或言尔攸居[20]。"

【译 文】

王说："多士们：上一次我从奄国归来，给你们管、蔡、商、奄四国百姓广泛下达了命令，我说我将会公开明确地实施上天的惩罚，把你们从远方迁来，使你们比较恭顺地就近臣事我们周人。"

王说："告诉你们殷商多士：现在我不想杀你们，我要重申这个命令。现在我在这洛邑建成了大都邑，我是考虑到殷四方诸侯没有地方朝贡，同时也考虑到你们多士臣服奔走能比较恭顺。因为这样你们还有你们的土地，你们还能安宁地劳动休息。所以，你们如果能够恭敬服从，上天就会帮助、怜悯你们。如果你们不能恭敬对待，你们将不仅仅失掉你们的土地，我还会把上天的惩罚施加到你们身上。现在你们只有这样住在你们的城邑，继续你们的居址，你们就会在这洛邑有事可干，有年可享。总之，你们众小子的兴旺发达，是伴随迁洛而来的。"

王还说："不过，你们只有能够顺从我，才谈得上永久地居住下去。"

注 释

❶昔：指成王（周公摄政）五年。奄：古国名，在今山东曲阜东，参与武庚叛乱，周公东征而灭之。　❷四国：指管、蔡、商、奄。《诗经·豳风·破斧》：

“周公东征，四国是皇。” ❸乃：将。致：达，实施。 ❹移：迁。遐逖（tì）：皆远义。《多方》：“我则致天之罚，离逖尔土。” ❺比：近。事：服事。宗：宗族。逊：恭顺。 ❻惟：思。 ❼时：此。有：又。申：重。 ❽四方：洛地四方。罔：无。攸：所。宾：贡。 ❾尚：还。 ❿宁：安。干：事，劳动。止：息。 ⓫克：能。 ⓬畀：赐，助。矜：悯。 ⓭啻：仅仅，只。 ⓮致：招致。躬：身。 ⓯惟：只。时：这样。 ⓰厥：其，将会。 ⓱乃：才。兴：兴旺。 ⓲从：随、自。 ⓳又：同“有”。时：顺。 ⓴攸：同“永”，声相近。

无逸

题解

无，同“毋”，不要。逸，安逸、淫逸放荡。此篇为周公告诫成王及后世周王之辞，篇名取于篇中“君子行，其无逸”句。今文、古文皆有。

【原 文】

周公作《无逸》。

(此为序)

【译 文】

周公作了《无逸》。

【原 文】

周公曰：“呜呼！君子所[①]，其无逸[②]。先知稼穑之艰难[③]，乃逸[④]，则知小人之依[⑤]。相小人[⑥]，厥父母勤劳稼穑[⑦]，厥子乃不知稼穑之艰难[⑧]，乃逸乃谚[⑨]，既诞[⑩]；否则侮厥父母[⑪]，曰：‘昔之人无闻知[⑫]。’”

【译 文】

周公说：“啊！君子居身在世，不要贪图安逸。事先了解了种地的艰难，然后再安逸，就会知道小民百姓的痛苦。看那些小民百姓，有的父母勤劳种地，儿子却不知道种地的艰难，而安逸，而强悍放荡，甚至于轻蔑他的父母，说：‘老辈人真糊涂，何必那样辛苦。’”

注释

❶君子：在上位之人。所：居，居身。 ❷其：命令副词。无：同“毋”，不要。 ❸稼：播种。穑：收割。 ❹乃：才。 ❺则：就。小人：与君子相对，指劳动人民。依：同“隐”，痛。 ❻相：视，看。 ❼厥：其。 ❽乃：而，竟。 ❾谚：同“悍”，强悍。 ❿既：而，又。诞：妄，放荡。 ⓫否则：犹言甚至于。否，同“丕”，大。侮：轻慢。 ⓬无闻知：没有见识。

【原文】

周公曰：“呜呼！我闻曰，昔在殷王中宗①，严恭寅畏②，天命自度③，治民祗惧④，不敢荒宁⑤。肆中宗之享国七十有五年⑥。

“其在高宗⑦，时旧劳于外⑧，爰暨小人⑨。作其即位⑩，乃或亮阴⑪，三年不言⑫。其惟不言⑬，言乃雍⑭。不敢荒宁，嘉靖殷邦⑮。至于小大⑯，无时或怨⑰。肆高宗之享国五十年有九年。

“其在祖甲⑱，不义惟王⑲，旧为小人⑳。作其即位，爰知小人之依㉑，能保惠于庶民㉒，不敢侮鳏寡㉓。肆祖甲之享国三十

【译文】

周公说：“啊！我听说，从前殷王中宗，他庄重谦恭，寅敬从事，以天命自律，小心谨慎地治理百姓，不敢安逸放纵。所以中宗享国七十五年。

“后来的高宗，因为他长期在民间劳动，接触百姓，所以等到他即位以后，就盖一座低矮的房子，住在里面，三年不言政事。正因为他不多讲话，所以讲出来的话就雍和理顺。他不敢放荡安逸，以完善安定殷国，结果百姓上上下下没有怨言。所以高宗享国五十九年。

“后来的祖甲，他觉得自己不应当为王，所以长期做百姓。正由于此，等他即位以后，就了解百姓的疾苦，就能够爱护百姓，不敢轻慢孤寡。所以祖甲享国三十三年。

有三年。

“自时厥后[24]，立王生则逸[25]。生则逸，不知稼穑之艰难，不闻小人之劳，惟耽乐之从[26]。自时厥后，亦罔或克寿[27]。或十年，或七八年，或五六年，或四三年。”

周公曰：“呜呼！厥亦惟我周太王、王季[28]，克自抑畏[29]。文王卑服[30]，即康功田功[31]。徽柔懿恭[32]，怀保小民[33]，惠鲜鳏寡[34]。自朝至于日中昃[35]，不遑暇食[36]，用咸和万民[37]。文王不敢盘于游田[38]，以庶邦惟正之供[39]。文王受命惟中身[40]，厥享国五十年。”

“从这以后，继位的殷王生下来就安逸。因为生来就安逸，所以他们不知道种地的艰难，不了解百姓的辛劳，只知道追逐享乐。所以从这以后，也没有能长寿的。有的在位十年，有的在位七八年，有的在位五六年，有的只有三四年。”

周公说：“啊！也只有我们周人的太王、王季，能够自我抑制，敬畏天命。文王穿贱民的服饰，从事盖房、种地的工作。他和蔼温柔，善良谦恭，关怀爱护百姓，惠爱善待孤寡。从天没亮一直到太阳偏西，顾不上安闲地吃一顿饭，以协和万民百姓。文王不敢贪恋游乐打猎，率领众诸侯一心供奉政事。文王中年受命为诸侯，享国五十年。”

注释

❶中宗：第十代商王太戊的庙号。《史记·殷本纪》：“帝雍己崩，弟太戊立……殷复兴，诸侯归之，故称中宗。” ❷严：同“俨”，庄重的样子。恭：谦敬的样子。寅：敬，心里恭敬。畏：谨慎，小心。 ❸度：量，衡量，要求。 ❹祗（zhī）：敬。 ❺荒：逸乐过度。宁：安。 ❻肆：故。享国：在位。 ❼其：更端之词。高宗：第二十三代商王武丁的庙号。 ❽时：是，因为。旧：同“久”。外：宫外。 ❾爰：犹“乃”，于是。暨：及，接触。小人：小民百姓。 ❿作：犹“及”。 ⓫乃：就。或：有。亮阴：同“梁闇”，低矮的房子。 ⓬言：言政事。 ⓭惟：为。 ⓮雍：和，和谐。 ⓯嘉：善。靖：安静。

⑯小大：大小，所有的人。⑰或：有。⑱祖甲：第二十五代商王名。⑲义：宜，以为宜。⑳旧：同“久”。小人：小民。㉑爰：乃。依：同“隐”，隐痛。㉒保惠：爱护。㉓侮：轻。㉔时：此。厥：犹“之”。㉕立：继立。生：生来。㉖惟：只。耽：沉溺。乐：享乐。之：犹“是”，宾语前置的标志。从：逐。㉗罔：无。或：有。克：能。寿：长寿。㉘厥：其。惟：只。太王：即古公亶父，文王祖父。王季：即季历，太王子、文王父。㉙克：能。抑：抑制。㉚卑：低贱。服：衣服。㉛即：就，从事。康：同“康”，房屋。功：事。㉜徽：和。懿：美善。恭：敬。㉝怀：关怀，爱护。㉞惠：爱。鲜：善。㉟昃（zè）：太阳西斜。㊱不遑：顾不上，没工夫。遑，闲暇。暇食：安闲地吃饭。㊲用：以。咸：同“诚”，调和、协和。㊳盘：乐，贪恋。游：游乐。田：同“畋”，打猎。㊴以：率。庶邦：众诸侯。庶，众。惟：只。正：同“政”，国政。之：犹“是”。供：供奉，奉行。㊵受命：指受命为诸侯。惟：于，在。中身：中年。

【原 文】

周公曰：“呜呼！继自今，嗣王则其无淫于观、于逸、于游、于田[1]，以万民惟正之供[2]。无皇曰[3]：‘今日耽乐[4]。’乃非民攸训[5]，非天攸若[6]。时人丕则有愆[7]。无若殷王受之迷乱[8]，酗于酒德哉[9]！”

【译 文】

周公说：“啊！因此，从今以后继立的王，就不要过分地观览、过分地安逸、过多地游乐、过多地打猎。要率领万民百姓，一心一意奉行政事。要顾不上说：‘今天可以放心享乐。’因为这不是百姓所要效法的，也不是上天所能应允的。这样的人，就是大有过错。所以，不要像殷王纣那样沉迷淫乱，那样酗酒啊！”

注释

❶其：命令副词。淫：过分。观：观赏。按：汉石经此句作“其毋淫于酒，毋逸于游田”。 ❷以：率。正：同“政”。供：奉。 ❸皇：同“遑”，暇。❹耽：沉溺。 ❺攸：所。训：顺，效法。 ❻若：同“诺”，答应。 ❼时：此。丕则有愆：犹言“则丕有愆”，大有过。丕，大。愆，过。 ❽受：同“纣”。迷乱：迷于淫乱。 ❾酗（xù）：无节制地饮酒。酒德：饮酒。

【原 文】

周公曰：“呜呼！我闻曰：古之人犹胥训告①，胥保惠②，胥教诲，民无或胥诪张为幻③。此厥不听④，人乃训之⑤，乃变乱先王之正刑⑥，至于小大⑦。民否则厥心违怨⑧，否则厥口诅祝⑨。”

【译 文】

周公说：“啊！我听说古人尚且互相训诫，互相爱护，互相教诲，百姓没有互相欺诳、作假相骗的。如果不听从我讲的这些，百官就会效法你，就会变乱先王的法度，以至大大小小，全部变乱。这样，老百姓要么就心里反对怨恨，要么就嘴里公开诅咒辱骂。”

注释

❶胥：相。训告：训诫，告诫。 ❷保：保护。惠：爱。 ❸或：有。诪（zhōu）张：联绵词，诳、欺诈。为幻：作假骗人。为，同“伪”。幻，假而似真。 ❹厥：犹“若”。 ❺人：指百官、大臣。训：顺，效法。 ❻正刑：法度。 ❼小大：大大小小，所有。 ❽厥：同“其”。违：逆，反。 ❾诅祝：诅咒。

【原 文】

周公曰："呜呼！自殷王中宗及高宗及祖甲及我周文王，兹四人迪哲[1]。厥或告之曰[2]：'小人怨汝詈汝[3]。'则皇自敬德[4]。厥愆，曰：'朕之愆允若时[5]。'不啻不敢含怒[6]。此厥不听，人乃或诪张为幻[7]，曰：'小人怨汝詈汝。'则信之。则若时[8]，不永念厥辟[9]，不宽绰厥心[10]，乱罚无罪，杀无辜。怨有同[11]，是丛于厥身[12]。"

周公曰："呜呼！嗣王其监于兹[13]。"

【译 文】

周公说："啊！从殷王中宗到高宗、祖甲以及我们周文王，这四人都非常聪明。如果有人报告他们说：'有百姓怨你骂你。'他们就更加自我修德。如果真有过错，就说：'我的过错确实如此。'不仅仅不敢生气。如果不听这些，假如有人故意欺骗他说：'有人恨你骂你。'他就相信。如果这样，他就不会经常考虑自己的君位，不宽大自己的心胸，而乱罚无过，滥杀无辜。百姓如果有了相同的怨恨，就先集中到他身上。"

周公最后说："啊！希望继位的王鉴戒于此。"

注释

❶兹：此。迪哲：非常聪明。迪，道，通达。哲，智。 ❷厥：犹"若"。 ❸小人：指百姓。詈：骂。 ❹皇：同"况"，益、加。 ❺允：诚。时：此。 ❻啻：仅仅。 ❼乃：犹"若"。 ❽则：犹"若"。 ❾永：久。念：思。辟：君，指君位。 ❿宽绰（chuò）：舒缓。 ⓫有：若有。同：相同。 ⓬是：犹"乃"，就会。丛：集中。 ⓭嗣王：指成王。监：同"鉴"。

君奭

题解

君，对人的尊称。奭（shì），召公的名字。君奭，周公对召公的称谓。二字取自篇首。此篇记周公告召公之辞。今文、古文皆有。

【原 文】

召公为保①，周公为师②，相成王为左右③。召公不说④，周公作《君奭》。

（此为序）

【译 文】

召公为太保，周公为太师，共同辅佐成王，为成王左右辅臣。召公不高兴，周公作了《君奭》。

注释

❶保：太保，官名，周初三公之一。 ❷师：太师，官名，周初三公之一。 ❸相：辅佐。左右：左右辅臣。 ❹说：同“悦”。召公与周公有矛盾，故不悦。

【原 文】

周公若曰：“君奭：弗吊

【译 文】

周公这样说：“君奭：不友善的上

天降丧于殷[1]。殷既坠厥命[2]，我有周既受。我不敢知曰：厥基永孚于休[3]。若天棐忱[4]，我亦不敢知曰：其终出于不祥[5]。

“呜呼！君已曰[6]：‘时我，我亦不敢宁于上帝命[7]，弗永远念天威越我民[8]。罔尤违[9]，惟人[10]。在我后嗣子孙[11]，大弗克恭上下[12]，遏佚前人光[13]，在家不知天命不易[14]，天难谌[15]。乃其坠命[16]，弗克经历[17]。嗣前人恭明德[18]，在今。’

“予小子旦非克有正[19]，迪惟前人光施于我冲子[20]。又曰：‘天不可信。’我道惟宁王德延[21]，天不庸释于文王受命[22]。”

天给殷人降下亡国之祸。殷人已经坠失了他们的天命，我们周人已经接受了天命。但我不敢说：它的基业会永保美好。即使上天热忱辅助，我也不敢说：它最终不产生不祥。

“啊！您曾说过：‘即使靠我们，我们也不敢安于天命，不长念天威以及我们的百姓。不能责怪百姓，不能违背天命，只能靠我们自己。看看我们的子孙后代，大多不能恭天敬民，而遏绝丢失先人的光辉，在家安逸，不知天命来之不易，也不知天命难以信赖。如果只知道信赖天命，他就会坠失天命，就不能历时长久。所以，要继承先人，恭敬明德，就要从现在开始。’

“我姬旦对此不能有所纠正，只想把先人的光辉延续到我们的幼主身上。你又说过：‘上天不可相信。’我想只要文王美德能够得到延续，上天就不会解除我们文王所受的天命。”

注释

❶吊：古“叔”字之误，善。丧：亡。 ❷坠：失。命：天命，有天下之命。 ❸基：基业。永：久。孚：同“保”。休：美。 ❹棐：辅。忱：真诚，热忱。 ❺出：谓不出，不发生。 ❻君：犹“您”。已：已经，曾经。 ❼时：同“恃”，靠。宁：安。 ❽念：思。越：与。 ❾罔：无。尤：指责、归罪。

违：违背。 ⑩惟：只。人：指已。 ⑪在：察。 ⑫克：能。恭：敬。上下：天与民。 ⑬遏：绝，断。佚：失。前人：先人，指文王、武王。光：明。⑭不易：指来之不易。 ⑮谌（chén）：信。 ⑯坠：失。命：天命。 ⑰经：长。历：经过。 ⑱嗣：继承。恭：敬。 ⑲克：能。正：纠正，改正。⑳迪：语助词。惟：思。施：同“延”。冲（tóng）子：同“童子”，指成王。㉑道：言。惟：想。宁王：即文王，古字误。延：续。 ㉒庸：用，助动词。释：解除。

【原 文】

公曰：“君奭：我闻在昔成汤既受命，时则有若伊尹①，格于皇天②。在太甲③，时则有若保衡④。在太戊⑤，时则有若伊陟、臣扈⑥，格于上帝；巫咸乂王家⑦。在祖乙⑧，时则有若巫贤⑨。在武丁⑩，时则有若甘盘⑪。

“率惟兹有陈⑫，保乂有殷⑬，故殷礼陟配天⑭，多历年所⑮。天惟纯佑命⑯，则商实百姓王人⑰，罔不秉德明恤⑱。小臣屏侯甸⑲，矧咸奔走⑳。惟兹惟德称㉑，用乂厥辟㉒。故一人有事于四方㉓，若卜筮㉔，罔不是孚㉕。”

【译 文】

周公说：“君奭：我听说在以前成汤受命以后，当时就有像伊尹那样的辅臣，能够格知天心，与天沟通；太甲为王，当时就有像保衡那样的辅臣；太戊为王，当时就有像伊陟、臣扈那样的辅臣，能格知上天之心，与上天沟通，而且还有巫咸帮助治理国家。祖乙为王，当时就有像巫贤那样的贤辅臣；武丁为王，当时就有像甘盘那样的贤辅臣。

“大概就因为有这些贤辅安定治理殷国，所以殷礼才升配皇天，持续很多年代。因为皇天专一佑助，所以殷商所有异姓、同姓的人，没有不秉德而明忧的。大臣及诸侯，也都为之奔走效力。正因为他们崇尚道德，用道德来辅佐他们的君主，所以君主一旦向天下发布政令，就像占卜、占筮一样，百姓没有不相信的。”

注释

❶时：当时。若：似，像。伊尹：汤辅臣，名挚。“尹”为官名，“伊”为姓氏。❷格：至，到，达。❸太甲：第五代商王名，汤孙。❹保衡：又称阿衡，太甲辅臣，“保”为官名。旧说保衡即伊挚。❺太戊：第十代商王日名，太甲孙。汤五世孙。❻伊陟：伊尹之子。臣扈：亦贤臣名。❼巫咸：巫师名咸者，太戊贤臣。乂（yì）：治。❽祖乙：殷中宗名，太戊孙。❾巫贤：巫咸子，亦贤臣。❿武丁：殷高宗名。⓫甘盘：贤臣名，亦作“甘般”。⓬率：大率。惟：为，因为。兹有陈：即此列、此辈。有，词头。陈，列。⓭保：安。⓮陟：升。⓯历：经，过。⓰惟：因。纯：专。佑命：即佑助。⓱实：有，所有。百姓：众异姓。王人：王同姓。⓲罔：无。秉：持。恤：忧。⓳小臣：指王畿内所有官员。屏：屏藩。侯甸：侯服、甸服，泛指畿内诸侯。⓴矧（shěn）：亦。咸：皆。奔走：为王事奔走效力。㉑惟：因。兹：此。惟：以。称：举，尚。㉒用：以。乂：同“艾”，辅佐。辟：君。㉓一人：君主，天子。有事：指王命，号令。㉔若：如同。㉕孚：相信。

【原文】

公曰：“君奭：天寿平格①，保乂有殷；有殷嗣②，天灭威。今汝永念③，则有固命④，厥乱明我新造邦⑤。”

【译文】

周公说：“君奭：皇天使能辨察天意、格知天心的人长寿，来安定治理殷国；殷国得到延续，天也不再显威。现在你经常想着这些，就能长寿。希望你治理好咱们新建立的国家。”

注释

❶寿：使长寿。平：同《尧典》“平秩”之平，读为“辨”，辨察。格：指格知天心之人。❷嗣：续。❸永：长。念：思。❹固：坚，久。❺厥：

同“其”，望。乱：治。造：建。

【原文】

公曰：“君奭：在昔上帝割申劝宁王之德[①]，其集大命于厥躬[②]？惟文王尚克修和我有夏[③]；亦惟有若虢叔[④]，有若闳夭，有若散宜生，有若泰颠，有若南宫括[⑤]。”

又曰：“无能往来[⑥]，兹迪彝教[⑦]，文王蔑德降于国人[⑧]。亦惟纯佑秉德[⑨]，迪知天威[⑩]，乃惟时昭文王迪见冒[⑪]，闻于上帝[⑫]，惟时受有殷命哉[⑬]！

“武王惟兹四人[⑭]，尚迪有禄[⑮]。后暨武王诞将天威[⑯]，咸刘厥敌[⑰]。惟兹四人昭武王惟冒[⑱]，丕单称德[⑲]。

“今在予小子旦，若游大川[⑳]，予往暨汝奭其济[㉑]。小子同未在位[㉒]，诞无我责[㉓]。收罔勖不及[㉔]，耇造德不降[㉕]，我则鸣鸟不闻[㉖]，矧曰其有能格[㉗]！”

【译文】

周公说：“君奭：从前上帝为什么要一再劝勉文王的德行，并把大命集中在他身上？一是因为文王能够治理协和我们华夏，同时也因为他有像虢叔、闳夭、散宜生、泰颠、南宫括那样的贤臣。”

周公又说：“如果没有人为他往来奔走，帮助引导、经常教诲他，文王也就不会有美德降施国人。正因为辅臣们专心辅佐，秉持德教，能导知天威，所以才使文王变得英明突出而势力强盛，被上天听到，因而他才接受了原属殷人的天命啊！

“武王对这四个人，更加重用。后来他们与武王一起大奉天威，完成了杀敌大业。因为这四个人使武王变得英明而强盛，所以他们全都以明德著称。

“现在我小子姬旦，好比一个人泅渡大河，我希望与你共济。如今年幼不懂事的孩子在位为君，还不知道责求我们。如果我们勉勖不及，老成之德不降施于他，我们就连鸟叫也听不见，何况说能格知天意！”

注释

❶割：同“害”，何。申：重。劝：勉。宁王：文王。 ❷其：犹“而”。躬：身。 ❸惟：为。克：能。修：治理。和：协和。有夏：中国，华夏。 ❹虢（guó）叔：王季之后，封于虢（今陕西宝鸡），文王贤臣。《左传·僖公五年》：“虢仲、虢叔，王季之穆也，为文王卿士，勋在王室，藏于盟府。” ❺闳夭、散宜生、泰颠、南宫括：皆贤臣名。文王以为四友。 ❻无：无人。往来：犹奔走，效力。 ❼兹：益，帮助。迪：导。彝：常。 ❽蔑：无。 ❾惟：为，因为。纯：专。佑：助。秉：持，奉。 ❿迪：导。 ⓫惟：为。时：此。昭：明。迪：导。见：同“现”。冒：盛。 ⓬闻：被听到。 ⓭受：接受。殷命：殷国的天命。 ⓮惟：于。四人：时虢叔已死，余三人。 ⓯尚：上。迪：进，任用。禄：俸禄。 ⓰暨：及。诞：大。将：奉行。 ⓱咸：毕。刘：杀。 ⓲前“惟”：为。昭：明。后“惟”：于。冒：盛。 ⓳丕：大。单：同“殚”，尽。称：颂。 ⓴游：泅渡。川：河。 ㉑往：同“望”。其：当是“共”误。 ㉒小子：指成王。同未：同“童昧”。 ㉓诞：大。责：求。 ㉔收罔：“爽”之缓读，同“尚”，从曾运乾说。“尚”又同“倘”。勖：勉。 ㉕耇：老年人。造：成。 ㉖鸣鸟：鸟叫。 ㉗矧：况。

【原 文】

公曰：“呜呼！君肆其监于兹[1]！我受命无疆，惟休[2]，亦大惟艰[3]。告君：乃猷裕[4]，我不以后人迷[5]。”

【译 文】

周公说：“啊！您现在要看到这一点！我们受了无疆大命，既是好事，也是大难事。告诉你：你要引导百姓，我是不会使后人迷惑的。”

注释

❶肆：今。监：视，看。 ❷无疆：喻久远。惟：为。休：美。 ❸惟：为。艰：难。 ❹乃：汝，你。猷裕：引导。 ❺以：使。迷：迷惑，分不清。

【原 文】

公曰："前人敷乃心①，乃悉命汝作汝民极②。曰：'汝明勖偶王③，在亶④。乘兹大命⑤，惟文王德丕承⑥，无疆之恤⑦。'"

【译 文】

周公说："前人布陈他的心思，悉心嘱咐你，要你做百姓的表率。他还说：'你要做到努力配合君王，在于心地忠诚。希望你听从这个大命，竭力继承文王的美德，承受无穷的忧患。'"

注释

❶前人：指武王。敷：布，陈。乃：犹"其"。 ❷悉：尽。命：嘱。极：中，标准。 ❸明：显。勖：勉。偶：合，配合。 ❹在：在于。亶（dǎn）：诚。 ❺乘：同"承"，听从。大命：指"作汝民极"。 ❻惟：只。丕：大。 ❼恤：忧。

【原 文】

公曰："君：告汝，朕允①。保奭：其汝克敬以予监于殷丧大否②，肆念我天威③。予不允，惟若兹诰④？予惟

【译 文】

周公说："君奭：告诉你，我是一片诚心。太保奭：希望你能认真地与我一起以殷商亡国的大祸为鉴戒，经常想着我们周家的天威。如果我不是诚心，

曰[5]：'襄我二人[6]，汝有合哉[7]？'言曰[8]：'在时二人。'天休滋至[9]，惟时二人弗戡[10]。其汝克敬德[11]，明我俊民[12]。在让后人于丕时[13]。

"呜呼！笃棐时二人[14]，我式克至于今日休[15]。我咸成文王功于不怠[16]，丕冒[17]。海隅出日[18]，罔不率俾[19]。"

能够如此相告吗？我想，除了我还有第二个人能与你合作吗？外人也说：'就在这两个人。'但天降的吉庆越来越多，只有这两个人还不够。希望你能重视道德，举荐我们百姓中的杰出人才。我最终会在国势昌盛之时，让位于后人的。

"啊！正因为有忠诚辅佐的这两个人，我们周家才能有今天的美好。我们是在不懈怠而大加努力的情况下完成文王未竟事业的。现在不管深山海角，凡出太阳的地方，没有不循顺服从的。"

注释

❶允：诚。 ❷保奭：太保奭，即召公。其：望。克：能。以：与。予：我。监：同"鉴"。大否（pǐ）：犹大祸。 ❸肆：同"肄"，习、反复。 ❹惟：为。若兹：如此。 ❺惟：思。 ❻襄：除过。 ❼合：合作，配合。 ❽言：指外人之言。 ❾天休：上天所降的吉庆。滋：益。至：到，来。 ❿惟：只。戡：同"堪"，够。 ⓫克：能。敬：重。 ⓬明：显，举荐。俊民：杰出人才。 ⓭在：终。让：让位。丕：大，昌盛。 ⓮笃：厚。棐：辅。时：此。 ⓯式：用，才。克：能。休：美。 ⓰咸：毕。 ⓱丕：大。冒：同"勖"，勉力。 ⓲隅：角落。出日：见日之地。 ⓳罔：无。率：循顺。俾：从。

【原文】

公曰："君：予不惠[1]，若兹多诰。予惟用闵于天越民[2]。"

【译文】

周公说："君奭：我不敏慧，才如此多告。但我只是因为担忧天威与百姓，所以才这样。"

公曰："呜呼，君：惟乃知民德[3]，亦罔不能厥初[4]，惟其终[5]。祗若兹[6]，往敬用治[7]！"

周公说："啊，君奭：你最了解百姓的行为，他们实在是没有不能善始的，只是很少有人善终。正因为这样，从今往后，要认真地进行治理。"

注释

❶惠：同"慧"，聪。 ❷惟：只。用：因。闵：同"悯"，忧。越：与。 ❸惟：只。乃：汝，你。德：性，行。 ❹亦：犹实。罔：无。能：能够，胜任。初：事情开始。 ❺惟：只。 ❻祗：敬。 ❼往：往后。敬：认真。用：以。治：治理。

蔡仲之命

题解

蔡仲，蔡叔度之子，名胡，继蔡叔被封于蔡，为诸侯。命，令、册命。记册命蔡叔为诸侯之命辞，故名。古文有，今文无。

【原文】

蔡叔既没[①]，王命蔡仲践诸侯位[②]——作《蔡仲之命》。（此为序）

【译文】

蔡叔死后，成王令蔡仲继承其诸侯之位——记此事，作了《蔡仲之命》。

注释

❶没：同“殁”，死。 ❷王：成王。践：踏上，继承。

【原文】

惟周公位冢宰[①]，正百工[②]，群叔流言[③]，乃致辟管叔于商[④]；囚蔡叔于郭邻[⑤]，

【译文】

因为周公位居冢宰，为百官之长，众兄弟散布流言，周公便在商邑处死管叔行法；把蔡叔囚禁在了郭邻，只给了

以车七乘[6]；降霍叔于庶人[7]，三年不齿[8]。蔡仲克庸祗德[9]，周公以为卿士。叔卒，乃命诸王[10]，邦之蔡[11]。

他七辆车子；把霍叔贬成了平民，三年不加录用。蔡叔的儿子蔡仲能够坚持修德，周公用他做卿士。蔡叔死后，周公就请命成王，把蔡仲封在了蔡。

注释

❶惟：因为。冢宰：官名，掌百官。冢，大。 ❷正：长。百工：同“百官”。 ❸群叔：管叔、蔡叔、霍叔等。 ❹致辟：谓征杀之。致，达，行。辟，法。 ❺郭邻：地名，《逸周书·作洛解》作“郭凌”。 ❻以：用。 ❼降：贬。庶人：平民。 ❽齿：录用。 ❾克：能。庸：常。祗：敬。 ❿命：请命。诸：“之于”合音。 ⓫邦：封。蔡：地名，蔡叔度初封地，在今河南上蔡、新蔡一带。

【原文】

王若曰[1]：“小子胡[2]：惟尔率德改行[3]，克慎厥猷[4]，肆予命尔侯于东土[5]。往即乃封[6]，敬哉！

“尔尚盖前人之愆[7]，惟忠惟孝[8]。尔乃迈迹自身[9]，克勤无怠，以垂宪乃后[10]。率乃祖文王之彝训[11]，无若尔考之违王命[12]。皇天无亲[13]，惟德是辅[14]；民心无常[15]，惟惠之怀[16]。为善

【译文】

成王这样说：“小子姬胡：因为你遵循道德，改变行为，能够谨慎自己的言语，所以我命你到东方去做诸侯。前往你的封地就任，要慎重啊！

“你能掩盖你先人的过错，是忠是孝。你能从你自身从头做起，能够勤劳而不懈怠，以给你的后人留下榜样。你要遵循你祖父文王的常训，不要像你父亲那样违背王命。老天爷没有亲人，只辅助有德的人；民心没有固定，只归向惠爱他的人。做善事不相同，

不同，同归于治[17]；为恶不同，同归于乱。尔其戒哉[18]！

但都能使国家大治；做恶事不相同，却都能使国家大乱。你应当警惕啊！

注释

❶王：成王。❷胡：蔡仲名。❸惟：因。尔：汝。率：循。改：改变。❹克：能。猷：言。❺肆：故。侯：为诸侯。东土：指蔡地。❻即：就。❼尚：上。盖：掩。前人：先人。愆：过。❽惟：为。❾迈：越。自：从。身：己身。❿垂：留。宪：法。⓫率：循。彝：常。⓬考：父。⓭亲：亲人。⓮惟：只。⓯常：固定不变。⓰之：犹“是”。怀：归。⓱治：国家得到治理，太平。⓲戒：戒备，警惕。

【原文】

“慎厥初，惟厥终[1]，终以不困[2]。不惟厥终，终以困穷。懋乃攸绩[3]，睦乃四邻，以蕃王室[4]，以和兄弟，康济小民[5]。率自中[6]，无作聪明乱旧章。详乃视听[7]，罔以侧言改厥度[8]。则予一人汝嘉[9]。”

王曰：“呜呼！小子胡：汝往哉！无荒弃朕命[10]！”

【译文】

“谨慎事情的开始，同时也考虑它的终结，结果就不会困窘。不考虑它的终结，结果就会困窘。努力做你所做的事业，和睦你的四邻，以屏护王室，以协和兄弟，以救助百姓。要遵循法度，不要自作聪明而变乱旧章。要审慎你的视听，不要以一偏之言而改变它的法度。那样，我就会嘉奖你。”

成王最后说：“啊！小子姬胡，你去吧！不要荒废或忘记我的训诫！”

注释

❶惟：思。 ❷以：以致，得以。困：困窘。 ❸懋：勉。攸：所。绩：业，作。 ❹蕃：同“藩”，屏蔽。 ❺康：安。济：救。 ❻率：循。中：中正，标准。 ❼详：审慎。 ❽侧言：偏言。度：法度。 ❾嘉：赞美，表扬。❿荒：荒废。弃：放弃，抛弃。

成王政亡

题解

政，同“征”，征伐。成王亲政后，淮夷及奄再次叛乱，成王亲征淮夷并灭奄。史记其事，故曰《成王政（征）》。正文佚，仅存序。

【原文】

成王东伐淮夷①，遂践奄②——作《成王政》。

（此为序）

【译文】

成王东征讨伐淮夷，紧接着又灭了奄国——记此事，作了《成王政》。

注释

❶淮夷：淮河中下游一带的部族。❷践：同“翦”，灭。奄：东方古国，故地在今山东曲阜东。

将蒲姑亡

题解

将，行将、即将。这里指行将迁徙奄国君臣。蒲姑，地名，亦作“薄姑”，在今山东博兴东北。记成王行将迁奄君臣于蒲姑时事，故名。正文佚，仅存序。

【原文】

成王既践奄[1]，将迁其君于蒲姑，周公告召公——作《将蒲姑》[2]。

（此为序）

【译文】

成王灭奄以后，行将把奄君迁往蒲姑，周公把这事告诉了召公——记此事，作了《将蒲姑》。

注释

❶践：同“翦”，灭。 ❷周公告召公：孔《传》云：“告召公使此册书告令之。”

多方

题解

多，众多。方，方国、诸侯。此篇记周公代成王诰众诸侯（多方）之辞，故名。今文、古文皆有。

【原 文】

成王归自奄[1]，在宗周[2]，诰庶邦[3]——作《多方》。

(此为序)

【译 文】

成王从奄国返回后，住在宗周镐京，诰命众邦国——记此诰辞，作了《多方》。

注释

❶自：从。 ❷宗周：镐京。 ❸庶：众。邦：国。

【原 文】

惟五月丁亥[1]，王来自奄，至于宗周。

周公曰："王若曰[2]：'猷

【译 文】

五月丁亥日，成王灭奄归来，回到了宗周镐京。

周公在成周，代成王向殷诸侯发布

告尔四国多方惟尔殷侯尹民[3]：我惟大降尔命[4]，尔罔不知[5]。洪惟图天之命[6]，弗永寅念于祀[7]，惟帝降格于夏[8]。有夏诞厥逸[9]，不肯戚言于民[10]，乃大淫昏[11]，不克终日劝于帝之迪[12]，乃尔攸闻[13]。厥图帝之命，不克开于民之丽[14]，乃大降罚，崇乱有夏[15]。因甲于内乱[16]，不克灵承于旅[17]。罔丕惟进之恭[18]，洪舒于民[19]。亦惟有夏之民叨懫日钦[20]，劓割夏邑[21]。天惟时求民主[22]，乃大降显休命于成汤[23]，刑殄有夏[24]。

“‘惟天不畀纯[25]，乃惟以尔多方之义民不克永于多享[26]；惟夏之恭多士大不克明保享于民[27]，乃胥惟虐于民[28]，至于百为[29]，大不克开[30]。

“‘乃惟成汤克以尔多方简[31]，代夏作民主。慎厥丽[32]，乃劝[33]；厥民刑[34]，用劝。以至于帝乙，罔不明德慎罚，亦克用劝。要囚殄戮多罪[35]，亦克用劝；开释无辜，亦克

诰命。周公说：“王这样说：‘告诉你们四国以及殷侯的旧官员：我要给你们发布重大教令，你们不要不听！因为夏王桀王大肆玷污天命，不认真考虑国家永久的祭祀，是上天给他降下了严厉的教令。而他却大图安逸，不肯安慰百姓，竟然大肆淫乱，没有一整天能自勉于上天的教导。这是你们所知道的。他玷污上天的命令，不仅不能解除百姓的痛苦，反而大施惩罚，最终乱了夏朝。他沿袭于内宫的淫乱，不能很好地承顺众大臣，众大臣又无不专门为他搜刮财货，结果大大地苦了百姓。也因为夏人贪婪、暴横日益加重，伤害夏朝，上天因此为百姓寻求新的主人。于是就把美命重重地降给了成汤，命他殄灭夏朝。

“‘因为上天不专门庇护一家，也是因为你们各国的良民不能长享禄位，更因为夏朝的官员们大多不能保护百姓安享天福，却都想着残暴百姓，以至于无所不为，百姓的痛苦永远不能得到解除，所以上天改变了夏人的天命。

“‘是因为成汤能够体察你们各国的痛苦，所以他取代夏桀做了百姓的主人。他谨慎百姓的负担，是为了劝勉百姓；他对百姓用刑，也是为了劝勉百姓。一直到帝乙，每代商王无不修明道德，谨慎刑罚，也都能以劝勉为目的。即使囚

用劝。

"'今至于尔辟[36]，弗克以尔多方享天之命[37]，呜呼！'

禁杀戮多罪的人，也能以劝勉为目的；开释无罪的人，也能以劝勉为目的。

"'如今到了你们的君主纣王，他不能率领你们各国享受天命。唉！'

注释

❶五月：成王亲政二年五月。丁亥：二十七日。即公元前1034年6月10日。❷若：如此。❸猷（yóu）：语助词。四国：指管、蔡、奄、商，皆商属国。惟：与，及。殷侯：对殷商的蔑称。尹民：官员。尹，正、长。❹惟：思。降：下。❺罔：无，毋，不要。知：犹闻，听。❻洪：大。惟：为，是。图：同"涂"，污。❼永：长久。寅：敬。念：长思。祀：祭祀，年祀。❽惟：为，是。格：同"路"，严厉的教令。夏：指夏桀。❾有夏：即夏，"有"为词头。诞：大。❿肯：愿。戚言：安慰。戚，忧。⓫淫：淫逸。昏：昏乱。⓬克：能。终日：一整天。劝：勉。迪：导。⓭攸：所。⓮克：能。开：犹除。丽：附，负担。⓯崇：同"终"。⓰因：沿。甲：同"狎"。内：内宫，指妹喜。乱：乱政。⓱克：能。灵：善。承：顺。旅：众，众大臣。⓲罔丕：即"无不"，指"旅"言。罔，无。丕，同"不"，当作"不"。惟：只。进：财货。之：犹"是"。恭：同"供"。⓳洪：大。舒：同"荼"，苦。《考工记·弓人》注："荼，古文舒。"⓴惟：为，因。叨：贪。懫（zhì）：忿戾，暴横。钦：敬，重。㉑劓割：指伤害、残害。劓，割去鼻子。㉒惟时：为此。㉓显：明。休：美。㉔刑：杀。殄：灭。㉕惟：为。畀：同"庇"，护。纯：专一。㉖乃：犹"亦"。惟：为，是。以：因。义民：犹良民。克：能。永：长。享：享受禄位。㉗惟：为，因。恭：同"共"，同。士：指官员。保：保护。享：安享。㉘胥：相，皆。惟：为。㉙百为：无所不为。㉚开：除。㉛惟：为，是。简：阅，察看。㉜丽：附。㉝乃：用以，为了。劝：勉。㉞民刑：犹刑民。㉟要：同"幽"。㊱辟：君。㊲以：率。

【原 文】

“王若曰：‘诰告尔多方[1]：非天庸释有夏[2]，非天庸释有殷。乃惟尔辟以尔多方大淫[3]，图天之命[4]，屑有辞[5]。乃惟有夏图厥政，不集于享[6]，天降时丧[7]，有邦间之[8]。乃惟尔商后王逸厥逸[9]，图厥政不蠲烝[10]，天惟降时丧。

“‘惟圣罔念作狂[11]，惟狂克念作圣[12]。天惟五年须暇之[13]，子孙诞作民主[14]，罔可念听[15]。天惟求尔多方[16]，大动以威[17]，开厥顾天[18]。惟尔多方，罔堪顾之[19]。惟我周王灵承于旅[20]，克堪用德[21]，惟典神天[22]。天惟式教我用休[23]，简畀殷命[24]，尹尔多方[25]。

“‘今我曷敢多诰[26]？我惟大降尔四国民命[27]。尔曷不忱裕之于尔多方[28]？尔曷不夹介乂我周王享天之命[29]？今尔尚宅尔宅[30]，畋尔田[31]，尔曷不惠王熙天之命[32]？

【译 文】

“王这样说：‘诏告你们各国：并非上天有心要舍弃夏人，并非上天存心要舍弃殷人。而是因为你们的君主率领你们各国大肆淫乱，玷污天命，而又振振有词。是因为夏人玷污其国政，不整齐祭祀，上天降下丧亡之祸，商人取而代之。是因为你们商人的后王放纵安逸，玷污国政，不干净地祭祀，上天才降下这丧亡之祸。

“‘圣人没有想做狂人的，而狂人却能想着做圣人。上天以五年时间等待纣王，希望他改过自新，子孙能继续做百姓的主人，而他却不肯听从。上天为了拯救你们各国，而大动其威，降下灾异，希望能启示你们顾念天命，而你们各国却不能顾念。只有我们周王善于承顺民众，能够施行德政，主持上天与神灵的祭祀。上天于是便把美命授给了我们。选择我们，把殷人之命赐给了我们，让我们统治你们各国。

“‘现在我不敢过多地诏告，我只给你们四国百姓下达重大教令。你们为什么不把它忠诚地告谕你们各自国内？你们为什么不辅助爱护我们周王，享受天命呢？如今你们仍然住你们的房屋，种你们的地，你们为什么还不顺从我们周

"'尔乃迪屡不静[33]，尔心未爱[34]。尔乃不大宅天命，尔乃屑播天命[35]，尔乃自作不典[36]，图忱于正[37]。我惟时其教告之[38]，我惟时其战要囚之[39]，至于再，至于三。乃有不用我降尔命[40]，我乃其大罚殛之[41]！非我有周秉德不康宁[42]，乃惟尔自速辜[43]！'

王光大天命呢？

"'你们却屡次起来造反，不安静，说明你们的心尚未归顺。你们竟然不安从天命，你们竟然轻率地抛弃天命，你们竟然自为不法，图谋取信于正长。我因此而教告你们，征伐囚禁你们，以至于两次、三次。如果再有不听从我所下达的教令的，我将大加诛罚他。并非我们周人秉性不安宁，而是你们自己在招罪。'

注释

❶诰告：犹言诏告。诰，上告下之辞。❷庸：同"欲"。释：舍，弃。❸惟：为。辟：君。以：率。淫：淫逸。❹图：同"涂"，污。后同。❺屑：杂碎众多之貌。❻集：同"齐"，整齐。享：祭。❼时：此。丧：亡。❽有邦：指商。间：代。❾惟：为。商后王：指纣。逸：放纵。❿蠲：洁。烝：祭。⓫圣：圣人，具有最高的智慧和道德的人。念：思。狂：狂人，精神失常的人。⓬克：能。⓭惟：犹"以"，用。五年：指文王受命八年至十二年。须：待。暇：宽。之：指纣。⓮诞：延，延续。⓯罔可：不肯。⓰惟：为。求：同"救"。⓱大动以威：大显天威，出现灾异。⓲开：启。顾：念。⓳罔：无。堪：能。⓴惟：只。灵：善。承：顺。旅：众。㉑克堪：皆"能"义。㉒惟：思。典：主。㉓惟：犹"乃"。式：用。教：犹授。用：以。休：美。㉔简：择。畀：赐予。㉕尹：治。㉖曷：同"何"。下同。㉗惟：只。命：教令。㉘忱：诚。裕：晓谕。㉙夹介：相辅。乂：同"艾"，养护。㉚尚：尚且。宅：居。㉛畋（tián）：耕种。㉜惠：顺从。熙：广。㉝乃：却。迪：作。㉞爱：喜爱，顺从。㉟宅：居，安。屑：轻。播：弃。㊱典：常，法。㊲图：谋。忱：诚。正：长。㊳惟时：

为此。其：犹“而”。 ㊴战：征。要：同“幽”。 ㊵乃：若。用：听。 ㊶殛：诛杀。 ㊷秉：持。德：性。康宁：安静。 ㊸惟：为。逑：招。

【原 文】

“王曰：‘呜呼！猷告尔有方多士暨殷多士①：今尔奔走臣我监五祀②。越惟有胥伯小大多正③，尔罔不克臬④。自作不和⑤，尔惟和哉⑥！尔室不睦⑦，尔惟和哉！尔邑克明⑧，尔惟克勤乃事⑨。尔尚不忌于凶德⑩，亦则以穆穆在乃位⑪，克阅于乃邑谋介⑫。

“‘尔乃自时洛邑⑬，尚永力畋尔田⑭，天惟畀矜尔⑮，我有周惟其大介赉尔⑯，迪简在王庭⑰。尚尔事⑱，有服在大僚⑲。’

【译 文】

“王说：‘啊呀！告诉你们各国的士人及殷朝的士人们：现在你们臣服我们周人监督管理已经五年，你们所有的大小官员，也都能够守法。如果你们地方上有不和，你们就协调啊！如果你们家庭不和睦，你们就调和呀！如果你们的居邑能够政治清明，就说明你们能够尽职尽力。你们若能不畏惧恶人，也就说明你们能恭谨地居守你们的职位，能够看到你们的封邑中的谋士与助手。

“‘你们如果能在这洛邑长期努力耕种你们的田地，上天就会怜悯你们，我们周人也将大加赏赐你们，把你们选进朝廷，提高你们的职务，使你们有大官可做。’

注 释

❶方：地，国。士：主事之人，大臣官员。暨：及。 ❷臣：臣服。监：三监之监，监督。五祀：即“五年”，指成王四年（周公摄政四年）平息叛乱至成王九年（亲政二年）。 ❸越：于。惟有：犹“所有”。惟，为。胥伯：皆官名。胥为宰官之属；伯为州伯，一方之长。正：长。 ❹尔：当作“亦”。克：能。

臬：法，守法。 ❺自：指殷民自己。和：和谐，协调。 ❻惟：犹“则”。❼室：家。 ❽邑：聚落。明：清明。 ❾惟：为。事：职事。 ❿尚：同“倘”，若。忌：顾念，畏惧。凶德：凶恶的行为。 ⓫以：因。穆穆：恭谨、肃敬的样子。 ⓬克：能。阅：省视，遍览。谋：有谋之人。介：副，辅。⓭乃：若。自：在。时：此。 ⓮尚：同“倘”，若。永：长。力：尽力。畋：耕种。 ⓯惟：犹“则”。畀：赐予，给予。矜：怜悯。 ⓰惟：则。其：将。大介：“夰（gài）”字之误，大也。从曾运乾说。赉：赐。 ⓱迪：进。简：择。王庭：朝廷。 ⓲尚：上。事：职。 ⓳服：事。僚：官。

【原文】

“王曰：‘呜呼！多士：尔不克劝忱我命①，尔亦则惟不克享②。凡民惟曰不享③。尔乃惟逸惟颇④，大远王命⑤，则惟尔多方探天之威⑥。我则致天之罚⑦，离逖尔土⑧。’

“王曰：‘我不惟多诰⑨，我惟祗告尔命⑩。’

“又曰：‘时惟尔初⑪，不克敬于和⑫，则无我怨⑬。’”

【译文】

“王说：‘啊！众士们：你们如果不能努力信从我的教令，你们也就不能享有禄位。所有的百姓也会说，你们不应当享有。你们如果只图安逸，放荡邪僻，严重违背王命，那就是你们各国自己探取天威。我们就会施行上天对你们的惩罚，使你们远离故土。’

“王说：‘我不想多说，我只想郑重宣布对你们的教令。’

“王还说：‘这是你们新的起点。如果你们不能恭敬和睦，那就不要怨我了。’”

注释

❶克：能。劝：勉。忱：信。 ❷惟：为。享：指享有禄位。 ❸凡：凡是，所有。惟：只。 ❹乃：若。惟：只。逸：安逸放荡。颇：邪僻，邪恶。❺远：背离。 ❻惟：为，是。探：远取。 ❼致：达，施。 ❽逖（tì）：远。

❾惟：思。 ❿祗：敬。命：令。 ⓫时：此。惟：为。初：始。 ⓬克：能。于：同“与”。 ⓭无：同“毋”。我怨：怨我。

立政

题解

立，设立。政，同“正”，长，官长。立政，谓设置、任命官员。此篇为周公归政后对成王及百官的一篇诰辞，主要讲设官理政之法，故名。今文、古文皆有。

【原文】

周公作《立政》。

（此为序）

【译文】

周公作了《立政》篇。

【原文】

周公若曰：“拜手稽首告[①]：嗣天子王矣[②]！”用咸戒于王曰王左右常伯、常任、准人、缀衣、虎贲[③]。

周公曰：“呜呼！休兹知恤[④]，鲜哉[⑤]！古之人迪惟有夏[⑥]，乃有室大竞[⑦]，吁俊尊上

【译文】

周公这样说：“我行跪拜大礼敬告各位：继位的天子亲政为王了！”以劝诫王及王身边所有的治民官、治事官、司法官、主王服饰的官员及卫士们。

周公说：“啊！能够居安思危的人，很少啊！古代只有夏人，他们王室强盛，仍然呼吁君主大尊上天，引

帝[8]，迪知忱恂于九德之行[9]，乃敢告教厥后曰[10]：‘拜手稽首后矣！’曰：‘宅乃事[11]，宅乃牧[12]，宅乃准[13]，兹惟后矣[14]。谋面[15]，用丕训德[16]，则乃宅人，兹乃三宅无义民[17]。’

“桀德[18]：惟乃弗作往任[19]，是惟暴德[20]，罔后[21]。

“亦越成汤陟[22]，丕厘上帝之耿命[23]，乃用三有宅[24]，克即宅[25]；曰三有俊[26]，克即俊。严惟丕式[27]，克用三宅三俊。其在商邑[28]，用协于厥邑[29]；其在四方，用丕式见德[30]。

“呜呼！其在受德暋[31]，惟羞刑暴德之人[32]，同于厥邦[33]；乃惟庶习逸德之人[34]，同于厥政。帝钦罚之[35]，乃伻我有夏[36]，式商受命[37]，奄甸万姓[38]。

导他知道热衷并相信九德，才敢告教他说：‘敬告天子，现在您是君主了。’还说：‘选定你的治事官，选定你的牧民官，选定你的司法官，这才算是君主。选官的时候，要当面考察。如果他能大顺其德，就选定他。这样，所选三种官员就不会有邪恶之人。’

“夏桀的品行：因为他不任用旧官，所以残暴，而导致亡国无后。

“到成汤升为天子，他大赖上天的明命，选定三种官员，三种官员也都能胜其任。他又选用三类官员中的俊杰，这些俊杰也都能各称其誉。他严格执行大法，能够善任三官三俊。在商朝都城，就用他们协和都城；在天下四方，就以大法体显美德。

“啊！到了商纣，他昏庸糊涂。他只与尚刑残暴的人共同管理国家，只与众多习于安逸的人共同执政。上天敕命讨伐他，于是就让我们周人替代商人受命，统治天下万国。

注释

❶拜手稽（qǐ）首：跪拜大礼。拜手，手至头。稽首，头至地。 ❷嗣天子：指成王。嗣，继。王（wàng）：为王亲政。 ❸用：以。咸：悉，全。曰：同“越”，与。左右：身边。常伯：牧民之长，即下文“牧”和“牧人”。常任：任事之长，即下文“事”和“任人”。准人：司法之长。缀衣：掌王服饰之官。

虎贲：卫士。 ❹休：美。兹：连词，犹“而”。恤：忧。 ❺鲜：少。 ❻迪：语助词。惟：只。有夏：指夏先王。 ❼乃：犹“其”。有：词头。室：王室。竞：强。 ❽吁：呼吁，要求。俊：大。尊：尊奉。 ❾迪：导。忱：热忱，热衷。恂：相信。九德：见《皋陶谟》。行：品行。 ❿后：君，为君。 ⓫宅：居，选定。事：任事之官。 ⓬牧：牧民之官。 ⓭准：司法之官。 ⓮惟：为，是。 ⓯谋面：当面考察。谋，犹“相”，察。 ⓰用：因。丕：大。训：顺。 ⓱兹：此，如此。三宅：指宅事、宅牧、宅准。义：邪。 ⓲德：品行。⓳惟：为，因。乃：犹“其”。作：用。往任：旧官。 ⓴是：是以。惟：为。㉑罔：无。后：后继。 ㉒亦：语助词。越：于。陟：升。 ㉓丕：大。厘：同“赖”。耿：光，明。 ㉔乃：于是。用：行。三有宅：即“三宅”。 ㉕克：能。即：就。 ㉖曰：犹“又”。三有俊：即“三俊”。俊，俊杰。 ㉗严：严格。惟：同“于”。丕：大。式：法度。 ㉘商邑：商都。 ㉙用：犹“而”“则”。下同。协：和。 ㉚丕：大。式：法度。见：同“现”。德：指功用。㉛受：即“纣”。德：品行。暋（mǐn）：同“昏”，糊涂。 ㉜惟：只。羞：进，尚。刑：法。 ㉝同：共同，同处。 ㉞庶：众。习：惯。逸德：失德。㉟帝：上天。钦：犹“重”，从江声说。 ㊱伻：使。有夏：指周。 ㊲式：当是“代”字之误。 ㊳奄：覆，盖，合。甸：治。万姓：犹万国。

【原文】

“亦越文王、武王①，克知三有宅心②，灼见三有俊心③，以敬事上帝，立民长伯④。立政⑤：任人、准夫、牧作三事⑥；虎贲、缀衣、趣马、小尹⑦、左右携仆⑧、百司庶府⑨，大都小伯、艺人⑩、

【译文】

“在文王、武王，他们能了解夏人及成汤设三种官员的用心，明见成汤选用三种官员中之俊杰的用心，而敬奉上帝，为百姓设立长官。所设立的官员包括：任人、准夫、牧伯，负责三种事务。还有虎贲、缀衣、趣马、小尹，身边携持器物的仆人，内朝的诸司诸府，大都邑的官吏、艺人，外朝的诸司、太史、

表臣百司[11]，太史、尹伯[12]、庶常吉士[13]，司徒、司马、司空、亚旅[14]，夷、微、卢烝[15]；三亳阪尹[16]。

“文王惟克厥宅心[17]，乃克立兹常事司牧人[18]，以克俊有德[19]。文王罔攸兼于庶言[20]；庶狱庶慎[21]，惟有司之牧夫是训用违[22]；庶狱庶慎，文王罔敢知于兹。亦越武王，率惟敉功[23]，不敢替厥义德[24]，率惟谋从容德[25]，以并受此丕丕基[26]。

官长、负责日常事务的众吉士，司徒、司马、司空及其副职，以及东方、南方、西方少数民族部落的君长和殷商旧地的长官等。

“因为文王明白设立各种官员的目的，所以能够把有俊德的人立为这些负责日常事务的主管与管理人员。文王从来不兼管众多的事务，替专职官员讲话。对于众多的狱讼申诫，他只顺从于主管人员手下的办事人员。对这些事情，文王不敢多了解。在武王，他遵循安定方略，不敢替废文王合理的政策法度，力图实行宽容的政策，与各级官员共同秉承这伟大的基业。

注释

❶亦：语助词。越：于。 ❷克：能。三有宅心：指成汤设三宅之用心。❸灼：明。三有俊心：指成汤选拔三俊之用心。 ❹长伯：长官。 ❺立：建，设。政：同“正”，长。 ❻任人：任事之官。准夫：司法之官。牧：牧民之官。作：负责。三事：三方面之事。 ❼趣马：为王养马之官。小尹：趣马的属官。 ❽左右：身边。携仆：为王携持器物的仆人。 ❾百司：指内朝各司事官，如《周礼》司隶、司几筵、司尊彝之类。庶府：即《周礼》记载的太府、玉府、内府、外府之类。庶，众。 ❿大都：大都邑。小伯：小官。艺人：各类技艺之人。 ⓫表臣：外臣。百司：指外朝各司事官，如《周礼》记载的司甲、司兵、司禄、司士之类。 ⓬太史：史官之长。尹伯：正长。 ⓭庶：众。常吉士：掌日常事务的小吏。常，日常。吉士，善士。 ⓮司徒：主民事、教化。司马：掌军事。司空：掌手工制造及工程建筑。亚旅：众副职。亚，次。旅，众。

⑮夷：指东方少数民族部落。微：指南方少数民族部落。卢：指西方少数民族部落。烝：君。 ⑯亳：商汤的三处都邑，此泛指殷商旧地。阪尹：长官。 ⑰惟：因。克：承上指克知、能知。 ⑱司：主事。牧：管理。 ⑲以：用。克俊有德：俊杰有德之人。 ⑳罔攸：无所。兼：兼管，代替。庶：众，指众官。 ㉑狱：狱讼。慎：同“申”，申诫。 ㉒有司：主管官员。牧夫：办事人员。训：同“顺”，听从。用：同“与”。 ㉓率：循。敉（mǐ）：安。功：事。 ㉔替：废。义：宜。德：谓政。 ㉕谋：图。从：行。容德：宽容之德。 ㉖并：同。丕丕：伟大。

【原 文】

“呜呼，孺子王矣[①]！继自今，我其立政[②]，立事、准人、牧夫[③]，我其克灼知厥若[④]，丕乃俾乱[⑤]；相我受民[⑥]，和我庶狱庶慎[⑦]。时则勿有间之[⑧]，自一话一言[⑨]。我则末惟成德之彦[⑩]，以乂我受民[⑪]。

“呜呼！予旦已受人之徽言[⑫]，咸告孺子王矣[⑬]。继自今文子文孙[⑭]，其勿误于庶狱庶慎，惟正是乂之[⑮]。

“自古商人亦越我周文王立政[⑯]，立事、牧夫、准人，则克宅之[⑰]，克由绎之[⑱]，兹乃俾乂[⑲]，国则罔有[⑳]。立政用憸

【译 文】

“啊，孺子已亲政为王了！从今往后，我们设立官员，包括事务官、司法官、治民官，要能够明知他们良善，然后再让他们上任，以治理我们的百姓，调和我们众多的狱讼及敕诫。如此，就没有人能够干涉，哪怕是一句话一个字。我们自己最终也就有了成就大业的英名，以治理我们所拥有的人民。

“啊！我姬旦用我听到的前人的美言，告诉所有的人，孺子你已经亲政为王了。从今以后，我们周文王的孙子不要自误于众多的狱讼和敕诫，只能听从其主管官员。

“从古代的商王到我们周文王，他们设官长，立治事官、牧民官、司法官，能够选择他们，能够提拔他们。所以，使他们治理国家，国家就没有

人[21]，不训于德[22]，是罔显在厥世[23]。继自今，立政其勿以憸人[24]，其惟吉士，用劢相我国家[25]。

“今文子文孙孺子王矣，其勿误于庶狱[26]，惟有司之牧夫[27]。其克诘尔戎兵[28]，以陟禹之迹[29]，方行天下[30]，至于海表[31]，罔有不服。以觐文王之耿光[32]，以扬武王之大烈[33]。呜呼！继自今后王立政，其惟克用常人[34]。”

周公若曰：“太史：司寇苏公[35]，式敬尔由狱[36]，以长我王国[37]。兹式有慎[38]，以列用中罚[39]。”

忧患。设立官员，任用贪利奸佞之人，不依循于德行，那么君王终世都没有光彩。从今以后设立官员，千万不可任用贪利奸佞的小人，应当任用善良贤能的人，用来努力治理我们的国家。

“现在文王的孙子你为王亲政了，希望你不要自误于狱讼，只能听从于主管人员。希望你能整治你的军队，以步大禹的足迹，遍行天下，到达海外，无有不服。以显示文王的光辉，以弘扬武王的大业。啊！从今以后，后世的周王立官设长，一定要用善士。”

周公又这样说：“太史：司寇苏公认真负责他所主管的刑狱，以延长我们的王祚。这是敬业的表现，按惯例当用中赏。”

注释

❶孺子：指成王。王（wàng）：为王执政。 ❷其：犹“于”。立：设立。政：同“正”，长。 ❸事：治事官。 ❹其：犹“当”。灼：明。若：顺，善。 ❺丕：语助词。俾：使。乱：治，处理杂乱的事务。 ❻相：治理。 ❼和：调和，处理。 ❽时：此，如此。勿：无。间：参与，干涉。 ❾一话：一句话。一言：一个字。 ❿末：终。惟：为。成德：成就大业。彦：美士。 ⓫乂：治。 ⓬已：同“以”。受：听到。人：指前人。徽：美。 ⓭咸：全。 ⓮文：指文王。 ⓯惟：只。正：官长。 ⓰越：于，至。 ⓱宅：居，选定。 ⓲由绎：选拔。 ⓳兹：同“则”。 ⓴罔：无。有：同“忧”，患。 ㉑憸（xiān）

人：奸佞之人。 ㉒训：顺。 ㉓是：是以。显：彰明。在：于。 ㉔其：命令副词。 ㉕用：以。劢（mài）：努力。相：助。 ㉖庶狱：承前指“庶狱庶慎”。㉗惟有司之牧夫：承前指“惟有司之牧夫是训用违”。 ㉘诘：整治。戎兵：军队。 ㉙陟：登，升。 ㉚方：同“旁”，遍。 ㉛表：外。 ㉜觐：现。耿：明。 ㉝扬：弘扬。烈：功业。 ㉞其：希望。常人：善士。 ㉟苏公：苏忿生。 ㊱式：用。尔：犹“其”。由：从，主。 ㊲长：延长。 ㊳式：法。有：助词。 ㊴列：同“例”。罚：指赏。

周官

题解

周官，指周代的官制。此篇记成王对周百官的一篇训诫之辞，言及官制，故名《周官》。古文有，今文无。

【原 文】

成王既黜殷命①，灭淮夷，还归在丰②，作《周官》。（此为序）

【译 文】

周成王再次平叛，彻底废止了殷人的国运、灭了淮夷以后，回到丰邑，作了《周官》。

注释

❶黜殷命：指东征平息殷人叛乱。黜，废。 ❷丰：丰邑，文王所都，宗庙所在。

【原 文】

惟周王抚万邦①，巡侯甸②，四征弗庭③，绥厥兆民④。

【译 文】

周成王安抚万国，巡视诸侯，征讨四方不顺服的国家，安定他们的百姓，

六服群辟[5]，罔不承德[6]。归于宗周[7]，董正治官[8]。

远近六服的君主，没有不接受周人统治的。回到宗周以后，开始督正治事官员。

注释

❶惟：发语词。周王：指成王。抚：安抚。 ❷巡：巡狩，巡视。侯甸：侯服、甸服诸侯。此泛指近地诸侯。 ❸弗庭：指不来朝见，不归顺。庭，堂前。 ❹绥：安定。 ❺六服：畿内、侯服、甸服、男服、采服、卫服，皆在九州之内。辟：君。 ❻承：受。 ❼宗周：丰镐。 ❽董：督。治官：治事之官。

【原文】

王曰："若昔大猷[1]，制治于未乱[2]，保邦于未危[3]。"

曰[4]："唐虞稽古[5]，建官惟百[6]。内有百揆四岳[7]，外有州牧侯伯[8]。庶政惟和[9]，万国咸宁[10]。夏商官倍[11]，亦克用乂[12]。明王立政[13]，不惟其官[14]，惟其人。

"今予小子[15]，祗勤于德[16]，夙夜不逮[17]。仰惟前代时若[18]，训迪厥官[19]。立太师、太傅、太保[20]，兹惟三公。论道经邦[21]，燮理阴阳[22]。官不必备[23]，惟其人。

【译文】

成王说："从前的大道术，是在国家尚未动乱以前，就制定使国家太平的措施；在国家尚未出现危机以前，就安定国家。"

又说："尧舜稽考古代，所设的官职只有一百名。朝内有百揆和四岳，朝外有各州的州牧与各地的侯伯。而庶政雍和，百国安宁。夏商两代的官职增加了一倍，但也能使国家大治。所以，英明的君王设立官员，不考虑官员的数目，只考虑任职的人员。

"现在我恭敬地勤勉德政，早晚不敢懈怠。仰思前代这些制度，效法遵循他们的官制：立太师、太傅、太保，此为三公。让他们论谈治国之道，经营治理国家，调和理顺阴阳。三公不必齐备，只考

少师、少傅、少保[24]，曰三孤[25]。贰公弘化[26]，寅亮天地[27]，弼予一人[28]。冢宰掌邦治[29]，统百官，均四海[30]。司徒掌邦教[31]，敷五典[32]，扰兆民[33]。宗伯掌邦礼，治神人，和上下[34]。司马掌邦政[35]，统六师[36]，平邦国[37]。司寇掌邦禁[38]，诘奸慝[39]，刑暴乱[40]。司空掌邦土[41]，居四民[42]，时地利[43]。六卿分职，各率其属，以倡九牧[44]，阜成兆民[45]。

“六年[46]，五服一朝[47]。又六年，王乃时巡[48]，考制度于四岳[49]。诸侯各朝于方岳，大明黜陟[50]。”

虑人员是否合适。又立少师、少傅、少保，叫三孤，帮助三公弘扬道法，敬天地，以辅佐我。立冢宰，掌管国家的治理，统率百官，均平四海。立司徒，掌管国家教化，颁布五典，驯教百姓；立宗伯，掌管国家礼仪，管理人与神，谐和上下；立司马，掌管国家的军政，统帅六师，安定国家；立司寇，掌管国家的法禁，诘责奸邪恶人，刑杀暴乱狂徒；立司空，掌管国家土地，安排士、农、工、商的居地，顺天时发展生产。六卿分职主事，各率其属官尽职尽力，以倡导九州牧伯，使百姓过上富庶安定的生活。

“隔六年，侯服、甸服、男服、采服、卫服的诸侯来朝见一次天子。再隔六年，周王就按时到地方去巡狩，分别在四方山岳考察诸侯的制度与政绩。各方诸侯分别到自己所在一方的山岳来朝见天子，天子公开对他们进行褒贬升降。”

注释

❶若：如。昔：从前，与“如今”相对。猷：道术，方法。 ❷制：制订。治：指使国家得到治理的措施。 ❸保：安。 ❹曰：成王又曰。 ❺唐虞：唐尧、虞舜。稽：考。 ❻建：立，设。惟：只。百：约数。 ❼内：朝内。百揆：本指百事（见《舜典》），此《周官》作者误解《舜典》“百揆”，以之为官名，即百官之长。揆，事。四岳：见《尧典》，本指四方诸侯之长，此亦误解为内朝官。 ❽外：朝外。州牧：一州之长官。侯伯：一方诸侯之长。一说为五

国之长。 ⑨庶：众。惟：为。 ⑩咸：皆。宁：安宁。 ⑪倍：加倍。 ⑫克：能。用：以。乂：治。 ⑬政：同“正”，长。 ⑭惟：思。官：指官职、人数。⑮予小子：成王自称。 ⑯祗：敬。 ⑰夙夜：早晚。逮：同“怠”。 ⑱仰：上。惟：思。时：此。若：如。 ⑲训迪：犹言效法。训，顺。迪，道。 ⑳太师、太傅、太保：分别负责教育、教导、抚保天子。师，师法，教育。傅，教导。保，抚养。 ㉑道：治国之道。经：经营，治理。 ㉒燮（xiè）：和。阴阳：所有矛盾的双方。 ㉓官：指三公之位。备：具备，完备。 ㉔少师、少傅、少保：太师、太傅、太保之贰。 ㉕三孤：三公之贰各独有一人，且独立为职，故称。孤，独。 ㉖贰：辅助。公：三公。弘：大。化：教化，道化。㉗寅：敬。亮：明。天地：指君臣。 ㉘弼：辅。 ㉙冢宰：官名，百官之长。治：治理。 ㉚均：平均。四海：天下四方。 ㉛司徒：官名，六卿之一。教：教化。 ㉜敷：布。五典：指父义、母慈、兄友、弟恭、子孝，又名五教。典，法则。 ㉝扰：驯。 ㉞宗伯：官名，六卿之一。治：管理，处理。 ㉟司马：官名，六卿之一。政：指军政。 ㊱六师：天子直属军队，又称六军，军一万二千五百人。 ㊲平：平息，平定。 ㊳司寇：官名，六卿之一。禁：法禁。㊴诘：责问、追究。奸慝：邪恶之人。 ㊵刑：杀。 ㊶司空：官名，六卿之一。土：土地。 ㊷居：住，安顿。四民：士、农、工、商。 ㊸时：天时。此指掌握天时。 ㊹倡：倡导。九牧：九州牧伯。 ㊺阜：盛，富。成：成就。㊻六年：每隔六年。 ㊼五服：侯、甸、男、采、卫服。朝：朝见。 ㊽时：按时。巡：巡狩。 ㊾考：考察。四岳：四方山岳，即东岳泰山、西岳华山、南岳衡山、北岳恒山。 ㊿黜：贬退。陟：提升。

【原文】

王曰：“呜呼！凡我有官君子①：钦乃攸司②，慎乃出令。令出惟行③，弗惟反④。

【译文】

成王说：“喂！我所有居官的君子：认真对待你们所负责的工作，谨慎你们发出的号令。号令一出，就要想着执行，不能再想改变收回。如果能做到以

以公灭私，民其允怀[5]。学古入官[6]，议事以制[7]，政乃不迷[8]。其尔典常作之师[9]，无以利口乱厥官[10]。蓄疑败谋[11]，怠忽荒政[12]。不学墙面[13]，莅事惟烦[14]。

“戒尔卿士[15]：功崇惟志[16]，业广惟勤[17]。惟克果断[18]，乃罔后艰[19]。位不期骄[20]，禄不期侈[21]。恭俭惟德[22]，无载尔伪[23]。作德[24]，心逸日休[25]；作伪，心劳日拙[26]。居宠思危[27]，罔不惟畏[28]；弗畏入畏[29]。推贤让能，庶官乃和；不和政庞[30]。举能其官[31]，惟尔之能[32]。称匪其人[33]，惟尔不任[34]。”

王曰：“呜呼！三事暨大夫[35]：敬尔有官[36]，乱尔有政[37]，以佑乃辟[38]。永康兆民[39]，万邦惟无斁[40]。”

公灭私，百姓就会诚心归向。学习旧典章再出仕做官，并以旧制议事，政事就不会出现差谬。希望你们以典常为师，不要以巧言变乱旧官。积疑败谋，怠忽荒政。不学习而把自己关在屋子里，临事就会遇到麻烦。

“告诫你们卿士：功成于志，业广于勤。只有能够果断处事，才会没有后患。地位不要求高，俸禄不要求多。要恭俭行德，不要夹带虚伪。行德，则心安而日美；作伪，则心劳而日拙。居宠思危，就没有可怕的事情；如果不知畏惧，就会走向真正畏惧之日。推贤让能，百官就和；如若不和，国政就会杂乱。所举荐的人能胜任其官，就是你们自己能胜任其职；所荐的人不称职，就是你们自己不称职！”

成王最后说：“啊！负责政事、民事、司法的三类官员及你们的大夫们：认真对待你们的职事，处理你们的政务，以佑助你们的君主。使百姓永远康乐，天下诸侯就不会厌弃我们周人了。”

注释

❶有官：有官职者。君子：对百官的尊称。 ❷钦：敬。攸：所。司：主。❸惟：思。 ❹反：收回。 ❺允：诚。怀：人心归向。 ❻入官：出仕为官。

❼制：典制，旧制。 ❽迷：同“谬”。 ❾其：望。典常：常法。之：助词。 ❿利口：巧言。乱：变乱。 ⓫蓄：积。 ⓬忽：疏忽。荒：荒废。 ⓭墙面：关在屋子里。 ⓮莅：临。 ⓯戒：告诫。卿士：执政官。 ⓰崇：高。惟：于。志：谓有志。 ⓱广：大。惟：于。 ⓲惟：只。克：能。 ⓳艰：难。 ⓴位：地位。期：期望，要求。骄：高大。 ㉑侈：大，多。 ㉒恭：谦恭。俭：节俭。惟：为。 ㉓无：同“毋”，不要。载：带。伪：虚伪。 ㉔作：行。 ㉕逸：安逸。日：日益。休：美。 ㉖拙：笨拙。 ㉗宠：得宠，受宠。 ㉘惟：为。畏：可畏。 ㉙入：进入，走向。 ㉚庬（máng）：杂乱。 ㉛举：推荐。能：胜任。 ㉜惟：为。 ㉝称：举。 ㉞不任：不胜任。 ㉟三事：即《立政》篇“任人”“准夫”“牧”三种官员。暨：及。 ㊱有：所有，占有。官：官职。 ㊲乱：治。政：政事。 ㊳佑：助。辟：君。 ㊴康：安乐。 ㊵惟：犹“乃”。斁（yì）：厌。

贿肃慎之命亡

题解

贿，赠送财物。肃慎，东北古国。命，告命。记贿赠肃慎氏财物的命书，故名《贿肃慎之命》。正文佚，仅存序。

【原文】

成王既伐东夷[1]，肃慎来贺，王俾荣伯作《贿肃慎之命》[2]。

（此为序）

【译文】

成王讨伐东夷各国以后，肃慎氏前来恭贺，成王让荣伯作了《贿肃慎之命》。

注释

❶东夷：东方各部族国家。 ❷俾：使。荣：国名，伯爵。

亳姑亡

题解

亳（bó）姑，地名，亦作薄姑、蒲姑，在今山东博兴东北。周公灭奄，迁奄君于亳姑。此篇记成王告周公在天之灵的文辞，涉及亳姑之事，故名。正文佚，仅存序。

【原文】

周公在丰，将没①，欲葬成周。公薨②，成王葬于毕③，告周公，作《亳姑》。

（此为序）

【译文】

周公住在丰邑，临终之时，表示希望埋在成周。周公死后，成王把他埋在了毕。成王告周公在天之灵，作了《亳姑》。

注释

❶没：同“殁”。 ❷薨（hōng）：死。诸侯死曰薨。 ❸毕：地名，在今陕西咸阳北。

君陈

题解

君陈，人名，周公之子、伯禽之弟。此篇记成王命君陈继承周公治理东土及成周的册命辞，故名。今文无，古文有。

【原 文】

周公既没，命君陈分正东郊成周①，作《君陈》。

（此为序）

【译 文】

周公去世后，成王让君陈分治东境及成周。记此命辞，作了《君陈》。

注释

❶命：成王命。分：分别。正：治。郊：境。

【原 文】

王若曰："君陈：惟尔令德孝恭①，惟孝友于兄弟②，克施有政③，命汝尹

【译 文】

王这样说："君陈：因为你有美德，孝敬父母，谦恭良善，友爱兄弟，能够从政，所以我命你治理这东土。要认真负责呀！

兹东郊[4]。敬哉！昔周公师保万民[5]，民怀其德。往慎乃司[6]，兹率厥常[7]，懋昭周公之训[8]，惟民其乂[9]。

从前周公在东境教育安抚百姓，百姓感怀他的恩德。现在你去，要想谨慎你所负责的工作，就须遵循周公的常法，努力弘扬周公的遗训。那样，百姓就会得到治理。

注释

❶惟：为，因。令：善。 ❷友：友爱。 ❸克：能。施：行。有：词头。 ❹尹：治。 ❺师：教。保：安。 ❻乃：汝。司：主管。 ❼兹：同“则”。率：循。 ❽懋：勉。昭：明，扬。 ❾其：犹“是”。乂：治。

【原文】

“我闻曰：至治馨香[1]，感于神明。黍稷非馨，明德惟馨[2]。尔尚式时周公之猷训[3]，惟日孜孜[4]，无敢逸豫[5]。凡人未见圣[6]，若不克见[7]；既见圣[8]，亦不克由圣[9]。尔其戒哉！尔惟风[10]，下民惟草。图厥政[11]，莫或不艰[12]。有废有兴，出入自尔师虞[13]，庶言同则绎[14]。尔有嘉谋嘉猷[15]，则入告尔后于内[16]，尔乃顺之于外[17]，曰：‘斯谋斯猷[18]，惟我后之德。’

【译文】

“我听周公说：治理得最好的社会，其馨香会远播天外，被神灵感知。祭祀的五谷不是馨香，光明的道德才是馨香。你要效法周公的这一训教，要每天孜孜不倦，不敢安逸享乐。大凡人未见圣人以前，都如饥似渴，似乎永远不能见到；而一旦见了圣人，又不能遵从于他。希望你引以为戒。你就是风，百姓就是草。风吹则草动。谋其政，没有不艰难的。政令的废兴，要反复与你的属众商量，大家意见相同，再陈述宣布。你有佳谋良法，要到朝廷来告诉你的君王，然后你再出来施行。并且要说：‘这佳谋良法，是我君王的美德。’

“呜呼！臣人咸若时[19]，惟良显哉[20]！”

“啊！这些方面全做到了，臣子就是良臣，他就会名声显扬啊！”

注释

❶至治：极治，治理得最好。馨（xīn）：香气远闻。❷惟：同“为”，是。❸尚：当。式：法。时：此。猷训：即“训”，“猷”为词头。❹惟：只。孜孜：勤勉不懈的样子。❺逸豫：安逸享乐。❻凡人未见圣：郭店楚简《缁衣》引无“凡人”。❼若不克见：郭店楚简作“如其弗克见”。❽既见圣：郭店楚简作“我既见”。❾亦不克由圣：郭店楚简作“我弗迪圣”。由，从，用。❿惟：为，是。⓫图：谋。⓬莫或：无有。艰：难。⓭出入：犹言反复。自：犹“与”。师：众。虞：谋。⓮庶：众。绎：陈述。⓯嘉：善。猷：道，方法。⓰后：君。⓱顺：行。⓲斯：同“是”，此。⓳臣人：臣子。咸：皆，指诸事。时：此。⓴惟：为。良：善良。

【原文】

王曰：“君陈：尔惟弘周公丕训[1]，无依势作威[2]，无倚法以削[3]。宽而有制[4]，从容以和[5]。殷民在辟[6]，予曰辟[7]，尔惟勿辟[8]；予曰宥[9]，尔惟勿宥，惟厥中[10]。有弗若于汝政[11]，弗化于汝训[12]，辟以止辟[13]，乃辟。狃于奸宄[14]，败常乱俗[15]，三细不宥[16]。尔

【译文】

王说：“君陈：你要想着弘扬周公的大训，不要仗势作威，不要借法侵削。要宽容而不失制度，举止要平和。殷民犯了法，我说诛杀，你不要就诛杀；我说赦免，你不要就赦免，要公正执法。有不服从你的政令、不接受你的训教的，如果诛杀可以制止犯法，就诛杀。对那些习惯于作奸犯科、败坏纲常、扰乱风俗的三种人，罪恶虽小，也不能宽恕。你不要愤恨顽固不化的人，

无忿疾于顽[17]，无求备于一夫[18]。必有忍，其乃有济[19]；有容[20]，德乃大。简厥修[21]，亦简其或不修；进厥良[22]，以率其或不良[23]。惟民生厚[24]，因物有迁[25]。违上所命，从厥攸好。尔克敬典在德[26]，时乃罔不变[27]。允升于大猷[28]，惟予一人膺受多福[29]。其尔之休[30]，终有辞于永世[31]。"

也不要求全责备于人。必须有忍耐，才能成功；宽容，德才会大。择其善，也择其不善，分别进行奖惩。提拔贤良，以劝勉不贤良。人性本来敦厚，但往往会因事而变迁。所以，如果有人违反上命，从己所好，你能够重视典制，考察德行，他们就会没有不变好的。你如果真能登上大道，那将不仅我一人会多受其福，而且你自己的美名，也将一辈子被人称颂。"

注释

❶惟：思。弘：弘扬，光大。丕：大。 ❷无：同"毋"，不要。下同。 ❸倚：仗。削：侵削。 ❹制：制度。 ❺从容：指举动。 ❻在：居，犯。辟：法。 ❼辟：诛，刑杀。 ❽惟：犹"则"。 ❾宥（yòu）：宽恕。 ❿惟：只。中：轻重适中，公正。 ⓫若：顺。 ⓬化：接受教化。 ⓭前"辟"：动词，刑杀。后"辟"：名词，刑法。 ⓮狃（niǔ）：习。奸宄（guǐ）：作奸犯科。 ⓯常：纲常。 ⓰三细：三者之小。细，小。 ⓱忿：愤怒。疾：憎恶。顽：顽固，不驯服。 ⓲备：全。一夫：一人。 ⓳济：成。 ⓴容：宽容。 ㉑简：择。修：善。 ㉒进：提拔，任用。 ㉓率：劝。 ㉔生：同"性"。厚：敦厚。 ㉕因：缘，顺。物：事。迁：变。 ㉖敬：重视。典：常法。在：察。 ㉗时：此。 ㉘允：诚。猷：道。 ㉙膺（yīng）：受。 ㉚休：美。 ㉛辞：称颂之辞。永世：一辈子。

顾命

题解

顾，回视、顾念。命，令。临终而顾念身后，故曰“顾命”。此篇记成王临终之命以及群臣传命太子（康王）的礼仪。今文、古文皆有。

【原文】

成王将崩，命召公、毕公率诸侯相康王——作《顾命》[1]。

（此为序）

【译文】

成王临终，命召公、毕公等率领诸侯辅佐康王——记此事及命辞，作了《顾命》。

注释

❶召公：名奭，文王之子、武王庶兄，相成王为太保。毕公：名高，文王子，继周公为成王太师，三公之一。毕，封地名，在今陕西咸阳北。

【原文】

惟四月[1]哉生魄[2]，王不

【译文】

四月新月始生，成王病重。甲子

怿[3]。甲子[4]，王乃洮颒水[5]。相被冕服[6]，凭玉几[7]。乃同召太保奭[8]、芮伯[9]、彤伯[10]、毕公、卫侯[11]、毛公[12]、师氏[13]、虎臣[14]、百尹[15]、御事[16]。

日，王就洗了头发和脸。侍臣给他戴上王冠，穿上朝服，让他倚玉几坐下。于是王就下令把太保姬奭、芮伯、彤伯、毕公、卫侯、毛公和师氏、武官以及所有的官员与治事人员一同召来。

注释

❶四月：成王三十二年（前 1011）四月。 ❷哉：同“才”，始。生魄：新月出显。 ❸王：成王。不怿：本意为身体不舒，周人用为周天子病重的专词。怿，也作“豫”，安舒。 ❹甲子：十七日，公元前 1011 年 3 月 3 日。 ❺洮（táo）：洗头发。颒（huī）：洗脸。水：以水、用水。 ❻相：侍臣，太仆。被：加，戴，穿。此指为之披。冕：王冠。 ❼凭：靠，倚。几：几案，矮桌子。 ❽同：一同，一并。 ❾芮伯：周同姓，当时在朝任宗伯。芮，封国名，地在今陕西大荔境。伯，爵名。 ❿彤伯：成王子。彤，封国名，地在今陕西渭南华州区。 ⓫卫侯：名封，文王少子。卫，封国名。侯，爵名。 ⓬毛公：周同姓，当时与毕公、太保（召公）为三公。毛，封地名，在今陕西扶风境。公，爵名。 ⓭师氏：官名，掌以善道告王，以三德教国子。 ⓮虎臣：武官。 ⓯百尹：即百官。 ⓰御事：治事之臣。御，治。

【原文】

王曰：“呜呼！疾大渐[1]，惟几病日臻[2]，既弥留[3]。恐不获誓言嗣[4]，兹予审训命汝[5]。

“昔君文王、武王宣重

【译文】

王说：“唉！我的病比以前重多了。这就昭示着病情在一天天发展，已经快要死了。我担心再不能向你们说定后嗣，所以现在我详细地告命你们：

“从前我们的国君文王、武王，双双

光[6]，奠丽陈教[7]，则肄肄不违[8]，用克达殷集大命[9]。

“在后之侗[10]，敬迓天威[11]，嗣守文、武大训[12]，无敢昏逾[13]。今天降疾，殆弗兴弗悟[14]。尔尚明时朕言[15]，用敬保元子钊弘济于艰难[16]，柔远能迩[17]，安劝小大庶邦[18]。思夫人自乱于威仪[19]，尔无以钊冒贡于非几兹[20]！”

既受命，还，出缀衣于庭[21]。越翼日乙丑[22]，王崩[23]。

大放其光。他们定礼法、设教化，并且恭慎地遵守，所以能够打击殷人，完成天命。

“在他们以后，年幼的我敬奉天威，继承并遵守文王、武王的大训，不敢随便逾越。现在老天降下疾病，我几乎不能起床，不能清醒了。希望你们明察朕言，以敬保太子钊安稳地度过艰难。帮助他安抚远方，亲睦近邻，安定并劝勉大大小小的诸侯。要想到人往往会自乱于礼法，所以你们不要使太子钊冒犯或自陷于非法啊！”

众大臣受命以后，都退了出来。同时，把帷帐搬到院子里，开始为王准备后事。第二天乙丑日，王就去世了。

注释

❶渐：进，增。 ❷惟：为。几：征兆。日：日益。臻：至。 ❸弥留：濒临死亡。 ❹获：得，能够。誓：约。嗣：后嗣。 ❺兹：今。审：详审。训：教。 ❻宣：放。重（chóng）光：文王、武王二人。重，双。 ❼奠：定。丽：同“礼”，礼法。陈：设。教：教化。 ❽肄肄（yìyì）：同“翼翼”，恭慎的样子。 ❾用：因。克：能。达：同“挞”，打击。集：成。大命：天命。 ❿侗（tóng）：同“童”，未冠曰童，成王自称。 ⓫迓（yà）：迎。 ⓬嗣：继。 ⓭逾：越。 ⓮殆：几乎。兴：起。悟：同“寤”，清醒。 ⓯尚：表示希望的副词。明：明白。时：同“伺”，察。 ⓰元子：太子。钊：康王名。弘：大。济：渡。 ⓱柔：安抚，安定。能：和睦，亲善。迩：近。 ⓲劝：勉。小大：大小。庶：众。 ⓳思：考虑。夫：语助词。乱：变乱。威仪：礼法。 ⓴无：同“毋”，不要。以：犹“使”。冒：犯。贡：同“赣”，又同

"陷"。几：法。兹：同"哉"。㉑缀衣：幄帐。庭：院子。㉒越：到。翼日：同"翌日"，第二天。㉓崩：死，天子死叫崩。

【原 文】

太保命仲桓、南宫毛俾爰齐侯吕伋[①]，以二干戈、虎贲百人逆子钊于南门之外[②]。延入翼室[③]，恤宅宗[④]。丁卯[⑤]，命作册度[⑥]。越七日癸酉[⑦]，伯相命士须材[⑧]。

狄设黼扆、缀衣[⑨]。牖间南向[⑩]，敷重篾席[⑪]，黼纯[⑫]；华玉仍几[⑬]。西序东向[⑭]，敷重厎席[⑮]，缀纯[⑯]，文贝仍几[⑰]。东序西向，敷重丰席[⑱]，画纯[⑲]，雕玉仍几。西夹南向[⑳]，敷重笋席[㉑]，玄纷纯[㉒]，漆仍几。

越玉五重[㉓]、陈宝[㉔]、赤刀[㉕]、大训[㉖]、弘璧[㉗]、琬琰[㉘]，在西序。大玉[㉙]、夷玉[㉚]、天球[㉛]、河图[㉜]，在东序。胤之舞衣[㉝]、大贝[㉞]鼖鼓[㉟]，在西房[㊱]；兑之戈、和之弓、垂之竹矢[㊲]，在东房[㊳]。

【译 文】

太保命令仲桓与南宫毛二人各执盾牌长戈，率领一百名武士跟随齐侯吕伋到王宫南门外迎接太子姬钊，并延引到宫中侧室，使他忧居为宗主。丁卯日，太保命令作册安排丧事。第七天癸酉日，总司仪让办事人员布设各种丧礼用器。

乐师们摆放绘有黑白相间纹饰的屏风，张设帷帐。大殿门窗之间朝南，铺设双层绘有黑白相间纹边缘的竹篾席、花玉矮桌；西墙之下朝东，铺设双层有镶边的密致竹席、嵌有花纹的矮桌；东墙下朝西，铺设双层花边蒲草席、玉雕矮桌；西夹房朝南，铺设双层黑马尾包边的青皮竹席、黑漆矮桌。

五种越地出产的玉、各种陈宝、红色的宝刀、载有先王大训的简册、大玉璧、琬圭、琰圭，都摆放在西墙之下；大块玉琰、玉板、玉球以及绘刻在玉板上的地图，都摆放在东墙之下。胤国的舞衣、大海贝、大军鼓，都陈放在西夹房；兑氏造的戈、和氏造的弓、垂氏造的箭，都陈放在东夹房。

大辂之车停放在正殿西侧台阶之下，

大辂在宾阶面[39]，缀辂在阼阶面[40]，先辂在左塾之前[41]，次辂在右塾之前[42]。

缀辂之车停放在正殿东侧台阶之下，象辂之车停放在正门左侧的房子前面，次辂之车停放在正门右侧的房子前面。

注释

❶仲桓、南宫毛：均朝臣名。俾：使。爰：与。吕伋：人名，太公望吕尚之子。 ❷以：用，率。干：盾牌。戈：长柄兵器。虎贲：武士。逆：迎。南门：王宫正门。 ❸延：引。翼室：侧室。 ❹恤：忧。宅：居。宗：主，主丧。 ❺丁卯：四月二十日。 ❻作册：官名，负责文书。度（duó）：规划，安排。 ❼越七日：第七天。癸酉：四月二十六日。 ❽伯相：总司仪。相，司仪，主持礼仪的人。士：小吏，办事人员。须："颁"字之误，布。材：各种丧礼用器。 ❾狄：同"翟"，乐师。《礼记·祭统》："翟者，乐吏之贱者也。"《丧大记》作"狄人"。黼扆：绘有黼纹的屏风。黼（fǔ），黑白相间纹。扆，屏风。 ❿牖（yǒu）：窗。南向：朝南。 ⓫敷：布，铺。重：双层。篾：竹篾。 ⓬纯：边缘。 ⓭华：古"花"字，五彩。仍：因，依，靠。 ⓮序：堂上两侧的墙。东向：朝东。 ⓯厎：同"致"，细密。 ⓰缀：连。纯：边缘。 ⓱文：花纹。 ⓲丰：蒲草。 ⓳画：绘。 ⓴夹：夹室，大堂两侧的小室。 ㉑笋（yún）：同"筠"，青竹皮。 ㉒玄：黑色。纷：马尾编的带子。 ㉓越：地名。 ㉔陈：旧。 ㉕赤刀：郑玄以为武王诛纣所用之刀。 ㉖大训：载有先王训诰的典册。 ㉗弘：大。 ㉘琬（wǎn）：琬玉，上端浑圆的玉圭。琰（yǎn）：琰玉，上端尖锐的玉圭。 ㉙大玉：大块玉。 ㉚夷玉：玉板。夷，平。 ㉛天：大。球：圆玉。 ㉜河图：河道图。 ㉝胤：胤侯之胤，地名。 ㉞大贝：海贝。 ㉟鼖（fén）：大鼓。 ㊱西房：即西夹。 ㊲兑、和、垂：均人名。从郑玄说。 ㊳东房：东夹。 ㊴大辂（lù）：用玉装饰的车子，天子平时所乘。据《周礼·司车》记载，天子五辂：玉辂、金辂、象辂、革辂、木辂。宾阶：正殿西侧的台阶。 ㊵缀辂：用金装饰的车子。阼（zuò）阶：正殿东侧的台阶。 ㊶先辂：象辂，用象牙装饰的车子。塾：门侧堂屋。 ㊷次辂：次于象辂的车子，盖即革

辂，包有皮革的车子。

【原 文】

二人雀弁，执惠[1]，立于毕门之内[2]。四人綦弁，执戈上刃[3]，夹两阶戺[4]。一人冕[5]，执刘[6]，立于东堂[7]；一人冕，执钺[8]，立于西堂[9]。一人冕，执戣[10]，立于东垂[11]。一人冕，执瞿[12]，立于西垂。一人冕，执锐[13]，立于侧阶[14]。

【译 文】

两名武士头戴雀形皮帽，手执惠矛，立在正室门内；四名武士头戴雁形皮帽，手执长戈刃朝外，分立在东西两个台阶两侧。一名武士头戴礼帽，手执刘斧，立在厅堂东侧；一名武士头戴礼帽，手执大钺，立在厅堂西侧。一名武士头戴礼帽，手执戣矛，立在东边；一名武士头戴礼帽，手执瞿矛，立在西边。一名武士头戴礼帽，手执鈗矛，立在北阶之上。

注 释

❶人：武士。雀弁：雀形皮弁。惠：三棱矛。 ❷毕门：路寝（正室）之门。❸綦（jí）：同“鵋”，鸟名，似雁而小。《经典释文》云马本作“骐”，亦当是“鵋”字之误。上刃：刃朝上。 ❹夹：在两边。戺（shì）：同“峙”，立。❺冕：礼帽。 ❻刘：兵器名，似大斧。 ❼东堂：大堂东侧。 ❽钺：兵器名，似斧而圆口。 ❾西堂：大堂西侧。 ❿戣（kuí）：兵器名，似矛。 ⓫垂：边。 ⓬瞿（qú）：兵器名，似戟。 ⓭锐：“鈗（yǔn）”字之误。从岳珂、孙星衍说。鈗，兵器名，似矛。 ⓮侧阶：当在堂北。

【原 文】

王麻冕黼裳[1]，由宾阶隮[2]。卿士邦君麻冕蚁裳[3]，入即位[4]。太保、太史、太宗皆麻冕彤裳[5]。太保承介圭[6]，上宗奉同瑁[7]，由阼阶隮[8]。太史秉书[9]，由宾阶隮，御王[10]，册命曰[11]：“皇后凭玉几道扬末命[12]，命汝嗣训[13]，临君周邦[14]，率循大卞[15]，燮和天下[16]，用答扬文、武之光训[17]。”王再拜，兴[18]，答曰：“眇眇予末小子[19]，其能而乱四方以敬忌天威[20]？”乃受同瑁。

王三宿，三祭，三咤[21]。上宗曰：“飨[22]！”太保受同，降，盥[23]，以异同秉璋以酢[24]。授宗人同[25]，拜。王答拜。太保受同，祭，哜[26]，宅，授宗人同，拜。王答拜。太保降，收[27]。诸侯出庙门俟[28]。

【译 文】

新王戴着麻冕，穿着黑白相间纹的裤裙，从宾阶登上大堂。卿士与诸侯戴着麻冕穿着黑裤裙，进入堂前的庭院各就其位。太保、太史、太宗都戴着麻冕，穿着红色裤裙，太保托着天子的大圭，太宗捧着天子的爵和瑁玉，从主阶登上大堂。太史手持简书，从宾阶登上大堂，面对着新王宣读册书：“大君靠着玉几宣布了最后的大命，命你继承祖宗遗训，君临周邦，遵循大法，协和天下，以报答并弘扬文王武王的光辉训教。”新王拜了两拜，直起身，回答说：“渺小的我，作为一个小孩子，能够安定治理四方，并敬畏天威吗？”说完接过太宗手里的爵和瑁玉。

新王徐徐上前，拜祭成王灵位，然后退回原位。如此反复了三次。太宗说：“飨酒！”太保接过王手里的爵，走下台阶，先洗了手，然后换了另外一只名叫秉璋的爵，盛上酒答报新王。然后把爵交给宗人，向王行拜手礼。新王答拜。太保又接过宗人手里的同爵，先拜祭成王灵位，拜完尝了尝爵中的酒，然后退回来，把爵交给宗人，向新王行拜手礼。新王答拜。完了，太保走下台阶。结束奠礼，诸侯们都走出庙门，等候命令。

注释

❶王：康王。麻冕：麻质礼帽。裳：下衣，裤裙。❷宾阶：在西侧。隮：升，登。❸卿士：六卿。邦君：诸侯。蚁：黑色。❹入：进入中庭。即：就。位：卿士在东，诸侯在西，皆面朝北。❺太宗：即大宗伯，掌邦礼。彤：红色。❻承：捧托。介圭：天子所执之物，权力的象征，长一尺二寸，又名镇圭。介，大。圭，上尖下直的玉条。❼上宗：即太宗。奉：同“捧”。同：爵（酒器）名。瑁：玉器名，天子执以见诸侯。盖如圭帽，以帽诸侯之圭，故名瑁。❽阼阶隮（jī）：主人所升之阶，在东侧。❾秉：持。书：书写好的简策。❿御：同“迓”，迎。⓫册命：以册书命，即向王宣读册书。⓬皇后：指成王。皇，大。后，君。凭：靠。道扬：宣布。末命：临终之命，即顾命。⓭嗣：继。训：先王训教。⓮临君：君临。⓯率循：遵循。下：法。⓰燮（xiè）：和，调和。⓱答：报。扬：发扬，弘扬。光：光明。⓲兴：起。⓳眇眇：微小的样子。末：细。均康王谦辞。⓴而：同“安”。乱：治。㉑宿：同“肃”，徐徐向前。祭：祭拜成王。咤：退行。㉒飨：招待人饮酒。㉓盥（guàn）：洗手。㉔秉璋：同（酒器）名。酢：报答。㉕宗人：礼官，大宗伯下属。㉖哜（jì）：尝。宅：同“咤”，退。㉗降：降阶。收：结束礼仪。㉘庙：即宫，路寝。俟：待。

康王之诰

题解

诰，诰命。记康王诰命诸侯之辞，故曰《康王之诰》。今文、古文皆有。欧阳、大小夏侯本与《顾命》为一。

【原文】

康王既尸天子①，遂诰诸侯——作《康王之诰》。

（此为序）

【译文】

康王即位为天子以后，就向诸侯发布诰命——记此诰命，作了《康王之诰》。

注释

①尸天子：谓登上天子之位。尸，主，主持。

【原文】

王出①，在应门之内②。太保率西方诸侯入应门左，毕公率东方诸侯入应门右，

【译文】

王出了庙门，在应门里边。太保奭率领西方诸侯进入应门立在左侧，毕公高率领东方诸侯进入应门立在右侧。诸

皆布乘黄朱[3]。宾称奉圭兼币[4]，曰[5]："一二臣卫[6]，敢执壤奠[7]！"皆再拜稽首。王义嗣德答拜[8]。

侯都穿着黼黻纹的礼服，系着红黄色的蔽膝。礼宾官高呼："捧起玉圭，进献礼品！"诸侯们齐声说："我等卫臣，谨带来土产献给天子！"王很恰当地承用旧礼答拜他们。

注释

❶出：承《顾命》末，指出庙门。 ❷应门：王宫正门。也称正门、朝门，在路门外。 ❸布乘："黼黻"之误，指礼服言。孙星衍曰："一作'黼黻'。"黼（fǔ），黑白相间纹。黻（fú），"亚"形纹。黄朱：红黄色，指绂（亦作"芾"，蔽膝）言。 ❹宾：同"傧"，礼宾官。称：呼。奉：举，献。圭：诸侯见天子所执之玉。兼：及。币：礼物。 ❺曰：诸侯曰。 ❻一二：犹言几个。臣卫：藩卫之臣，诸侯自称。 ❼壤：土，土产。奠：献。 ❽义：宜。嗣：继。德：犹礼。

【原 文】

太保暨芮伯咸进[1]，相揖。皆再拜稽首，曰："敢敬告天子，皇天改大邦殷之命，惟周文、武诞受羑若[2]，克恤西土[3]。惟新陟王毕协赏罚[4]，戡定厥功[5]，用敷遗后人休[6]。今王敬之哉[7]！张皇六师[8]，无坏我高祖寡命[9]！"

【译 文】

太保和芮伯一起走上前，先互相作揖行礼，然后向康王拜手叩头，说："我等谨大胆地禀告天子：上天改变了大邦殷国的命运，是我们周人的文王、武王很好地接受了上天所示，能够安抚四方。是刚升天的成王合理地进行赏罚，能够完成他们的伟业，因此也给后人留下了广泛的吉瑞。新王要珍重它啊！要扩大六师，不要败坏了我们高祖罕有的大命。"

注释

❶暨：及。咸：皆。进：上前。 ❷惟：为。诞：大。羑（yǒu）：同“攸”，所。若：示也。说见《尔雅·释言》。 ❸恤：安。 ❹新陟王：谓成王。陟，升，谓升天。毕：尽。协：合。 ❺戡：同“堪”，能。定：成。 ❻用：因而。敷：同“溥”，普遍。遗：留。休：美。 ❼敬：重。 ❽张皇：张大，扩充。六师：天子之师，也称六军。 ❾坏：败。高祖：指文王。寡：罕。

【原文】

王若曰：“庶邦侯、甸、男、卫①：惟予一人钊报诰②！昔君文、武丕平富③，不务咎④，厎至齐信⑤，用昭明于天下⑥。则亦有熊罴之士⑦、不二心之臣保乂王家⑧，用端命于上帝⑨。皇天用训厥道⑩，付畀四方⑪。乃命建侯树屏⑫，在我后之人⑬。今予一二伯父尚胥暨顾⑭，绥尔先公之臣服于先王⑮。虽尔身在外，乃心罔不在王室⑯，用奉恤厥若⑰，无遗鞠子羞⑱！”

群公既皆听命，相揖，趋出⑲。王释冕⑳，反丧服㉑。

【译文】

王这样说：“畿内各邦国及侯服、甸服、男服、卫服的诸侯们：现在是我姬钊答告你们！以前的国君文王、武王薄赋敛、轻刑罚，以致使天下整齐有信，所以他们自己也昭明于天下。同时也有像熊罴一般强悍多力的武士以及忠贞不贰的大臣们保卫我们王室，听从上帝的正命，老天爷因此而顺同他们二位的治理之道，把天下四方交给了他们，并且命令他们立诸侯树屏藩，以看护我们后人。现在希望各位伯父能相互顾念，继续像你们的先人臣服先王一样臣服于我。虽然你们身在朝外，但你们的心都要放在王室，以奉顺并安抚你们的君主，不要使我这稚子在世上留下耻辱！”

诸侯们受命以后，相互作揖行礼，然后小步趋出了宫门。王也脱去礼服，重新穿上了丧服。

注释

❶庶：众。侯、甸、男、卫：侯服、甸服、男服、卫服的诸侯。 ❷予一人钊：康王自称。报：答。 ❸丕平富：谓薄赋敛。丕，大。平，均。富，财富。❹不务咎：谓轻刑罚。务，致力、追求。咎，归罪、责罚。 ❺厎（zhǐ）：致。齐：整齐。信：诚信。 ❻用：因。 ❼则：犹“且”，而且。罴（pí）：猛兽名，似熊，猛憨多力。 ❽保：保卫。乂：安。 ❾用：犹“听”。端：直，正。❿用：因。训：顺。 ⓫畀：给予。 ⓬建侯：立诸侯。建，立。屏：屏藩。⓭在：察，看护。 ⓮伯父：天子对同姓诸侯的尊称。尚：表示希望的副词。胥：相。暨：及，与。顾：顾念。 ⓯绥：“绥”字之误。绥，继。 ⓰罔：同“毋”，不要。 ⓱奉：承。恤：安。若：当是“君”字之误。 ⓲无：同“毋”，不要。鞠子：幼子。羞：辱。 ⓳趋：小步快走，表示恭敬。 ⓴释：脱。 ㉑反：复。

毕命

题解

毕，指毕公高。命，册命、诰命。此篇记康王命毕公保安东方之辞，故曰《毕命》。今文无，古文有。

【原 文】

康王命作册毕[1]，分居里[2]，成周郊[3]——作《毕命》。

（此为序）

【译 文】

康王命令作册官作书来册命毕公，让他划分东方善恶之民的居地，最终安定周王国的东境——记此事，作了《毕命》。

注释

❶作册：本官名，掌文书，起草文诰，此指作册书册命。 ❷分：划分。居里：所居之乡。 ❸成：成就，最终安定。郊：境，指东郊，东境。

【原 文】

惟十有二年[1]，六月庚午

【译 文】

十二年六月，庚午日新月生出。第

朏[2]。越三日壬申，王朝步自宗周[3]，至于丰[4]。以成周之众[5]，命毕公保厘东郊[6]。

三天壬申，王一早从宗周出发，到达丰邑，命令毕公以成周的军队保卫并治理东方疆境。

注释

❶十有二年：康王十二年，即公元前999年。 ❷庚午：三日，即公元前999年5月19日。朏：新月出。 ❸朝：天亮前后。步：行，出发。宗周：镐京，在今陕西西安沣河东。 ❹丰：文王旧都，在沣河西。 ❺以：用，率。成周：东都洛邑。众：指兵众，军队。 ❻保：保守。厘：治理。郊：境。

【原文】

王若曰："呜呼！父师[1]：惟文王、武王敷大德于天下[2]，用克受殷命[3]。惟周公左右先王[4]，绥定厥家[5]，毖殷顽民[6]，迁于洛邑，密迩王室[7]，式化厥训[8]。既历三纪[9]，世变风移，四方无虞[10]，予一人以宁[11]。道有升降[12]，政由俗革[13]，不臧厥臧[14]，民罔攸劝[15]。惟公懋德[16]，克勤小物[17]，弼亮四世[18]，正色率下[19]，罔不祗师言[20]。嘉绩多于先王[21]，予小子垂拱仰成[22]。"

【译文】

王这样说："啊！父师：因为文王、武王布大德于天下，所以能够接受本属殷人的天命。是周公辅佐先王，安定周家，聚合殷商顽民，把他们迁到了洛邑，紧靠王室，使他们效法接受他的训教。现在已经过了三纪，世变风移，四方无忧，使我得以安宁无事。然而世道有升有降，政教随俗变革，如果不嘉其善，百姓就无所勉励。现在只有您具有盛德，能够勤劳小事，辅弼四代君王，仪度庄重地率领群臣，群臣没有不敬重太师之言的。您在先王时代建立了大量佳绩，使我得以垂衣拱手，毫不费力地仰承成功。"

注释

❶父师：指毕公。长辈而为太师，故称。 ❷惟：同“为”，因为。敷：布。 ❸用：因。克：能。 ❹左右：辅佐。 ❺绥：安。家：周家。 ❻毖：同“比”，并、合。 ❼迩：近。 ❽式：法。化：感化。训：教。 ❾历：过。纪：十二年。岁星十二年运行一周天，故十二年为纪。 ❿虞：忧。 ⓫以：得以。 ⓬道：世道。 ⓭革：改。 ⓮臧：善，嘉。 ⓯罔所：无所。劝：勉。 ⓰惟：只。懋：同“茂”，盛。 ⓱克：能。勤：劳。物：事。 ⓲弼亮：皆辅佐义。 ⓳正色：表情庄重。 ⓴罔：无。祇：敬。师：太师。 ㉑先王：指先王时代。 ㉒垂拱：垂衣拱手，喻不烦辛苦。仰：上承。成：已成。

【原文】

王曰：“呜呼！父师：今予祇命公以周公之事①。往哉！旌别淑慝②，表厥宅里③，彰善瘅恶④，树之风声⑤。弗率训典⑥，殊厥井疆⑦，俾克畏慕⑧。申画郊圻⑨，慎固封守⑩，以康四海⑪。政贵有恒⑫，辞尚体要⑬，不惟好异⑭。商俗靡靡⑮，利口惟贤⑯。余风未殄⑰，公其念哉！

“我闻曰：‘世禄之家⑱，鲜克由礼⑲。以荡陵德⑳，实悖天道㉑。敝化奢丽㉒，万世同

【译文】

王说：“啊！父师：现在我恭敬地命您去做当年周公所做的事。去吧！你要区别善恶，给良善人家的宅第加上标记，以表彰良善，惩戒恶人，并使之形成风气。如果有不循训典的，也给他们的宅院加上特殊标记，使殷民畏惧为恶，而仰慕行善。你要重新划分郊圻的界限，谨慎地固守封疆，以安定天下。政令贵有恒，言辞贵体要。所以，这不是喜欢新异。商人的习俗崇尚浮华，他们以巧言利口为贤。这种余风至今尚未灭绝，您要常想着啊！

“我听说：‘世禄之家，少能从礼。以放荡欺陵有德，实在违逆天道。破败的风化崇尚华丽，万世一律。’殷商的

流。’兹殷庶士，席宠惟旧[23]。怙侈灭义[24]，服美于人[25]。骄淫矜侉[26]，将由恶终[27]。虽收放心[28]，闲之惟艰[29]。资富能训[30]，惟以永年[31]，惟德惟义。时乃大训[32]。不由古训[33]，于何其训[34]？”

那些士民，他们沿袭荣耀已久。他们仗势而灭义，服饰美于常人。骄奢淫逸，自我夸耀，将以恶而终。即使他们收敛放荡之心，要想限制他们，还是很难。资财富裕而能接受训教，只有靠长时间的教育，只能靠德和义。这是古之大训。不从古训，以什么为训呢？”

注释

❶祗：敬。❷旌：表，明。淑：善。慝：恶。❸表：做标记。❹彰：表彰。瘅（dàn）：病。❺风声：风气。❻率：循，遵。❼殊：异。井疆：指宅院。❽俾：使。克：能。畏慕：谓畏殊井疆而慕表宅里。❾申：重。画：划。郊：邑外。圻（qí）：同“畿”。❿慎：谨慎。封守：封域之守。⓫康：安。⓬恒：常，一定。⓭体：体现。要：要害、要点。⓮惟：为。⓯靡靡：浮华的样子。⓰利口：巧言。⓱殄：绝。⓲世禄：世代享禄。⓳鲜：少。克：能。由：遵从。⓴荡：放荡。德：道德，有德之人。㉑悖：逆。㉒敝：破。化：教化。㉓席：同“袭”，因袭。宠：荣耀。旧：同“久”。㉔怙：恃。侈：大。㉕服：服饰。人：常人。㉖骄：放纵。淫：淫逸。矜：夸耀。侉：同“夸”。㉗由：以，因。㉘放心：放纵之心。㉙闲：限制，约束。艰：难。㉚资：资材。训：教。㉛惟：只。永：久。㉜时：此。㉝由：从。㉞于：犹“以”。其：语助词。

【原文】

王曰：“呜呼！父师：邦之安危，惟兹殷士[1]。不刚不柔，

【译文】

王说：“啊！父师：国家的安危，系于这些殷民。只有对他们不刚不

厥德允修[2]。惟周公克慎厥始[3]，惟君陈克和厥中，惟公克成厥终。三后协心[4]，同底于道[5]。道洽政治[6]，泽润生民[7]。四夷左衽[8]，罔不咸赖[9]，予小子永膺多福[10]。公其惟时成周[11]，建无穷之基[12]，亦有无穷之闻[13]。子孙训其成式[14]，惟乂[15]。

"呜呼！罔曰弗克[16]，惟既厥心[17]；罔曰民寡[18]，惟慎厥事[19]。钦若先王成烈[20]，以休于前政[21]。"

柔，他们的德性才能得到改善。只有周公能慎其始，只有君陈能和其中，而只有您才能成其终。三位君主合心如一，共同走上治理之道。治理之道合洽，政事就能得到治理，就会泽润百姓。四方衣衽朝左开的部族，都会依赖。我个人也会永受其福。希望您在这成周建立无穷的基业，你自己也将会得到无尽的称颂。子孙顺从您的法式，也会安逸。

"啊！不要说做不到，只有尽心去做；也不要说百姓少容易治理，只能小心谨慎地去治理。希望您敬顺先王的威烈，取得比前人更好的政绩！"

注释

❶惟：唯。兹：此。 ❷厥：其。允：同"用"，以。 ❸克：能。 ❹后：君。 ❺底：至，达。道：治政之道。 ❻洽：合。治：治理。 ❼生民：百姓。 ❽四夷：四方各部族。左衽：衣襟朝左开，古代周边少数民族部落服饰特征。衽，衣襟。 ❾赖：依靠。 ❿膺：受。 ⓫惟：于。时：此。 ⓬穷：穷尽。 ⓭闻：名声。 ⓮训：顺，从。式：法。 ⓯惟：犹"而"。乂：安。 ⓰罔：同"毋"，不要。克：能。 ⓱惟：只。既：尽。 ⓲寡：少。 ⓳慎：谨慎。 ⓴钦：敬。若：顺。烈：威。 ㉑休：美。

君牙

题解

君牙，人名，亦作“君雅”，周穆王朝大臣。记穆王（昭王）对君牙的任命，故名。今文无，古文有。

【原文】

穆王命君牙为周大司徒[1]——作《君牙》。

（此为序）

【译文】

穆王命君牙做周朝大司徒——记此命辞，作了《君牙》。

注释

❶穆王：昭王子，名满。按：此穆王疑当作昭王。

【原文】

王若曰：“呜呼！君牙：惟乃祖乃父[1]，世笃忠贞[2]，服劳王家[3]。厥有成绩[4]，纪于太

【译文】

穆王这样说：“啊！君牙：你的祖父与父亲，世代忠贞不贰，为王室辛劳任事。他们有功绩，记在太常旗上。

常[5]。惟予小子嗣守文、武、成、康遗绪[6]，亦惟先王之臣[7]，克左右[8]，乱四方[9]。心之忧危，若蹈虎尾[10]，涉于春冰[11]。

我继守文王、武王、成王、康王的遗业，也希望先王的臣子能辅佐我，帮助我治理四方。我心里的忧惧，就像踩上了老虎尾巴，或者走上了春天的薄冰。

注释

❶惟：语词。乃：你的。 ❷世：世代。笃：厚。贞：坚贞。 ❸服：事。 ❹成：已成，完成。 ❺纪：记。太常：旌旗名。 ❻嗣：继。绪：业。 ❼惟：犹望。 ❽克：能。左右：辅佐。 ❾乱：治。 ❿蹈：踩。 ⓫涉：走过。

【原 文】

“今命尔予翼[1]，作股肱心膂[2]，缵乃旧服[3]，无忝祖考[4]。弘敷五典[5]，式和民则[6]。尔身克正[7]，罔敢弗正；民心罔中[8]，惟尔之中[9]。夏暑雨[10]，小民惟曰怨咨[11]；冬祁寒[12]，小民亦惟曰怨咨：厥惟艰哉[13]！思其艰以图其易，民乃宁。

【译 文】

“现在我任命你辅佐我，做我的股肱心腹，继续你先人的旧职事，不要辱没你的父祖。你要大布五典，以和民则。你自身能行得正，就没有人敢不正。百姓心中没有标准，只以你为标准。夏天暑热多雨，小民抱怨；冬天大雪严寒，小民也抱怨。要使百姓人人满意，很难呀！只有想其难而谋其易，百姓才会安宁。

注释

❶翼：辅。 ❷股肱：喻不可缺少的辅臣。股，大腿。肱，上臂。心膂：犹“心腹”。膂（lǚ），脊梁骨。 ❸缵（zuǎn）：继续。服：事。 ❹忝：辱。考：父。父死曰考。 ❺弘：大。敷：布。五典：指君臣有义、父子有仁、夫妇有别、长幼有序、朋友有信五种典则。典，典则。 ❻式：用，以。和：和谐。则：法则。 ❼正：正直。 ❽罔：无。中：标准。 ❾之：犹“是”。 ❿夏：《礼记·缁衣》及郭店楚简引皆作“夏日”。 ⓫咨：嗟叹声。按《缁衣》引“咨”并作“资”，同“至”，连下“冬祁寒”读。 ⓬祁：大。 ⓭惟：为。艰：难。

【原文】

“呜呼！丕显哉①，文王谟②！丕承哉③，武王烈！启佑我后人④，咸以正罔缺⑤。尔惟敬明乃训⑥，用奉若于先王⑦，对扬文、武之光命⑧，追配于前人⑨。”

【译文】

“啊！伟大而光明啊，文王的谋略！伟大而众多啊，武王的功业！他们都以正道启导佑助我们后人，没有遗缺。你只要认真地审明你的五典，以奉顺先王，回答并发扬先王的明训，就能赶上你的父祖，与他们相匹配。”

注释

❶丕：大。显：明。 ❷谟：谋。 ❸承：同“烝”“众”，众多。烈：功业。 ❹启：启导。佑：助。 ❺正：道。 ❻惟：只。乃训：即上文“五典”。 ❼若：顺。 ❽对：答。扬：发扬。光：明。 ❾配：匹配。

【原 文】

王若曰："君牙：乃惟由先正旧典时式[1]。民之治乱在兹[2]。率乃祖考之攸行[3]，昭乃辟之有乂[4]。"

【译 文】

王这样说："君牙：你只能以先王的旧典为法式。百姓的治乱，就取决于此。希望你遵循你祖父与父亲的行为，以昭明你君王的治功。"

注 释

❶惟：只。由：犹"以"。先正："先王"之误。时：是。式：法。 ❷兹：此。 ❸率：循。攸：所。 ❹昭：明。辟：君。有：词头。乂：治。

冏命

题解

冏（jiǒng），人名，即伯冏。命，命令，任命伯冏之辞，故名。今文无，古文有。

【原 文】

穆王命伯冏为周大仆正[1]——作《冏命》。

（此为序）

【译 文】

周穆王命伯冏做周朝大仆长——记此命辞，作了《冏命》。

注释

❶大仆：官名，掌正王之服位，传达王命及身边事务。正：长。

【原 文】

王若曰："伯冏：惟予弗克于德[1]，嗣先人宅丕后[2]，怵惕惟厉[3]。中夜以兴[4]，思

【译 文】

王这样说："伯冏：因为我德行不高，却继承先人居于大君之位，心里恐惧得厉害。经常半夜起来，考虑如何避

免厥愆⑤。

“昔在文、武，聪明齐圣⑥，小大之臣，咸怀忠良。其侍御仆从，罔匪正人⑦，以旦夕承弼厥辟⑧。出入起居，罔有不钦⑨；发号施令，罔有不臧⑩。下民祗若⑪，万邦咸休。

免自己的过错。

“从前文王、武王，他们博听远见，双双具有最高的智慧和道德。而大小臣子，也都心怀忠良。他们的侍从仆人，也全是正人君子。他们早晚勤勉，以侍奉辅佐他们的君王。使得他们的君王出入起居，处处钦敬有礼；发号施令，件件美善恰当。因而下民敬顺，万国和美。

注释

❶惟：因。不克于德：言德不够高。克，胜。 ❷嗣：继。宅：居。丕后：大君。 ❸怵（chù）：恐惧。惕（tì）：戒惧。惟：语助词。厉：剧烈，严重。 ❹中夜：半夜。 ❺免：免除，避免。愆：过错。 ❻聪明：耳聪目明。齐：相等，相同。圣：具有最高的智慧和道德。 ❼罔匪：无非。 ❽旦夕：早晚。承：奉。弼：辅。辟：君。 ❾钦：敬。 ❿臧：善。 ⓫祗若：敬顺。

【原文】

“惟予一人无良①，实赖左右前后有位之士②，匡其不及③，绳愆纠缪④，格其非心⑤，俾克绍先烈⑥。今予命汝作大正⑦，正于群仆侍御之臣⑧，懋乃后德⑨，交修不逮⑩。慎简乃僚⑪，无以巧言

【译文】

“我本人没有才能，实在还要依赖前后左右各位有职位的人士来匡正我自己的不足，帮我指正过错，纠正失误，改正我错误的想法，使我能够继承先人的功业。现在我命你为大仆正，做众侍臣仆役们的长官，共同懋勉你们君主的品德，弥补他的不足。你要慎重地选择你的僚属，不要用那些花言巧语、逢迎

令色[12]、便辟侧媚[13]，其惟吉士[14]。仆臣正[15]，厥后克正；仆臣谀[16]，厥后自圣[17]。后德惟臣[18]，不德惟臣。尔无昵于憸人[19]，充耳目之官[20]，迪上以非先王之典[21]。非人其吉[22]，惟货其吉[23]。若时[24]，瘝厥官[25]。惟尔大弗克祗厥辟[26]，惟予汝辜[27]。"

王曰："呜呼，钦哉！永弼乃后于彝宪[28]。"

谄媚的奸邪之徒，只能用良善之士。仆从不正，他的君主就不会正；仆从谄谀，他的君主就自以为圣。所以说：君主有德在于臣，无德也在于臣。你不要亲近邪僻小人来充当我的耳目之官，引导我去违背先王的旧典。如果你不看人的好坏，而只看礼物的好坏，以选用僚属，那就会旷废这个官职。对你来说，就是大不能敬重君主，而在我也就要治罪于你。"

穆王又说："啊，钦敬呀！希望你永远辅弼你的君王遵行常法。"

注释

❶惟：因。❷位：职位。❸匡：正。❹绳：纠正，指正。愆：过。❺格：正。非：错误。❻俾：使。绍：继。烈：功业。❼大正：指大仆正。❽正：长。❾懋：勉。后：君。❿交：共。修：补。逮：及。⓫简：择。僚：僚属。⓬无：同"毋"。以：用。令色：伪善、谄媚的脸色。令，灵。⓭便（pián）辟：逢迎谄媚的样子。侧：邪。媚：谄媚。⓮惟：只。吉：良。⓯正：不邪僻。⓰谀：阿谀，奉承。⓱自圣：自以为圣。⓲德：有德。惟：因。⓳昵（nì）：近。憸（xiān）：奸邪。⓴充：充当。㉑迪：导。㉒其：犹之。吉：善。㉓惟：为。货：财货。㉔时：此。㉕瘝（guān）：病，废。㉖惟：为，是。祗：敬。辟：君。㉗惟：犹"于"。辜：罪，治罪。㉘弼：辅。后：君。彝：常。宪：大法。

吕刑

题解

吕，人名，穆王朝司寇。后封于甫，故称甫侯，亦称吕侯。此篇主要记穆王对四方司政典狱及诸侯、大臣的一篇诰辞，内容关乎刑法，因吕侯而起，故曰《吕刑》。今文、古文皆有。

【原 文】

吕命穆王训夏赎刑[1]——作《吕刑》。

（此为序）

【译 文】

吕侯叫穆王沿用夏代的赎刑——记此事，作了《吕刑》。

注释

❶命：告，教。训：顺，沿用。赎刑：夏之刑法，以金属赎罪。

【原 文】

惟吕命王："享国百年[1]，耄荒[2]，度作刑[3]，以

【译 文】

因为吕侯对王说："周人享国已经整整一百年，现在应该考虑制定一部完整的刑法，用来诘责四方不法之徒了。"于是

诰四方[4]。"王曰：

"若古有训[5]，蚩尤惟始作乱[6]，延及于平民，罔不寇贼[7]，鸱义奸宄[8]，夺攘矫虔[9]。苗民弗用灵[10]，制以刑[11]，惟作五虐之刑[12]，曰法。杀戮无辜，爰始淫为劓、刵、椓、黥[13]。越兹丽刑并制[14]，罔差有辞[15]。

"民兴胥渐[16]，泯泯棼棼[17]，罔中于信[18]，以覆诅盟[19]。虐威庶戮[20]，方告无辜于上[21]。上帝监民[22]，罔有馨香德刑发闻[23]，惟腥[24]。皇帝哀矜庶戮之不辜[25]，报虐以威[26]，遏绝苗民[27]，无世在下[28]。乃命重、黎[29]，绝地天通[30]，罔有降格[31]。群后之逮在下[32]，明明棐常[33]，鳏寡无盖[34]。

穆王便诏诰四方司政典狱及诸侯、大臣说：

"古人有遗训，说：因为蚩尤开始作乱，影响到九黎平民，九黎平民也个个跟着侵掠杀人，凶恶为乱，偷抢搅扰。他们的后人苗民，也不听从号令。于是，苗君就用刑法制裁他们。苗君制定了五种残酷的肉刑，把它叫作法。于是便开始过分地使用劓、刵、宫、墨等五刑，以致杀戮无辜。从此以后，凡触犯刑法的，一律进行制裁，不管他是否有理。

"苗民逐渐互相感染，纷乱无绪，无所适从。没有人能够合于信义，从而也就违反誓盟，不讲信用。在残暴的刑罚威慑下的众多受刑人，他们便普遍起来向上帝诉说自己的无辜。上帝从上往下观看，闻不到有德之刑的馨香，只能闻到残酷肉刑的血腥。上帝怜悯同情众多受刑人的无辜，便用大威回报苗君的残暴，灭绝了苗君，不让他再留在世上。接着就命令重和黎禁绝地上与天上的巫术沟通，使之互不上下。并命令其后嗣，一个个明察不法，使鳏寡无靠之人也不受侵害。

注释

❶享国：指周言。自武王灭商迄穆王三十四年（前943）共一百年。 ❷耄（mào）：年高。《说文解字》："年九十曰耄。"荒：昏聩。按："耄荒"二字疑后人误解"享国百年"而误加，不当有。 ❸度（duó）：谋，考虑。作：制定。

❹诘：责，追究。 ❺若：犹“于”。训：训教。 ❻蚩尤：传说中古代东方九黎族首领，与黄帝同时。惟：因。作乱：《逸周书·尝麦解》：“昔天之初□作二后……蚩尤乃逐帝。”《史记·五帝本纪》载：“神农氏世衰，诸侯相侵伐……而蚩尤最为暴，莫能伐。” ❼寇：侵犯。贼：残杀。 ❽鸱义：形容凶恶的样子。鸱（chī），鹰鹞一类猛禽。义，同“仪”，容。奸宄：四处作乱。 ❾夺：抢。攘（rǎng）：偷。矫虔：搅扰。 ❿苗：三苗，九黎之后。用：听。灵：同“令”。《礼记·缁衣》引作“命”。 ⓫制：制约。 ⓬惟：犹“乃”。虐：残酷。 ⓭爰：于是。淫：过，大。劓（yì）：割鼻子。刵（ěr）：割耳朵。按：依后文，此“刵”当作“剕”。刖：砍掉脚。椓（zhuó）：同“斀”，割去生殖器，即宫刑。黥（qíng）：在面额上刺字（纹）并涂上墨，即墨刑。 ⓮越兹：从此以后。丽：同“罹”，遭遇、触犯。刑：五刑。并：全。制：制裁。 ⓯罔：无。差：减。有辞：有理由，即无罪的人。 ⓰兴：起。胥：相。渐：浸渍，浸染。 ⓱泯（mǐn）泯棼棼：纷乱的样子。 ⓲中（zhòng）：合。信：诚。 ⓳覆：反。诅：发誓。 ⓴虐：残暴。威：震慑。庶：众。戮：指受过刑的人。 ㉑方：同“旁”，广、遍。上：上天。 ㉒监：监视。 ㉓馨香：远香。德刑：正当的刑罚。发：散。 ㉔腥：血腥。 ㉕皇帝：指尧帝。皇，大。哀：怜。矜（jīn）：同情。不辜：无辜。 ㉖报：答。威：威严。 ㉗遏：阻止。绝：断。 ㉘世：传世。 ㉙重：人名，相传为少昊之子，司天。黎：人名，相传为颛顼之子，司地。 ㉚绝地天通：指巫术。绝，隔断。通，交通，沟通。 ㉛格：升。 ㉜群后：四岳之类。后，君。逮：及，相继。 ㉝明：明察。棐常：同“非常”，即不法。棐（fěi），同“非”。《墨子·尚贤中》引作“非”。 ㉞盖：同“害”，借字。

【原 文】

“皇帝清问下民，鳏寡有辞于苗①。德威惟畏②，德明惟

【译 文】

“有威严百姓就敬畏，有明德百姓就敬仰。于是大帝尧又命三君忧恤百姓的事功：让伯夷颁布法典，以刑

明[3]。乃命三后[4]，恤功于民[5]。伯夷降典[6]，折民惟刑[7]；禹平水土[8]，主名山川[9]；稷降播种[10]，农殖嘉谷[11]。三后成功，惟殷于民[12]。士制百姓于刑之中[13]，以教祗德[14]。

“穆穆在上[15]，明明在下[16]。灼于四方[17]，罔不惟德之勤[18]。故乃明于刑之中[19]，率乂于民棐彝[20]。典狱[21]，非讫于威[22]，惟讫于富[23]。敬忌[24]，罔有择言在身[25]。惟克天德[26]，自作元命[27]，配享在下。”

法裁断百姓的狱讼；让大禹平治水土，主管给山川命名；让后稷传教播种，教农民种植嘉谷。三君成功以后，百姓就殷实富足了。又让士师用适当的刑法控制百姓，以教化他们敬重道德。

“当时严肃恭敬的人在上为君，明察公正的人在下为臣。他们的明德照耀四方，四方没有不勤勉道德的。所以他们能明确刑法的适中，去治理百姓的不法。他们主刑狱，不是最终让犯人畏惧，而是最终让他们得到好处。他们谨慎小心，所以没有败毁他们的言辞。因为他们能够执行天德，自觉遵从天命，所以在人间配享天禄。”

注释

❶皇帝：大帝，指尧。清：清审、明白。鳏寡：二字衍，《墨子·尚贤中》引无。按：《墨子》引此句在“曰群后之肆在下”前。有辞：指怨言。❷德威：指君言。威，有威严。惟：犹“则”。畏：惧，指民言。❸前“明”：显。后“明”：仰，尊。❹三后：即下文伯夷、禹、稷。后，君。❺恤：忧。功：事绩。❻伯夷：人名，尧帝大臣。降：颁布。典：法典。❼折：断，断狱讼。❽禹：即大禹。❾主：负责。名：命名。❿稷：即后稷弃。降：犹传、教。⓫农：农民。殖：种植。嘉：善，良。⓬惟：犹“遂”。殷：富。⓭士：司法之臣。《尧典》：“皋陶作士。”制：控制。于：同“以”。中：适中。⓮祗：敬。⓯穆穆：恭敬的样子。⓰明明：明察的样子。⓱灼：照。⓲惟：只。之：犹“是”。勤：勉。⓳乃：同“能”，借字。中：适中。⓴率：行。乂：治。棐彝：同前“棐常”，非法、不法。㉑典：主。狱：刑狱。

㉒迄：止。 ㉓惟：只。富：同“福”，借字，与“威”相对。 ㉔敬：谨慎。忌：戒备。 ㉕择：同“斁”，借字，败。 ㉖惟：因。克：能。 ㉗作：犹“奉”，行。元命：上天之命。元，大。

【原 文】

王曰：“嗟！四方司政典狱[①]：非尔惟作天牧[②]？今尔何监[③]？非时伯夷播刑之迪[④]？其今尔何惩[⑤]？惟时苗民匪察于狱之丽[⑥]，罔择吉人[⑦]，观于五刑之中[⑧]；惟时庶威夺货[⑨]，断制五刑[⑩]，以乱无辜[⑪]；上帝不蠲[⑫]，降咎于苗[⑬]。苗民无辞于罚[⑭]，乃绝厥世[⑮]。”

【译 文】

王说：“喂！四方诸侯的司政典狱们：你们不是在做替天牧民的人吗？现在你们当以什么为鉴呢？不是这伯夷布刑之道吗？现在你们当以什么为戒呢？不是这苗民吗？苗民不审察刑狱的施行，不选贤人以审定五刑定得是否适中恰当，而是听任那些有威势的人强取人的财货，操持五刑，乱罚无辜。上天不赦免他们，给他们降下灾咎，他们对所受的惩罚也无言申辩，于是便断绝了他们的世嗣。”

注 释

❶司：主。司政：执政。典狱：司法官。 ❷惟：于，在。天牧：替天管理人的人。牧，管理。 ❸监：视。 ❹时：此。播：布。迪：道。 ❺其：语词。惩：戒。惟：于。 ❻惟：为。时：此。匪：不。狱：指刑。丽：施。❼吉：善。 ❽观：审定。中：适中。 ❾庶：众。威：有威势之人。货：财货。 ❿断制：操持。 ⓫乱：指乱罚。 ⓬蠲（juān）：同“捐”，弃、免。⓭咎：灾祸。 ⓮辞：申辩的言辞。 ⓯世：世嗣。

【原文】

王曰："呜呼，念之哉[①]！伯父、伯兄[②]、仲叔、季弟[③]、幼子、童孙[④]：皆听朕言，庶有格命[⑤]。今尔罔不由慰日勤[⑥]，尔罔或戒不勤[⑦]。天齐于民[⑧]，俾我一日[⑨]；非终惟终[⑩]，在人[⑪]。尔尚敬逆天命[⑫]，以奉我一人[⑬]！虽畏勿畏，虽休勿休[⑭]。惟敬五刑[⑮]，以成三德[⑯]。一人有庆[⑰]，兆民赖之[⑱]，其宁惟永[⑲]。"

【译文】

王说："啊，要经常想着呀！伯父、伯兄、仲叔、季弟、幼子、童孙们：你们如果都能听我的话，差不多就会有正命而无灾祸了。现在你们没有一个不安慰自己说自己已经十分勤劳，没有一个警戒自己还不勤劳。上天为了治理百姓，才一天一天借给我们时间。能不能持续到最后，全在我们自己。希望你们认真奉迎天命，以帮助我治理国家。即使有可怕的事，也不要怕；即使有可喜的事，也不要喜。要敬审五刑，以帮助我成就三德。因为我一人有喜庆，天下百姓都会仰赖它，他们才会安宁得长久。"

注释

❶念：常思。 ❷伯父、伯兄：天子对同姓大国长辈、平辈诸侯的称呼。 ❸仲叔、季弟：天子对同姓小国长辈、平辈诸侯的称呼。 ❹幼子、童孙：对晚辈子孙的称呼。 ❺庶：庶几，差不多。有格命：谓无灾祸。格，正。 ❻罔：无。由：用。慰：安慰，自慰。 ❼或：有。戒：劝。 ❽齐：整齐，治理。 ❾俾：当从《后汉书·杨赐传》所引作"假"，借。 ❿非：不。终：终结，到底。 ⓫人：己。与天相对，故曰人。 ⓬尚：当。逆：迎，应。 ⓭奉：帮助。 ⓮休：喜。 ⓯惟：思。 ⓰三德：即《洪范》所载"正直""刚克""柔克"三德。 ⓱庆：喜庆。 ⓲兆：百万为兆，此极言其多。赖：靠。 ⓳永：久。

【原 文】

王曰："吁，来[1]！有邦有土[2]，告尔祥刑[3]。在今尔安百姓，何择非人[4]？何敬非刑[5]？何度非及[6]？

"两造具备[7]，师听五辞[8]；五辞简孚[9]，正于五刑[10]。五刑不简[11]，正于五罚[12]；五罚不服[13]，正于五过[14]。五过之疵[15]，惟官惟反[16]，惟内惟货[17]，惟来[18]。其罪惟均[19]，其审克之[20]！

"五刑之疑有赦[21]，五罚之疑有赦，其审克之！简孚有众[22]，惟貌有稽[23]。无简不听[24]，具严天威[25]。

【译 文】

王说："喂，过来！有国有土的人们，告诉你们祥善的刑法。如今你们要安定百姓，为何不选择那人才，为何不重视那刑法，为何不考虑制定那标准呢？

"断狱的时候，原告、被告双方要全部到齐，司法人员根据双方的言辞、表情、气息、反应、眼神五方面进行审理核实。如果五方面能够核实罪状，就用五刑治罪；五方面如果不能核实，就用五罚处理；如果五罚还不适应，就按五过处理。处理五过，经常会出现一些毛病，就是：畏惧权势，借机报复，徇私舞弊，收受贿赂，托人求情。他们的罪行，与犯人相等。希望能认真核定！

"判处五刑但案情有疑点的，可以减罪；判处五罚而案情有疑点的，也可以减罪。希望能认真核定。也可以向百姓进行调查，参考他们的反应。凡案件未经核实不能定罪，一定要维护法律的尊严。

注 释

❶吁：招呼声。 ❷有邦有土：有国家、有封地的诸侯与大臣。 ❸祥：祥善。 ❹何："何不"之省。非：同"彼"，借字，那。下同。按："何×非×"，为周王常语，《逸周书》多有。 ❺敬：慎。 ❻度（duó）：揆度，考虑。及：同"极"。 ❼两造：同"两曹"，诉讼的双方。 ❽师：士师，司法官。听：理。五辞：即《周礼·小司寇》所载"五听"：辞听、色听、气听、耳听、目

听，即根据言辞、脸色、气息、听觉反应及眼神判定曲直。 ⑨简孚：犹言确凿、真实。简，诚。孚，信。 ⑩正：犹“治”。于：以。 ⑪五刑：当作“五辞”。 ⑫五罚：五种处罚，详见下文。 ⑬服：应，适。 ⑭五过：五种处罚过失的措施。 ⑮疵：毛病。 ⑯惟：为，是。官：权势。反：报复。 ⑰内：犹“亲”。货：财，贿赂。 ⑱来：“求”字之误。《经典释文》云：马本作“求”，谓求情。 ⑲其：指法官犯五疵者。均：等。 ⑳其：命令副词，希望。审：慎重。克：犹“治”。 ㉑疑：疑点。 ㉒简孚：核实。 ㉓惟：于。貌：容貌，脸色。稽：考。 ㉔无简：未经核实。听：理。 ㉕具：全。天威：大威，指刑法的尊严。

【原 文】

“墨辟疑赦①，其罚百锾②，阅实其罪③；劓辟疑赦，其罪惟倍④，阅实其罪；剕辟疑赦⑤，其罚倍差⑥，阅实其罪；宫辟疑赦⑦，其罚六百锾，阅实其罪；大辟疑赦⑧，其罚千锾，阅实其罪。墨罚之属千⑨，劓罚之属千，剕罚之属五百，宫罚之属三百，大辟之罚其属二百：五刑之属三千。

“上下比罪⑩，无僭乱辞⑪，勿用不行⑫，惟察惟法⑬，其审克之！上刑适轻，

【译 文】

“判墨刑而案情有疑点，减刑判罚金一百锾，并查实案情；判劓刑而案情有疑点，减刑判罚金二百锾，并查实案情；判刖刑而案情有疑点，减刑判罚金五百锾，并查实案情；判宫刑而案情有疑点，减刑判罚金六百锾，并查实案情；判死刑而案情有疑点，减刑判罚金一千锾，并查实案情。墨刑条目一千条，劓刑条目一千条，刖刑条目五百条，宫刑条目三百条，大辟条目二百条：五刑共三千条。

“定罪的时候，要上下刑参互比照，但不能错乱讼辞。不要用已经作废的刑法，只能看现行的刑法。希望能认真核定！判上刑若轻，就判下刑；判下刑若重，就判上刑。各种处罚的轻重，都有

下服；下刑适重，上服[14]。轻重诸罚有权[15]。刑罚世轻世重[16]，惟齐非齐[17]，有伦有要[18]。

“罚惩非死[19]，人极于病[20]。非佞折狱[21]，惟良折狱[22]，罔非在中[23]。察辞于差[24]，非从惟从[25]。哀敬折狱[26]。明启刑书[27]，胥占[28]。咸庶中正[29]，其刑其罚[30]。其审克之！狱成而孚[31]，输而孚[32]。其刑上备[33]，有并两刑[34]。”

权变，不固定。刑罚也可以时轻时重，总之是为了整齐，使社会有条理有纲要而已。

“惩罚人并非置人死地，但要让人感到胜过病痛。并非巧言利口的人才能断狱，而只有贤良之辈才能断狱。因为无非是为了保持法律的公正。断狱要特别辨察双方不一致的讼辞，不能只听从讲得顺当的一方。要以同情心和严肃认真的态度断狱。断狱的时候要公开打开刑书，大家互相辩难。大家都觉得比较合理，再决定是用刑还是罚金。希望能认真核定。定案要让人信服，翻案也要让人信服。案件的上报，一个当事人可以同时上报两件。”

注释

❶墨：即黥刑。辟：罪。 ❷罚：罚金（铜）。锾（huán）：重量单位，合六两。十六两为一斤。 ❸阅：查。罪：罪行。 ❹惟倍：倍于墨刑所罚，即二百锾。惟，为。 ❺剕：断足。 ❻倍差：一倍有半，五百锾。 ❼宫：宫刑。 ❽大辟：五刑之一，死刑、杀头。 ❾属：指其条目。 ❿上下：指轻重。比：比照。 ⓫无：同“毋”，不要。僭乱：错乱。僭（jiàn），差错。辞：讼辞。 ⓬不行：已经废除不用的刑法。 ⓭前“惟”：只。后“惟”：同“于”。法：现行之法。 ⓮适：同“如”，若。服：治，定。 ⓯权：权变。 ⓰世：犹“时”。 ⓱惟：为。齐：整齐。 ⓲伦：条理。要：纲要。 ⓳死：致人死。 ⓴极：过，甚。 ㉑非：不用。佞：巧言。折：断。 ㉒惟：只。 ㉓罔：无：中：正，公正。 ㉔辞：双方讼辞。差：异。 ㉕前“从”：顺。惟：只。后

“从”：信从。㉖哀：怜。敬：谨慎。㉗明：公开。启：开。㉘胥：相。占：断，辨。狱讼之辨曰占。㉙庶：庶几，接近。㉚其：犹“当”。㉛成：定。孚：信，信服。㉜输：反，平反。㉝刑：案件。备：犹“报”。㉞有：犹“可”。

【原文】

王曰：“呜呼，敬之哉！官伯族姓[1]：朕言多惧[2]。朕敬于刑[3]，有德惟刑[4]。今天相民[5]，作配在下[6]。明清于单辞[7]，民之乱[8]。罔不中听狱之两辞[9]，无或私家于狱之两辞[10]！狱货非宝[11]，惟府辜功[12]。报以庶尤[13]，永畏惟罚[14]。非天不中[15]，惟人在命[16]。天罚不极[17]，庶民罔有令政在于天下[18]。”

王曰：“呜呼！嗣孙[19]：今往，何监非德[20]？于民之中[21]，尚明听之哉[22]！哲人惟刑[23]，无疆之辞[24]，属于五极[25]，咸中有庆[26]。受王嘉师[27]，监于兹祥刑[28]！”

【译文】

王说：“啊，要重视刑狱！各位同姓、异姓诸侯及典狱官们：我的话多可惊惧。我重视刑法，只有有德的人才让他主管刑狱。如今是上天扶助百姓，使你们在下面配合。如果只听一面之词，百姓就混乱。所以不要不公正地听取诉讼双方的讼辞，不要有利用双方讼辞为自家谋私利的现象！犯人的礼物不是宝，它只能给你们自己招来罪孽。如果报怨的人多了，你就会成天提心吊胆，担心受到惩罚。并非天不公正，而是人自己主宰人的命运。执法不公的人如果得不到大法惩处，百姓在天下就没有善政可言。”

王说：“啊！后辈子孙们：从今往后，你们一定要鉴视那公正、无私的美德。对于百姓的诉讼，要认真听取呀！哲人治狱，对于无穷无尽的讼辞都能归属于恰当的五刑、五罚与五过，给以公正的处理。诉讼都得到公正处理，就是吉庆之事。你们受命治理王的百姓，要严格按这祥善的刑律办事！”

注释

❶官：典狱之官。伯：诸侯。族：同族。姓：异姓。 ❷惧：惊。 ❸敬：重。 ❹有德：有德之人。惟：为，主。刑：刑狱。 ❺相：助。 ❻作配：配合，指民言。 ❼明清，即“明听”，犹言专听。清，同“听”，借字。单辞：一面之词。 ❽之：同“则”，借字。 ❾罔：同“毋”，不要。中：公正。 ❿或：有。私家：为自家谋私利。私，私己。 ⓫狱货：诉讼双方所送的财物。 ⓬惟：只。府：聚，招。辜：罪。功：事。 ⓭报：回报。庶：众。尤：怨。 ⓮惟：同“于”。 ⓯中：公正。 ⓰惟：同“为”，是。在：同“宰”，主宰。 ⓱极：同“及”，至。 ⓲令：善。 ⓳嗣孙：后辈子孙。 ⓴今往：从今往后。何：同“盍”，何不。监：视。非：同“彼”，那。 ㉑中：当作“辞”，诉讼。 ㉒尚：犹“当”。 ㉓哲：智。惟：同“为”，治。刑：刑狱。 ㉔无疆：无止境，无穷尽。辞：讼辞。 ㉕属：归。五极：五刑、五罚、五过之极。极，中、中正。 ㉖中：公正。庆：吉，善。 ㉗嘉：善，良。师：众，百姓。 ㉘祥：善。

文侯之命

题解

文侯，晋文侯。命，册命。对文侯的册命，故曰《文侯之命》。此篇记周平王对晋文侯的册命辞。今文、古文皆有。

【原 文】

平王锡晋文侯秬鬯、圭瓒①——作《文侯之命》。

(此为序)

【译 文】

周平王赐晋文侯黑米香酒和用玉圭做柄的盛酒勺——记此事，作了《文侯之命》。

注 释

①晋文侯：名仇，字义和，晋穆侯子，护送平王东迁有功。秬（jù）：黑黍。鬯（chàng）：香酒。圭瓒：以玉圭为柄的瓒。瓒（zàn），礼器名，盛灌鬯酒的勺子。

【原 文】

王若曰："父义和①：丕显

【译 文】

王这样说："叔父义和：伟大光

文、武[2]，克慎明德[3]，昭升于上[4]，敷闻在下[5]。惟时[6]，上帝集厥命于文王[7]。亦惟先正克左右昭事厥辟[8]，越小大谋猷罔不率从[9]，肆先祖怀在位[10]。

"呜呼！闵予小子嗣[11]，造天丕愆[12]。殄资泽于下民[13]，侵戎我国家纯[14]。即我御事[15]，罔或耆寿俊在厥服[16]，予则罔克[17]。曰：'惟祖惟父[18]，其伊恤朕躬[19]！'呜呼！有绩予一人[20]，永绥在位[21]。

"父义和：汝克绍乃显祖[22]。汝肇刑文、武[23]，用会绍乃辟[24]，追孝于前文人[25]。汝多修[26]，扞我于艰[27]。若汝[28]，予嘉[29]。"

明的文王、武王，能够慎修明德，使它上昭于天，下布于民。因此，上帝把大命降到了文王身上。也因为前代的公卿大臣们能辅佐侍奉他们的君王，于大小谋略无不遵从，所以先王们都安然在位。

"唉！可怜我小子继位，遭天大谴，殄绝了百姓的资产，又使我的国家边境遭受侵犯。现在我们大臣里边，没有一位年高俊杰的人在职，而我又不能说：'祖父、父亲，请你们来为我分忧！'唉！希望你帮助我成就王绩，使我永远安然在位。

"叔父义和：你能继承你先祖的明德。你正确地效法文王、武王，使你的君王接续了王位，得以追孝于文王。而且你多能，从危难之中捍卫了我。像你这样，我要进行嘉奖。"

注释

❶父：周天子对同姓长辈诸侯的尊称。 ❷丕：大。显：明。 ❸克：能。慎：谨慎。 ❹昭：明，显。上：天。 ❺敷：布，广。下：民。 ❻惟时：同"为此"。 ❼集：聚。 ❽先正：先臣，公卿大夫。正，长。左右：辅佐。辟：君。 ❾越：于。猷：谋。率：遵循。 ❿肆：故。怀：安。 ⓫闵：同"悯"，怜。嗣：继。 ⓬造：同"遭"，遭受。丕：大。愆：同"谴"，借字。 ⓭殄：绝。资：财。泽：恩。 ⓮侵戎：以兵戎相侵伐。纯：边缘。 ⓯即：同"今"，借字。御事：治事之臣。 ⓰耆寿：老年。俊：俊杰。服：职事。 ⓱罔克：不

能。 ⑱惟：语气词。 ⑲其：望。伊：他们。恤：体恤，救助。 ⑳绩：成绩，功绩。 ㉑绥：安。 ㉒绍：继。显祖：指唐叔虞。显，明。 ㉓肇：同“正”。刑：同“型”，法。 ㉔用：以。会：合。绍：续。 ㉕文人：即文王。㉖修：长，能。 ㉗扞：同“捍”，捍卫。艰：难。 ㉘若：如，像。 ㉙嘉：嘉奖。

【原文】

王曰：“父义和：其归视尔师[1]，宁尔邦[2]。用赉尔秬鬯一卣[3]，彤弓一[4]、彤矢百，卢弓一[5]、卢矢百，马四匹。

“父往哉！柔远能迩[6]，惠康小民[7]，无荒宁[8]。简恤尔都[9]，用成尔显德[10]。”

【译文】

平王说：“叔父义和：您要回去治理您的民众，安定您的国家了。我现在赐您祭祀用的黑米香酒一卣，红色弓一张、红色箭一百支，黑色弓一张、黑色箭一百支，马四匹。

“叔父，您去吧！希望您怀柔远邦，亲睦近邻，惠爱并安定百姓，不要放荡安逸。要检阅安抚您的国人，以成就您的美德。”

注释

❶归：回去。师：众。 ❷宁：安。 ❸用：犹“今”。赉（lài）：赐。卣：青铜酒器名，深腹有梁。 ❹彤：红色。 ❺卢：黑色。 ❻柔：怀柔，安抚。能：亲善。迩：近。 ❼惠：爱。康：安。 ❽荒：放荡。宁：安逸。 ❾简：阅。恤：安。都：国都。 ❿用：以。

费誓

题解

费，音毕，地名，在今山东费县西北。誓，约束、誓辞。在费地发布的誓辞，故名《费誓》。此篇为周公旦之子鲁公伯禽于伐淮夷、徐戎之前对鲁国将士及各郊民众的号令约束辞。今文、古文皆有。

【原文】

鲁侯伯禽宅曲阜①，徐、夷并兴②，东郊不开③——作《费誓》。

（此为序）

【译文】

鲁侯伯禽刚定都曲阜，徐戎、淮夷一同发动叛乱，鲁国的东郊不通——准备平叛，作了《费誓》。

注释

❶侯：爵名。宅：居，此指定都。曲阜：地名，鲁国国都，即今山东曲阜。❷徐：国名，即“徐戎”，在今江苏徐州一带。夷：指淮夷，淮河中下游一带部族。❸郊：境。开：通。

【原文】

公曰："嗟！人无哗①，听命：徂兹淮夷、徐戎并兴②。善敹乃甲胄③，敿乃干④，无敢不吊⑤！备乃弓矢，锻乃戈矛⑥，砺乃锋刃⑦，无敢不善！

【译文】

鲁公伯禽说："喂！大家不要喧哗，听我的命令：现在这些淮夷、徐戎，一同起来发动战争。你们赶紧缝制好你们的铠甲、头盔，结好你们的盾牌，不能不结实坚固！还要准备好你们的弓箭，铸好你们的戈矛，并且磨利锋刃，不得不完善！

注释

❶人：众人，包括军士、民众。哗：喧哗，吵闹。 ❷徂（cú）：今。兹：此。 ❸敹（liáo）：缝缀。甲：铠甲。胄：头盔。 ❹敿（jiǎo）：系连。干：盾牌。 ❺吊：古"叔"字之误，善。 ❻锻：冶铸。 ❼砺：磨。

【原文】

"今惟淫舍牿牛马①。杜乃擭②，敜乃阱③，无敢伤牿④。牿之伤⑤，汝则有常刑⑥！

【译文】

"现在我要把圈养的牛马全部放出，所以你们要关上你们的机关，填平你们的陷阱，不得弄伤放出来的牛马。放出来的牛马如果被弄伤了，你们将受到一定的惩处！

注释

❶惟：于。淫：大。舍：放。牿（gù）：养牛马的圈栏，此指圈养。 ❷杜：同"敷"，堵。擭（huò）：捕兽的机关。 ❸敜（niè）：填平。阱：捕兽的陷

阱。 ❹牿：指从牿中放出的牛马。 ❺之：若。 ❻常：一定。

【原文】

“马牛其风[1]，臣妾逋逃[2]，勿敢越逐[3]；祗复之[4]，我商赉尔[5]。乃越逐不复，汝则有常刑！无敢寇攘[6]，逾垣墙[7]，窃马牛，诱臣妾，汝则有常刑！

【译文】

“牛马如果发情跑往远处，奴仆如果逃走，不得远追，只能恭敬地前来向我报告，我将会赏赐你们。如果远追而不报告，我将对你们行用一定的刑罚。不得抢夺攘窃，不得翻墙窃人牛马，不得诱骗人奴仆。如果违犯，你们也将受一定的惩罚！

注释

❶其：若。风：发情野跑。 ❷臣妾：男女奴隶。逋：逃亡。 ❸越：远。逐：追。 ❹祗：敬。复：报。 ❺商：同“赏”。赉（lài）：赐。 ❻寇：抢夺。攘：窃取。 ❼逾：翻越。垣：墙。

【原文】

“甲戌[1]，我惟征徐戎[2]。峙乃糗粮[3]，无敢不逮[4]；汝则有大刑！

“鲁人三郊三遂[5]，峙乃桢干[6]。甲戌，我惟筑[7]。无敢不供！汝则有无余刑[8]，

【译文】

“到甲戌那天，我要去征伐徐戎。准备好你们的干粮，到时候不敢不到。如果不到，我就有大刑！

“鲁国各郊遂的人们：要准备好你们筑墙用的器具。甲戌那天，我要用它来筑工事。到时候不敢不供给！如果不供给，我将把你们每个人的家人一个不剩地全部

非杀[9]。

“鲁人三郊三遂，峙乃刍茭[10]，无敢不多！汝则有大刑！”

收为奴隶，只是不杀你们。

“鲁国各郊遂的人们：准备好你们的马草，不敢不充足。如果不充足，我就对你们行大刑！”

注释

❶甲戌：甲戌日，具体不详何年何月。 ❷惟：思。 ❸峙（zhì）：预备。糗（qiǔ）粮：干粮。 ❹逮：及，至。 ❺三：指南、北、西。东“不开”，故言三。郊：国都以外。遂：郊区以外。 ❻桢（zhēn）干：筑墙的木板木杆。❼筑：筑营垒。 ❽无余刑：谓全部没为奴隶。郑玄云：“谓尽奴其妻子，不遗其种类。” ❾非：不。 ❿刍：青草。茭：干草。

秦誓

题解

秦，秦国，此指秦穆公。誓，约束、誓辞。秦穆公的誓辞，故名《秦誓》。此篇记秦穆公对群臣的自誓之辞。今文、古文皆有。

【原 文】

秦穆公伐郑[1]，晋襄公帅师败诸崤[2]。还归，作《秦誓》。

（此为序）

【译 文】

秦穆公讨伐晋国，晋襄公率领军队在崤山打败了他。回归以后，穆公作了《秦誓》。

注释

❶秦穆公：公元前659年至公元前621年在位。伐郑：在《左传》僖公三十二年，即公元前628年冬至公元前627年春。 ❷崤（xiáo）：山名，在今河南西部。

【原 文】

公曰："嗟[1]！我士[2]：听无哗[3]！予誓告汝群言之首[4]：

【译 文】

穆公说："喂！我的士臣们：肃静听话，不要喧哗！我简要地告诉你们我

“古人有言曰：‘民讫自若⑤，是多盘⑥。责人斯无难⑦，惟受责俾如流⑧，是惟艰哉⑨！’我心之忧⑩，日月逾迈⑪，若弗云来⑫。

“惟古之谋人⑬，则曰未就予忌⑭；惟今之谋人，姑将以为亲⑮。虽则云然⑯，尚猷询兹黄发⑰，则罔所愆⑱。

的约束要点：

“古人说过：‘人终止了自以为是，才会多享安乐。责备人不难，而使受责备的人接受改正才是难。’现在我心里的懊悔，就像日月流逝，无法挽回。

“对过去的谋臣，我嫌他们没有来向我求教；对现在的谋臣，我要姑且把他们看成我的亲人。虽则这样说，我还要向这位黄发老臣咨询，就不会再出过错。

注释

❶嗟：招呼声。 ❷士：士臣。 ❸听：听话，肃静。哗：喧哗。 ❹誓：约束。群言之首：谓要点。 ❺民：人。讫（qì）：止。自若：自以为是。若，顺。 ❻是：是以，因此。盘：安乐。 ❼斯：犹“则”。 ❽俾：使。如流：如流水，形容很自然。 ❾艰：难。 ❿忧：谓“悔”。 ⓫逾迈：流逝。 ⓬云来：回转。云，旋。 ⓭古：同“故”，过去。谋人：出谋划策的人、谋臣。 ⓮就：接近。忌：教。 ⓯姑：姑且。亲：父母。 ⓰云然：这样说。 ⓱尚：同“倘”。猷：谋。黄发：老人，指蹇叔。 ⓲愆：过错。

【原文】

“番番良士①，旅力既愆②，我尚有之③；仡仡勇夫④，射御不违⑤，我尚不欲。惟截截善谝言⑥，俾君子易

【译文】

“白发苍苍的老臣，精力虽已经衰减，今后我还要重视他们；健武强壮的勇夫，即使射箭驾车的技术高超，今后我也不想多要。对于那些成天喋喋不休、巧言花语、能使正直君子改变主意

辞[7]，我皇多有之[8]！

“昧昧我思之[9]：如有一介臣[10]，断断猗无他技[11]，其心休休焉[12]，其如有容[13]。人之有技[14]，若已有之；人之彦圣[15]，其心好之，不啻如自其口出[16]：是能容之[17]。以保我子孙黎民[18]，亦职有利哉[19]！

“人之有技，冒疾以恶之[20]；人之彦圣，而违之俾不达[21]：是不能容。以不能保我子孙黎民，亦曰殆哉[22]！

“邦之杌陧[23]，曰由一人[24]；邦之荣怀[25]，亦尚一人之庆[26]。”

的人，我没有工夫去多想他们！

“我深思：假如有一耿介之臣，他只有一种本领，没有别的技能，可是他的心十分好善，虚怀若谷。别人有技能，就像自己有；对别人的聪明才智，他从心里喜欢，不啻如同从他自己口里说出：这是能容人之人。任用这种人来保我子孙黎民，一定会有好处啊！

“别人有技能，他妒忌而讨厌；对别人的聪明才智，他反对并不使上达：这是不能容人之人。如果任用这些人，肯定保不了我的子孙黎民，而且很危险啊！

“国家的动荡危机，是由一个人造成的；国家的繁荣安定，也差不多是由一个人的良善决定的。”

注释

❶番番（bóbó）：白发苍苍的样子。番，同“皤”，白。 ❷旅：同“膂”，膂力，气力、精力。既：已。愆：过，衰。 ❸有：心里有。 ❹仡（yì）仡：健勇强壮的样子。 ❺违：失。 ❻惟：于，对。截截：同“喋喋”，形容说话多。谝：巧言。 ❼俾：使。易辞：改变主意。 ❽皇：同“遑”，暇、空闲。有：重视。 ❾昧昧：幽冥的样子。 ❿介：耿介。 ⓫断断：专一的样子。猗：同“兮”。 ⓬休休：好善的样子。从王肃说。 ⓭其：指“其心”。容：容纳。 ⓮技：技能。 ⓯彦：美。圣：智。 ⓰啻：只，仅仅。 ⓱是：如此。 ⓲保：保护、保守。黎民：百姓。 ⓳职：主，定。 ⓴冒疾：同“媢嫉”，妒忌。以：而。 ㉑而：犹“则”。违：逆。俾：使。达：通。 ㉒殆：危。

㉓杌（wǔ）：摇。陧（niè）：危。 ㉔曰：犹“是”。由：由于。 ㉕荣：繁荣。怀：安定。 ㉖尚：庶几，差不多。庆：善。